# PUBLICATIONS
## DE
# L'ÉCOLE DES LANGUES ORIENTALES VIVANTES

## IIᴱ SÉRIE — VOLUME XIV

## 金雲翹新傳

### KIM VÂN KIỀU TÂN TRUYỆN

POÈME POPULAIRE ANNAMITE.

LES POÈMES DE L'ANNAM

金雲翹新傳

# KIM VÂN KIỀU

## TÂN TRUYỆN

PUBLIÉ ET TRADUIT POUR LA PREMIÈRE FOIS

PAR

### ABEL DES MICHELS

PROFESSEUR A L'ÉCOLE DES LANGUES ORIENTALES VIVANTES.

**TOME PREMIER**

TRANSCRIPTION, TRADUCTION ET NOTES

PARIS

ERNEST LEROUX, ÉDITEUR

LIBRAIRE DE LA SOCIÉTÉ ASIATIQUE
DE L'ÉCOLE DES LANGUES ORIENTALES VIVANTES, ETC.

28, RUE BONAPARTE 28,

1884.

# INTRODUCTION.

*Le titre du poème annamite dont je publie aujourd'hui la traduction et qui est l'œuvre de Nguyễn Du, Hữu tam tri du Ministère des Rites sous le règne de Gia long, signifie littéralement en français : « Nouvelle histoire de Kim, de Vân et de Kiều ». L'auteur y a réuni les noms des personnages les plus marquants de son œuvre, qui est d'ailleurs connue en Cochinchine sous la dénomination plus simple de « Poème de Túy Kiều ». Il l'a tirée, en y introduisant des modifications considérables, d'un roman chinois que plusieurs lettrés de l'Annam croient avoir été composé par l'un des Tài tử. Je ne saurais dire si cette opinion est fondée, car le seul exemplaire que je connaisse de ce livre ne porte pas de nom d'auteur. Il présente d'ailleurs cette particularité remarquable qu'il est écrit d'un bout à l'autre en wên tchāng*

II                    INTRODUCTION.

*sans aucun mélange de kouān hoá; ce qui est extrêmement rare dans ce genre de compositions*[1].

*Une jeune fille appartenant à une famille plus honorable que fortunée va faire, à l'occasion de la « Fête des tombeaux », une excursion dans la campagne en compagnie de sa sœur et de son frère. Elle rencontre la tombe déserte d'une comédienne autrefois célèbre par sa vie licencieuse, et déplore l'abandon où se trouve cette sépulture. Les détails que lui donne son frère sur la vie et la mort de Đạm tiên la touchent au point de lui faire verser des larmes. Elle offre un sacrifice sur le tombeau de la chanteuse,*

---

[1] *Au moment où j'allais renvoyer à l'imprimeur la première épreuve de cette introduction et le lendemain même du jour où, dans un mémoire que j'avais l'honneur de lire devant l'Académie des Inscriptions et Belles-lettres, je disais n'avoir pu découvrir à quel roman chinois on pouvait rattacher l'œuvre poétique de Nguyễn Du, je reçus de M. le Professeur Trương Minh Ký qui, l'ayant découvert à Saigon, avait l'obligeance de me l'envoyer aussitôt, ce roman que j'avais si longtemps cherché en vain. Il est intitulé* 金雲翹錄 ; *ce qui signifie, à une légère nuance près, la même chose que le titre du poème lui-même. Malheureusement, comme je viens de le dire, cet exemplaire qui provient d'une édition tout récemment imprimée à Hà nội ne porte pas de nom d'auteur. On trouve pour tous renseignements sur la couverture que cette édition, revue et gravée à nouveau par un lettré nommé* 福平黎 *Phước Bình Lê, a été publiée sous le règne de* 嗣德 *Tự Đức dans le premier mois d'automne de l'année* 丙子, *c'est-à-dire en 1876.*

*Ce roman chinois parvient à ma connaissance au moment où le premier tome de ma traduction du poème de Túy Kiều est presque entièrement composé et prêt à paraître. Cette circonstance explique la présence dans ce volume d'un certain nombre de notes destinées à faire ressortir l'origine chinoise du poème, origine sur laquelle l'existence du* 金雲翹錄 *lèverait toute espèce de doute, s'il eut été possible d'en concevoir.*

et prie l'ombre de cette dernière de lui apparaître. La morte lui ayant aussitôt manifesté sa présence par des signes non équivoques, ce fait produit sur l'esprit de Túy Kiều une impression des plus profondes. De retour dans sa demeure, elle voit pendant son sommeil Đạm tiên venir à elle et lui annoncer les malheurs qui vont l'accabler en expiation des fautes commises par elle dans une vie antérieure.

Cependant un jeune lettré, compagnon d'études du frère de notre héroïne, était venu à passer au moment où elle se disposait à quitter le tombeau après le sacrifice offert. Frappé de sa beauté, il était devenu subitement épris d'elle. Sous l'empire de sa nouvelle passion, Kim Trọng (c'est son nom) retourne à l'endroit où il a vu la jeune fille dans l'espoir de l'y rencontrer encore. Son espérance ayant été déçue, il se rend au lieu où demeure celle qui s'est rendue maîtresse de son cœur, et trouve le moyen de louer une maison dans le voisinage.

Après deux mois d'attente infructueuse notre amoureux finit par apercevoir l'objet de sa flamme dans le jardin de la maison qu'elle habite. Il se hâte de se montrer dans l'espoir d'entrer en relation avec elle. Túy Kiều, effrayée, rentre précipitamment; mais elle oublie son épingle de tête dont Kim Trọng s'empare aussitôt. Le lendemain la jeune fille s'aperçoit que cet objet manque à sa toilette et retourne dans le jardin pour l'y chercher. Elle s'entend appeler par Kim Trọng, qui lui déclare son amour et lui rend son épingle accompagnée de quelques présents.

Quelques jours après, Túy Kiều, profitant de ce que tous les siens ont quitté la maison pour se rendre à une fête de famille, se glisse chez le jeune lettré. Les deux amants se livrent à une douce causerie, font des vers et de la musique, et se jurent une éternelle fidélité. Cependant la passion de Kim Trọng tend à devenir coupable. La jeune fille le ramène à des sentiments plus nobles et, le jour étant venu, elle retourne dans sa demeure. La famille revient, et le malheur semble arriver avec elle. Des satellites du tribunal surviennent inopinément et arrêtent le père pour une dette insignifiante contractée envers un marchand de soieries. On confisque tout, on met la maison sous scellés, et Kiều, n'écoutant plus que son amour filial, se vend, pour racheter son père, à un misérable. Ce dernier n'est que l'instrument d'une vieille femme nommée Tú bà qui, sous le couvert d'un mariage simulé, entraîne la jeune fille dans un mauvais lieu. Comme elle résiste énergiquement aux suggestions de la mégère, et tente même de s'ôter la vie pour y échapper, Tú bà, pour l'amener à ses fins, use d'un stratagème abominable. Elle lui dépêche un vaurien nommé *Sở Khanh* qui se montre à elle sous les apparences d'un lettré distingué. La malheureuse jeune fille voit en lui un libérateur; elle se confie au misérable et s'enfuit avec lui. La vieille *Tú bà* la poursuit, l'atteint et l'enferme dans sa maison de prostitution où, aidée de *Sở Khanh*, elle l'amène à force de mauvais traitements à exercer le métier immonde dont elle tire bénéfice.

Parmi les nombreux jeunes gens qu'attire la réputation de beauté de *Túy Kiều* se trouve un jeune lettré nommé *Thúc sanh*. Il rachète la victime de *Tú bà*, l'emmène et vit avec elle. Survient le père du lettré qui, n'ayant pu faire renoncer son fils à une liaison indigne de lui, traîne la jeune fille devant le tribunal du préfet. Ce magistrat la fait d'abord accabler de coups; mais, voyant *Thúc sanh* se désespérer, il est touché des pleurs du jeune homme, l'interroge, et apprend de lui que la personne qu'il traite ainsi est une jeune fille de grand talent. On met *Kiều* à l'épreuve, et le magistrat, entièrement subjugué, invite lui-même le vieillard à consentir à l'union des deux amants.

Cependant *Thúc sanh*, sur les conseils de *Túy Kiều*, retourne provisoirement près de sa femme légitime; mais il ne lui dit rien de sa nouvelle union. *Hoạn thơ* n'en apprend pas moins l'aventure. Trans-

*portée de jalousie, elle envoie deux scélérats mettre le feu à la maison de sa rivale, et fait enlever cette dernière qu'elle réduit à la condition d'esclave. Accablée de mauvais traitements, abreuvée d'humiliations, Kiều désarme sa persécutrice par sa résignation et la dignité de son attitude, et Hoạn thơ lui permet de se retirer dans une pagode pour y passer le reste de ses jours dans la pénitence. Cependant Thúc sanh l'y rejoint; mais il est surpris par Hoạn thơ pendant qu'il causait intimement avec la jeune femme. Cette dernière, à qui une servante a appris qu'elle avait été épiée, est saisie de terreur et se réfugie dans une pagode éloignée, où elle se concilie facilement les bonnes grâces de la supérieure Giác duyên. Malheureusement cette dernière, ayant reçu les confidences de notre héroïne, craint d'encourir la colère de Hoạn thơ. Elle confie Túy Kiều à une vieille femme nommée Bạc hà qui, sous le couvert d'une grande piété, cache les mœurs les plus infâmes. Cette dernière confie Kiều à son neveu qui l'emmène dans la ville de Châu thai et la vend au propriétaire d'une maison de prostitution. La malheureuse, enfouie pour la seconde fois dans cette fange, reçoit chez elle un chef de rebelles nommé Từ hải. Il la délivre et l'épouse comme l'avait fait une première fois le lettré Thúc sanh. Après une séparation volontaire de six mois, le guerrier revient victorieux des troupes de l'Empereur qu'il a fait trembler sur son trône. Túy Kiều reçoit de grands honneurs des généraux et de l'armée. Elle profite de sa puissance actuelle pour récompenser généreusement tous ceux qui l'ont secourue dans l'infortune et faire mourir ses anciens persécuteurs au milieu de tortures épouvantables. Elle voudrait retenir auprès d'elle Giác duyên qu'elle a invitée à venir assister à cette scène de justice distributive; mais cette dernière, qui n'est autre qu'une immortelle déguisée, la quitte en lui prédisant qu'elles se reverront dans cinq ans au fleuve Tiên dương.*

*En effet le général de l'Empereur a remporté par la trahison et avec l'aide inconsciente de la jeune femme une victoire complète sur les troupes du rebelle, qui a trouvé la mort dans le combat. Le vainqueur donne Túy Kiều pour femme à un notable du pays qui emmène dans son bateau la nouvelle épousée; mais cette dernière, arrivée dans les eaux du fleuve Tiên dương, se souvient de la prophétie de Giác duyên et se précipite dans les flots. Elle est sauvée par l'immortelle qui l'attendait depuis longtemps sur le bord du fleuve.*

*Désormais notre héroïne a payé sa dette au malheur. La mesure de souffrances qui lui était réservée en expiation des fautes de son existence antérieure* est épuisée. Elle retrouve sa famille et son fiancé Kim Trọng qui l'épouse et vit heureux avec elle.

Ce n'était pas chose facile que de donner pour la première fois une traduction du poème de Túy Kiêu. Outre qu'il est d'une longueur extraordinaire, c'est peut-être le plus difficile de tous ceux qui sont éclos sous le pinceau des poètes de l'Annam. Le lecteur ne s'étonnera donc pas de la grande quantité de notes explicatives dont j'ai dû en accompagner la traduction. Quelque soin que j'aie mis à suivre de très près l'original, elle serait, sans ces notes, absolument insuffisante pour donner une intelligence complète de l'œuvre du lettré Nguyễn du, tant les expressions en sont cherchées, le texte difficile, et les figures aussi multiples qu'étranges.

Un des caractères les plus saillants de ce long poème consiste dans les idées bouddhiques qu'il renferme, et sous l'influence desquelles il a été écrit. L'on y rencontre notamment à chaque instant l'expression de cette doctrine, que les malheurs de notre existence actuelle sont destinés à expier les fautes d'une vie antérieure et en préparent une troisième après laquelle l'âme humaine qui aura suffisamment progressé dans le bien sera dispensée d'une nouvelle incarnation, et retournera au sein du Bouddha pour y demeurer désormais plongée dans cette sorte *d'anéantissement heureux que l'on désigne sous le nom de Nirvana.*

*Le style de l'ouvrage est tonkinois. L'une des éditions d'après lesquelles j'en ai établi le texte m'est venue directement du Tonkin; et si l'autre n'en provient pas, elle est du moins une reproduction, fort mauvaise et fort altérée d'ailleurs, de celles qui avaient paru antérieurement dans ce pays. La rédaction primitive du poème de Túy Kiêu est donc évidemment tonkinoise. Il est facile, pour s'en assurer, de constater le grand nombre d'expressions spéciales au nord de l'empire annamite dont il est rempli, ainsi que la forme particulière des caractères démotiques ou chữ nôm qui ont servi à sa rédaction; caractères dont une immense quantité diffère de ceux qui sont généralement adoptés dans la basse Cochinchine et notamment des signes que l'on trouve dans le dictionnaire de Taberd. Quant à la forme prosodique, elle appartient à celle que l'on nomme en annamite Vãn. Les vers en sont alternativement de huit et de six pieds, et pourvus chacun de deux rimes dont la première se trouve entre le dernier monosyllabe du vers de six pieds et le sixième du vers de huit, et la deuxième entre le dernier monosyllabe du vers de huit pieds et le dernier du vers de six. Cette entrecroisement de rimes produit un effet impossible à méconnaître.*

*Joint à la combinaison voulue des différentes espèces de tons bình et trắc, il donne une cadence qui impressionne agréablement l'oreille d'un lecteur quelque peu habitué et surtout sans préjugés à l'endroit de la musique cochinchinoise.*

*Parmi les difficultés considérables que présentent l'étude et surtout la traduction en français de cette œuvre à juste titre si réputée, il ne faut pas compter en dernière ligne le vague qui existe dans les dialogues ou les soliloques qui s'y rencontrent à chaque page. Nulle part peut-être on ne trouve une plus grande difficulté à bien déterminer le point précis où il faut placer le changement d'interlocuteur, comme aussi à bien distinguer si telle ou telle réflexion morale ou philosophique appartient à l'un des héros du poème ou à l'auteur lui-même[1]. Ce dernier point est parfois si impossible à élucider, que l'on serait tenté d'admettre que le poète a eu l'intention formelle de laisser ses lecteurs dans le doute. La ponctuation ne vient nullement en aide; car, de même que dans toutes les œuvres semblables, elle fait absolument défaut. Il en est ainsi en ce qui concerne le sens exact qu'il faut attribuer à certaines expressions. Tout cela vient à ce que la langue poétique de l'Annam ne présente pas la même fixité que celle de nos idiomes européens; ce qui*

---

[1] *Voir, par exemple, les vers 380 à 385.*

*provient, je crois, du monosyllabisme, qui permet plus facilement à deux auteurs différents et quelquefois au même de donner à telle ou telle expression poétique plusieurs sens figurés distincts*[1]. *De même que tous les poètes annamites et plus encore, l'auteur du Túy Kiều affecte d'employer une véritable profusion de termes chinois; et comme, en sa qualité de haut fonctionnaire du Ministère des Rites, il avait dû forcément passer par les grades les plus élevés des concours, il a tenu à montrer son instruction en ce genre en faisant force allusions aux classiques chinois et notamment au Thi kinh ou Livre des Vers. Nombre d'expressions employées par Nguyễn Du ont en effet leur origine dans telle ou telle ode de ce recueil national des poésies chinoises, et souvent l'allusion qu'elles renferment est heureuse et bien trouvée. Il est d'ailleurs facile de reconnaître combien était grande la culture d'esprit de l'auteur du Túy Kiều en remarquant que souvent le sens des expressions qu'il emploie est réellement profond et éveille dans l'esprit des déductions très délicates. Malheureusement il a le défaut de ses qualités; et à côté de métaphores remarquables par leur profondeur et leur exactitude, il faut bien, pour être juste, reconnaître qu'il en est un grand nombre d'autres qui sont si*

---

[1] *Voir, par exemple, les différents sens que présentent les mots «ên anh».*

*alambiquées que, sans une explication détaillée, il serait impossible de les faire saisir à un esprit peu familiarisé avec le langage poétique particulier à l'extrême orient et spécialement à la Cochinchine. Obéissant d'ailleurs à une sorte de tradition qui semble commune à tous ces poètes, Nguyễn Du se plaît souvent à construire tel ou tel de ses vers de manière à ce qu'on puisse légitimement lui donner deux et parfois même trois interprétations différentes. Les lettrés annamites trouvent un plaisir tout particulier à creuser les vers construits de cette façon et à découvrir les différentes significations que l'auteur a voulu y enfermer. On en verra plus d'un exemple dans le courant de ce poème.*

*L'édition d'après laquelle j'avais commencé la présente traduction était presque illisible, tant les caractères primitifs en avaient été dénaturés par l'imprimeur chinois, ignorant de la langue annamite, qui avait été chargé d'en faire la gravure et le tirage. Heureusement, ainsi que je l'ai dit plus haut, j'en ai reçu du Tonkin même une seconde, contenant comme c'est l'ordinaire une immense quantité de variantes, mais bien supérieure au point de vue des caractères qui ont servi à la produire. Il m'a donc été permis de rétablir le texte au moyen d'un procédé semblable à celui que j'avais déjà mis en usage pour la repro-*

duction de celui du *Lục Vân Tiên*. J'ai adopté comme base première l'édition que j'avais eu dès l'abord à ma disposition, et j'en ai chemin faisant corrigé de mon mieux les erreurs au moyen des leçons, toujours plus correctes au point de vue des caractères et parfois aussi à celui des expressions que j'ai trouvées dans la deuxième. J'ai en outre remplacé par le caractère complet une multitude de signes abrégés que renfermait l'édition primitive. Cela rendra la lecture plus facile et permettra en même temps au lecteur de se rendre un compte exact de la valeur de ces abréviations par la comparaison du texte primitif avec le texte corrigé que je publie. J'ai, du reste, respecté le plus souvent la forme tonkinoise des *chữ nôm*.

L'étude scientifique de la langue annamite est encore à peu près lettre morte; et bien des gens se figurent qu'il n'y a dans cet idiome ni construction ni syntaxe. Ce préjugé incompréhensible ne pourra que disparaître à la vue du texte expliqué de poèmes tels que le *Túy Kiều*; texte si concis et parfois si alambiqué qu'un seul vers demande quelquefois d'assez longs tâtonnements aux lettrés les plus expérimentés avant d'être compris par eux, et ne peut l'être par nous qu'au moyen de l'application rigoureuse de la règle de position. Aussi ai-je cru devoir accompagner la *traduction, non seulement de notes explicatives des métaphores et des citations, mais encore d'un grand nombre d'interprétations littérales des vers dont la construction semble obscure. J'avais déjà adopté cette méthode pour la traduction que j'ai donné du Lục Vân Tiên. J'ai reconnu depuis que j'y avais été trop avare de ces explications; aussi les ai-je d'autant plus multipliées ici que le Túy Kiều est à coup sûr beaucoup plus malaisé à comprendre que le poème populaire dont je viens de parler. Je pense que les personnes qui tiennent à étudier un peu à fond ce genre de littérature voudront bien m'en savoir quelque gré. Elles y trouveront des éclaircissements utiles pour comprendre une foule d'expressions par trop cherchées, au moins à notre point de vue européen, et pourront surmonter ainsi plus aisément les difficultés que présentent une foule de termes et de figures tout au moins étranges. J'ai cru devoir aller jusqu'à donner quelques notions de grammaire proprement dite au sujet de particularités encore inobservées, d'idiotismes dont l'interprétation manque dans tous les ouvrages publiés jusqu'à ce jour, et même de simples mots dont les dictionnaires ne font pas mention. J'insiste beaucoup sur l'application de la règle de position, au moins dans les passages les plus compliqués. En effet, bien que* ce livre soit loin d'être destiné à des commençants, il s'agit d'une littérature encore à peu près inconnue et d'un style poétique pour l'intelligence duquel cette règle est une clef indispensable. Je me suis efforcé enfin de signaler avec soin les inversions les plus difficiles à apercevoir, à cause des obstacles qu'elles apportent aussi à l'intelligence du texte, ainsi que d'assez fréquents jeux de mots qui viennent le compliquer encore. J'ai maintenu dans la traduction les métaphores que notre langue ne repousse pas, et j'ai remplacé par leurs analogues les plus rapprochées celles qu'il serait absolument impossible de conserver sans devenir inintelligible, ou qui sont tout au moins antipathiques au génie de nos idiomes européens. J'ai fait de même pour la ponctuation, que j'ai fait concorder dans la transcription du texte en caractères latins et dans la traduction française toutes les fois que le génie des deux langues ne réclame pas impérieusement des manières différentes de couper les phrases.

J'espère que les orientalistes qui me feront l'honneur de lire ce livre trouveront ma version fidèle. Si cependant il m'était échappé quelques inexactitudes, chose presque inévitable en traduisant pour la première fois un semblable ouvrage sur le sens duquel les lettrés indigènes eux-mêmes sont souvent en contradiction, j'espère qu'elles voudront bien me tenir compte des difficultés que j'ai eu à surmonter, et récompenser par quelque indulgence le travail considérable que m'a coûté la publication de ce livre.

Versailles, le 10 Mai 1884.

A. DES MICHELS.

金雲翹新傳

# KIM VÂN KIỀU

## TÂN TRUYỆN

POÈME ANNAMITE.

# TRADUCTION
### DE LA
## PRÉFACE EN VERS CHINOIS
#### DU PROFESSEUR
## HOA ĐÀNG PHÀM[1].

---

Une belle personne n'est pas allée en réalité jusqu'au fleuve *Tiên Đường*[2].

Elle n'avait point encore, à la moitié de sa vie, payé sa dette de plaisir !

Convenait-il qu'elle ensevelît son charmant visage[3] au fond du royaume des eaux,

(alors qu')à *Kim lang* elle pouvait garder un cœur irréprochable[4]?

Dans un songe de malheur[5] son destin prit son origine,

et jusqu'au bout le *Cầm* de l'infortunée ne fit entendre que (des gémissements de) douleur, que (des cris de) colère !

Le souvenir de ses talents et de son amour, depuis mille antiquités, ne s'est point dissipé encore[6] !

Par de nouveaux accents elle n'eut plus, à la fin[7], de motif de se plaindre d'autrui[8].

---

1. Dans une autre édition, ce lettré est appelé *Lương Đàng Phạm*.
2. Ce vers a un double sens. On peut aussi l'interpréter comme parlant en général, et traduire ainsi : « *Les belles personnes ne vont point ainsi, d'ordinaire, jusqu'au fleuve Tiên Đường.* »
3. Litt. : « *Son visage de pierre précieuse.* »
4. Litt. : « *Un cœur de glace.* »
5. Litt. : « *Elle a enraciné son destin.* »
6. Litt. : « *Un morceau de son talent et de son cœur, depuis mille antiquités, a été lié.* »
7. Litt. : « *Arrivée au fond.* »
8. Litt. : « *A cause de qui se serait-elle plainte ?* »

# KIM VÂN KIỀU TÂN TRUYỆN.

---

Trăm năm, trong cõi người ta,

Chữ *tài* chữ *sắc* khéo là ghét nhau!

Trải qua một cuộc bể dâu;

Những đều trông thấy đã đau đớn lòng!

5  Lạ chi bỉ sắc tư phong,

Trời xanh quen với má hồng đánh ghen?

Kiều thơm lần dở trước đèn,

---

1. Litt. : « . . . . . *dans (l'intérieur des) — confins — des hommes (de la région habitée par les hommes).* »

2. Litt. : « *En parcourant — j'ai passé par — une — alternance — de mer — (et de mûriers).* Pour comprendre cette métaphore aussi étrange que concise, il faut connaître l'adage chinois suivant, que l'on trouve cité et expliqué dans le 幼學 (vol. 1, p. 5, *verso*) : 三十年爲一變。滄海變爲桑田桑田變爲滄海。 *Tam thập niên vi nhứt biến. Thương hải biến vi tang điền; tang điền biến vi thương hải.* — « Trente années constituent une transformation. La mer, en se transformant, devient un champ de mûriers; le champ de mûriers, en se transformant, devient la mer. »

# KIM VÂN KIỀU TÂN TRUYỆN.

De tout temps, parmi les hommes [1],

le talent et la beauté, chose étrange! furent ennemis.

J'ai parcouru dans la vie l'espace d'une génération [2],

et tout ce que j'y ai vu m'a fait souffrir dans mon cœur!

Par quel étrange mystère envers les uns avare, envers les autres 5
prodigue,
le Ciel [3] a-t-il pour coutume de jalouser les belles filles?

En parcourant de bons livres à la lueur de la lampe,

三十年, trente ans, c'est ce que l'on appelle en chinois 一代 *nhứt đại*, en annamite *một đời, une génération*. Selon l'adage, un aussi court espace de temps suffit pour amener dans les affaires humaines le renversement absolu de bien des choses. *Một cuộc bể dâu* signifie donc ici l'espace de temps qui suffit pour que la mer fasse place aux mûriers, ou réciproquement; c'est-à-dire un espace de *trente ans*.

3. Litt. : « *Le Ciel — bleu* »; mais le mot « *xanh — bleu* » est là uniquement pour faire le pendant de « *hồng — rouge* », au second hémistiche. — « *Má hồng, des joues rouges* », signifie métaphoriquement *une jolie personne*.

Phong tình có lúc còn truyền sử xanh.

Rằng năm *Gia tĩnh* triều *Minh*,

10  Bốn phương phẳng lặng, hai kinh vững vàng.

Có nhà *Viên ngoại* họ *Vương*,

Gia tư nghỉ cũng thường thường bực trung.

Một trai con thứ rốt lòng,

*Vương quan* là chữ, nối dòng nhu gia.

15  Đầu lòng hai gả *Tố nga*;

*Túy kiều* là chị, em là *Túy vân*.

Mai cốt cách, tuyết tinh thần;

1. On sait que depuis les *Hán* les empereurs de la Chine, pour fixer la date des événements de leur règne que le cycle de soixante ans, se répétant sans cesse, n'aurait pu suffisamment déterminer, adoptèrent la coutume de donner au temps pendant lequel ils occupaient le trône un nom particulier, ou même plusieurs noms successifs (年號). Les dénominations assignées à ces périodes d'années n'avaient, du reste, souvent pas d'autre origine que la superstition ou le caprice. Celle de 嘉靖 (*Gia tĩnh*) se rapporte à l'empereur 世宗 *Thế Tông*, dont le nom personnel était 厚熜 *Hậu Tổng* (1522—1567), qui restaura la grande muraille, et sous le règne de qui mourut St François Xavier. Cette date assignée aux aventures qui font l'objet du présent poème suffirait à elle seule pour faire connaître que le sujet en est chinois.

2. Par ces deux capitales, l'auteur désigne l'ancienne capitale des *Minh* qui était *Kim lang* ou *Nankin*, et *Yên kinh* ou *Pékin* où la cour avait été transférée sous le règne de l'empereur 仁宗 *Nhân Tông*.

3. Litt. : « *Il y avait — la maison — Viên ngoại — de la famille — Vương.* » — « *Viên* » est la numérale affectée aux mandarins; « *ngoại* » signifie « en dehors »; les deux mots réunis constituent une qualification dont le sens est « un personnage marquant (litt. en dehors du mandarinat) ».

on trouve parfois des histoires d'amour conservées dans les annales.

On dit que dans les années *Gia tĩnh,* au temps où les *Minh* régnaient [1],

tout le pays était en paix, et que dans les deux capitales [2] régnait la sécurité.

Le *Viên ngoại* [3] *Vương*

était un homme jouissant d'une fortune médiocre [4].

Il possédait un fils, dernier né de ses enfants.

*Vương quan* était son nom; il devait perpétuer une race de lettrés.

(Le jeune homme) avait pour aînées deux charmantes jeunes filles [5].

La plus âgée se nommait *Túy Kiều*, la cadette *Túy Vân*.

Leur taille était gracieuse comme le *Mai*, leur visage blanc comme la neige [6];

---

4. Litt.: « *Sa fortune, — en la comparant, — tout aussi bien — (était) ordinaire — et de degré — moyen.* »

5. 素娥 *Tố Nga*, que d'autres nomment 嫦娥 *Hằng Nga*, était la concubine d'un certain 后羿 *Hậu Nghệ*, prince de 窮 *Cùng* et fort habile archer qui, s'étant révolté contre le bas et vicieux empereur 太康 *Thái Khương* de la dynastie des 夏 *Hạ*, le rejeta au delà du Fleuve jaune, et garda le pouvoir jusqu'à sa mort. (V. Wells Williams.) Il aurait, d'après Mencius, été assassiné par son élève 逢蒙 *Phùng Mòng* qui après être parvenu sous sa direction presque au même degré d'habileté que lui, le tua pour n'avoir point de supérieur dans le tir de l'arc. (V. Mencius, P. II, liv. IV, chap. 24.) D'après une légende populaire, sa concubine 嫦娥 s'enfuit à la suite d'une condamnation injuste. Elle déroba le fameux breuvage d'immortalité et s'envola dans la lune.

L'auteur du poème, pour exprimer combien étaient grands les charmes des deux jeunes filles, les compare à cette divinité chinoise. Le vers signifie littéralement: « *Les aînées — (étaient) deux — personnes — Tố Nga* ». On dit de même en français, en employant la même figure: « *C'est une Diane* ».

6. Litt.: « *(Elles étaient) Mai — (quant à) la taille; — (elles étaient) — neige — (quant au) — visage.* » (Voyez sur le mot *Mai*, ma traduction du

Một người một vẻ, mười phân vẹn mười.

*Vân* xem trang trọng khác vời,

20 Tư phong đầy đặn, nết người nở nang.

Hoa cười, ngọc thốt, đoan trang!

Mây khoe nước tóc; tuyết nhường màu da.

*Kiều* xem sắc sảo mặn mà;

So bề tài sắc, lại là phần hơn.

25 Gương thu thủy, vít xuân sơn.

Hoa ghen thua thắm, liễu hờn kém xanh!

Một hai nghiêng nước nghiêng thành;

poème *Lục Vân Tiên* à la page 36, *en note.*) L'expression *tinh thần (subtils esprits)*, qui signifie le plus souvent *humeur, esprit, vivacité* (en anglais *spirits*), est parfois, comme ici, prise dans l'acception de *visage;* cela probablement par extension, parce que le jeu de la physionomie réflète l'humeur, le caractère intime de l'homme.

1. Litt. : «*(Pour) une — personne — (il y avait) un — teint; — (quant aux) dix — parties — (elles étaient) complètes — (dans toutes les) dix.*» Cette manière de s'exprimer, qui est plus rare dans l'annamite que dans le chinois, vient de cette dernière langue, dans laquelle, pour exprimer qu'une personne ou une chose est douée d'une qualité à un degré plus ou moins éminent, on dit que sur *dix parties* de cette qualité, elle en possède un plus ou moins grand nombre; d'où, par suite, l'expression «十分 *dix parties*», employée comme une forme très fréquente du superlatif absolu.

2. Litt. : «*De son extérieur — la grâce — (était) pleine; — la modestie — d'elle — (était) épanouie.*»

3. Litt. : «*Des fleurs — elle riait, — des pierres précieuses — elle parlait — avec convenance.*»

4. Litt. : «*(Si) on comparait — le côté — du talent — et de la beauté, — en outre — elle était — (douée de) la portion — la plus (considérable).*»

chacune avait des charmes différents, mais chacune aussi les avait irréprochables[1].

*Vân*, douée d'un port imposant, d'une rare distinction,

possédait une beauté parfaite; elle était pleine de modestie[2].

Son rire semblait l'épanouissement d'une fleur; ses paroles étaient pleines de convenance; on eût dit des diamants qui sortaient de sa bouche[3]!

Le brillant de ses cheveux eût fait l'orgueil des nuages; la neige, en blancheur, le cédait à son teint.

*Kiều* était vive et gracieuse;

de plus, en talent, en grâce, elle l'emportait (sur sa sœur)[4].

Son œil était limpide comme les eaux d'automne; son sourcil bien arqué rappelait les montagnes au printemps[5].

Les fleurs étaient jalouses de ses couleurs; le saule verdoyant pâlissait à son aspect[6]!

Charmante à renverser et royaumes[7] et villes,

*Phẩn hơn*, par sa position après le verbe substantif d'attribution « là », devient un véritable adjectif composé.

5. Litt. : « *(C'était un) miroir — d'automnales — eaux, — une image — de printanières — montagnes.* »

Pour exprimer la limpidité du regard d'une belle personne, on dit métaphoriquement en chinois : 美目如一泓秋水、眉似遠山。 *Mĩ mục như nhứt hoành thu thủy, mị tợ viễn sơn!* — *Son œil charmant est comme un étang (rempli par) les eaux de l'automne; son sourcil ressemble aux montagnes lointaines!* » On sait que l'automne est le moment de l'année où, les pluies ayant précipité au fond les particules impures qui en troublaient la surface, l'eau des étangs, d'ailleurs abondamment renouvelée, présente l'aspect le plus limpide. D'un autre côté, les contours des collines couvertes de bois chargés d'une verdure encore fraîche se dessinent au loin, par une sereine matinée de printemps, d'une manière nette et gracieuse.

6. Litt. : « . . . . . *le saule — boudait — (parce qu') — il était moindre (quant au) vert!* »

Cette figure n'étant pas acceptable en français, j'ai dû la remplacer par celle qui s'en rapproche le plus dans notre langue.

7. « 女貌嬌嬈謂之尤物、婦容嬌媚實可

Sắc đành đòi một, tài đành hoà hai.

Thông minh vốn sẵn tư Trời,

30  Vẹn nghề thơ hoạ, đủ mùi ca ngâm.

Cung thương làu bực năm âm,

Nghề riêng ăn đứt *Hồ* cầm một trương.

Khúc nhà tay lựa nên khương,

Một thiên bạc mạng lại càng não nhân.

35  Phong lưu rất mực hồng quân,

Xuân xanh xấp xỉ trên tuần cập kê.

傾城 *Nữ mạo kiều nghiêm vị chi vưu vật; phụ dung kiều mị thật khả khuynh thành!* — (Si) un délicat visage de jeune fille s'appelle un objet de malheur, un frais visage de femme peut vraiment renverser une ville!» 幼學 *Ấu học,* vol. 2, page 14, verso.)

Cette maxime du 幼學 fait allusion aux paroles que 季婦人 *Lý phụ nhơn,* concubine de l'empereur 武帝 *Võ đế* des 漢 *Hán,* jalouse d'une jeune et belle femme dont le prince avait fait son épouse et sa favorite, s'en allait chantant :

«De par la région du Nord se trouve une jolie femme qui détruira le »monde et subsistera seule; (car) d'un premier regard elle renverse une »ville, d'un second elle cause la chute d'un royaume! 一顧傾人城、再顧傾人國 *Nhứt cố khuynh nhơn thành, tái cố khuynh »nhơn quốc!*»); satire qui lui valut son renvoi.

1. Litt. : «*(Pour) la beauté — p. aff. — on mettait à part — l'une; — (pour) les talents — p. aff. — toutes les deux*».

2. Litt. : «*(Quant au) Fa — (et au) Sol, — elle connaissait à fond — les degrés — des cinq — tons.*»

Les cinq tons de la gamme chinoise, dont les Annamites se servent aussi, sont *Fa, Sol, La, Do, Ré,* qui portent dans leur langue les noms suivants:

宮 ou 工　商　角　徵　羽
*Cung　　Thương　Giác　Trưng　Vũ.*

si toutes deux avaient des talents, elle était douée d'une beauté à part¹.

Ayant reçu du Ciel un esprit vif et pénétrant,

elle excellait dans la poésie et dans la peinture; elle chantait avec un goût parfait.

Elle était versée dans la connaissance des cinq gammes de la musique²,

et possédait sur le *Hồ cầm,* un talent à nul autre pareil³.

Choisis par elle, des refrains de famille sous sa main devenaient des morceaux de musique,

et lorsqu'elle exprimait les plaintes des victimes du destin, elle⁴ savait remplir les cœurs d'une tristesse toujours croissante.

Coulant ses jours au sein d'une élégante oisiveté,

elle avait raisonnablement dépassé l'âge de l'imposition de l'épingle⁵.

Il faut y ajouter les deux demi-tons *Mi* et *Si* que l'on appelle « 變宮 *biến Cung (Cung modifié)*» et « 變徵 *biến Trưng (Trưng modifié)*». On voit que les cinq notes de notre gamme se retrouvent également dans celle de ces peuples. L'expression « 宮商 » est employée pour désigner « *la musique* »; mais elle signifie aussi « *un air touchant* ». On peut donc entendre par le présent vers, soit que *Kiều* était une grande musicienne, soit qu'elle excellait particulièrement dans le genre mélancolique; et en effet ce talent particulier que lui attribue l'auteur joue un grand rôle dans le poëme. Ces vers à double et quelquefois à triple sens semblent être très goûtés par les lettrés, et on les rencontre souvent dans la poésie cochinchinoise.

3. Le *Hồ cầm* est une espèce de guitare.

4. Litt. : « *(Par) un — morceau — de mince — destinée — encore — de plus en plus — elle attristait — les gens.*» On dit en chinois : « 命薄如紙 *Mạng bạc như chỉ. — Une destinée mince comme le papier.* »

5. Litt. : « *Ses printemps — verts (sa jeunesse) — suffisamment — (étaient) au-dessus de — la décade — d'arriver à — l'épingle.* »

On dit des jeunes filles : « 十五而笄 *Thập ngũ nhi kê — Quand elles ont quinze (ans), on leur impose l'épingle.* » Cette cérémonie de l'imposition de l'épingle, 笄 *kê* ou 加笄 constitue un rite domestique qui a pour but de constater qu'une jeune fille est arrivée à l'âge nubile. Voici, selon M. Trần Nguơn Hanh, comment elle est pratiquée :

Ym liêm trướng xủ màn che,

Tường đông ong bướm, đi về mặc ai.

Ngày xuân con én đưa thoi,

40 Thiều quang chín chục đã ngoài sáu mươi.

Cỏ non xanh tận chơn trời;

Nhành lê trắng điểm một vài bông hoa.

« Lorsqu'une jeune fille est arrivée à sa majorité, c'est-à-dire à quinze
» ans, le père et la mère ornent les deux autels élevés aux ancêtres de
» leurs familles, convoquent les proches parents et choisissent pour présider
» à la cérémonie une dame âgée réputée pour sa vertu et ses lumières.
» Quand le repas est dressé sur les autels réunis, quand les luminaires bril-
» lent au milieu des parfums, deux maîtres des cérémonies, placés à cha-
» cune des extrémités de l'autel, rappellent quel est l'ordre fixé par les rites.

« Le père et la mère viennent alors se placer devant les autels et disent
» à voix basse : « Nous avons pour devoir d'informer nos ancêtres que notre
» fille est, selon les rites, nubile dès ce jour, et que l'âge de quinze ans
» auquel elle est parvenue lui donne droit de porter l'épingle. » Puis ils se
» prosternent quatre fois, et les autres parents les imitent.

« Cela fait, la jeune fille est amenée devant l'autel; elle se prosterne
» quatre fois et s'agenouille.

« Alors la dame qui préside la cérémonie, ou, quelquefois, la mère elle-
» même prend, après s'être prosternée, l'épingle déposée sur l'autel et la
» place sur le chignon de la jeune fille, qu'elle ramène ensuite dans l'inté-
» rieur de la maison, après avoir de nouveau salué quatre fois l'autel des
» ancêtres. A partir de ce moment la jeune fille est à marier.

« L'épingle se transmettra de génération en génération, et sera consi-
» dérée comme un objet sacré.

« Après la cérémonie un festin réunit tous les assistants. » (*Bulletin de
la Société internationale des études pratiques d'économie sociale*, t. VII, p. 274.)

1. Litt. : « *Dans une calme retraite — les tentures — étaient suspendues
(autour d'elle), — les rideaux — la couvraient.* »

2. Litt. : « *(Du côté du) mur — de l'occident, — (que) les abeilles — et les
papillons — allassent et vinssent, — c'était au gré de — qui (que ce soit).* »

D'après les données du 易經 ou *Livre des changements*, l'entrée d'une
habitation doit être tournée vers l'Orient ou l'Occident selon que le maître
de la maison porte tel ou tel nom, qu'il est né en telle ou telle année, etc.

Elle vivait sans bruit derrière les tentures du gynécée [1],

laissant, à son gré, s'agiter au dehors [2] la foule aux mœurs légères et faciles.

Aux jours du printemps, telle qu'une navette, l'hirondelle allait et venait dans l'espace [3],

et des neuf dixaines de la saison heureuse [4] six déjà s'étaient écoulées.

Les montagnes verdoyantes s'étendaient jusqu'à l'horizon,

et les rameaux du poirier se piquaient de quelques fleurs blanches [5].

Dans le cas actuel, la maison devait regarder l'Orient; et par suite, les pièces les plus retirées, notamment l'appartement des femmes, devaient être situées du côté de l'Occident, le plus loin possible de l'entrée. La jeune *Kiều* était ainsi soustraite à la vue et à la fréquentation des étrangers qui, selon les mœurs chinoises, ne pénètrent jamais dans le gynécée. Elle était donc, à ce point de vue comme aux autres, aussi bien élevée qu'une jeune personne distinguée doit l'être. C'est cette dernière idée qui fait le fond de la pensée exprimée dans le présent vers.

Par «*ong bướm — les abeilles et les papillons*», le poète entend les personnes qui vont et viennent à la recherche des plaisirs mondains, comme ces deux insectes voltigent parmi les fleurs pour en pomper le suc. Cette expression signifie aussi, par dérivation, les plaisirs eux-mêmes.

3. Litt. : «. . . . *faisait passer — sa navette.*»

4. Litt. : «*(Des) de Thiều quang — les neuf — dixaines, — avaient été mis en dehors — soixante (jours).*» Ngoài — en dehors est un adverbe; mais la particule *đã*, en le précédant, en fait un véritable verbe, dont le sujet, placé après lui par inversion, est *sáu mươi*.

5. La floraison du poirier, dont il est question dans ce vers, est une nouvelle preuve que la Chine est bien le théâtre où se passe l'action du poème. En effet, le poirier est rare en Cochinchine, et il n'y fructifie jamais. «Un jour,» dit dans ses intéressants *Souvenirs de Huế* mon excellent ami et ancien maître M. Đức Chaigneau, «mon père, alors grand mandarin à la cour
» de *Minh mạng*, reçut après sa sieste de la part du roi une énorme boîte
» ronde précédée d'un porteur d'ordres et suivie d'un porteur de parasol.
» On enleva le couvercle, qui cachait, sur une assiette . . . . . . une petite
» poire venant de Chine! Malgré le respect qu'il devait à un présent royal,
» mon père ne put s'empêcher de pousser une exclamation de surprise, que
» ces hommes, sans doute, auront prise pour de l'admiration. Le cadeau,
» tout minime qu'il était, avait cependant son importance, attendu qu'il n'e-
» xiste pas de poires en Cochinchine; et c'était une grande marque de con-
» sidération de la part du roi *Minh mạng*».

*Thanh minh* trong tiết ngày ba,

Lễ là *Tảo mộ*, gọi là *Đạp thanh*.

45  Gần xa nào nức én anh;

Chị em sắm sửa bộ hành chơi xuân.

Dập dều tài tử giai nhơn,

Ngựa xe như nước, áo quần như nen.

Ngốn ngang gò đống kéo lên;

50  Thoi vàng bỏ rắc, tro tàn giấy bay.

1. Les Annamites, qui se servent du calendrier des Chinois, divisent, comme ce dernier peuple, l'année en douze mois lunaires et vingt quatre divisions (二十四節令) qui portent chacune un nom en rapport avec certains phénomènes saillants de température ou de végétation qui ont lieu d'ordinaire pendant leur cours, non dans l'Annam, mais dans le Nord de la Chine; car c'est à Pékin que ce système a été imaginé. Ces divisions partent du jour où le soleil entre, soit dans le premier, soit dans le quinzième degré de chacun des signes du zodiaque, sans que l'addition des mois intercalaires que nécessite l'établissement de la concordance entre l'année lunaire et l'année solaire influe sur leur disposition. Celle dont il est question ici, et dont le nom chinois signifie «*Limpide clarté*», est la cinquième, et commence lorsque le soleil entre dans le signe du taureau, c'est-à-dire au 5 avril.

2. Litt. : «*La fête — est — (celle de) Tảo mộ (balayer les tombeaux), — (ce qui) s'appelle — «fouler — la verdure.*»

Les mots «掃塞 *tảo mộ — balayer les tombeaux*», ou «省塞 *tỉnh mộ — faire l'examen des tombeaux*» désignent une cérémonie qui, ainsi que son nom l'indique, consiste à se rendre au troisième jour du *Thanh minh* dans le lieu où se trouvent les tombeaux de la famille pour en balayer la poussière. Lors même qu'ils sont, comme c'est le cas pour les tombeaux des empereurs, régulièrement entretenus dans un bon état de propreté, on n'en fait pas moins le simulacre de ce nettoyage.

Dans le royaume d'Annam, cette cérémonie du *Tảo mộ* a lieu à la fin du dernier mois, immédiatement avant les fêtes du *Tết* ou jour de l'an.

Au troisième jour de la saison *Thanh minh* [1],

a lieu la fête des tombeaux, occasion d'excursions printanières [2].

Partout circulait la foule brillante [3] ; 45

Les deux sœurs se préparèrent à aller pédestrement jouir de la saison nouvelle.
Nombreux étaient les hommes de talent, nombreuses les jolies personnes.
(La foule) des chevaux et des chars semblait une onde (mouvante), les vêtements brillaient comme la pierre *Nen* [4].
Aux regards de tous côtés, s'offraient les tertres funéraires.

Les barres d'or [5] gisaient éparses ; la cendre se dispersait, le papier 50 s'envolait au vent.

3. Litt. : « *Près — (et) loin — (il y avait) grande fréquence — (d')hirondelles — (et de) perroquets.* »
L'auteur compare la foule à un rassemblement d'hirondelles et de perroquets. Cette figure toute étrange qu'elle soit, ne manque pas de justesse. Les promeneurs sont assimilés à des hirondelles à cause du mouvement perpétuel auquel ils se livrent en allant et venant dans tous les sens, et à des perroquets à cause de leur bruyant bavardage.
L'espèce de *Lori* auquel ses mœurs remarquablement sociables ont valu l'honneur de cette allusion est l'oiseau que les Chinois appellent « 鸚鵡 *Ying Wou* » nom que les Annamites prononcent *Anh vũ* ou *Anh võ*, et même, par corruption, *Manh vũ* et *Manh võ*. Dans son remarquable ouvrage intitulé *Les oiseaux de la Cochinchine,* un de mes anciens élèves, M. le Dr Gilbert Tirant, le décrit sous les noms de *Coryllis, psittacus* et *Loriculus vernalis, sék sôm* en cambodgien, comme un charmant petit perroquet de mœurs très douces que l'on rencontre communément dans toutes les parties boisées du Nord et de l'Est de la Cochinchine. On le trouve aussi, dit ce savant naturaliste, dans le reste de l'Indo-Chine, l'Assam, le Bengale et la Chine méridionale.

4. Espèce de pierre brillante dont l'éclat est remarquable.

5. Les parents, lors de la fête dont il est question ici, ont coutume d'offrir aux membres défunts de leur famille des images des objets les plus nécessaires à la vie; par exemple, des demi-barres ou demi-pains d'or *(thoi vàng, thoi bạc),* des sapèques *(giấy tiền),* des aliments, le tout représenté sur des feuilles de papier. Ils se figurent que, par la combustion, — ces images

Tà tà bóng ngã về tây,

Chị em thơ thẩn dăn tay ra về.

Bước dần theo ngọn tiểu khê,

Lần xem phong cảnh có bề thanh thanh.

55 Nao nao dòng nước uốn quanh,

Nhịp cầu nhỏ nhỏ cuối gành bước ngang.

Sờ sờ nấm đất bên đàng,

Dàu dàu ngọn cỏ nửa vàng nửa xanh.

Rằng : « Sao trong tiết *Thanh minh,*

60 « Mà đây hương khói vắng tanh thế mà ? »

Chàng *Quan* mới dẫn gần xa :

« *Đạm tiên* nàng ấy xưa là ca nhi.

« Nổi danh tài sắc một thì ;

« Xôn xao ngoài cửa hiếm gì én anh ?

---

deviennent, dans les régions inférieures où, d'après eux, habitent les morts, les objets même qu'elles représentent, et constituent ainsi d'utiles ressources pour les défunts. »

1. Litt. : « *Cependant — ici — (quant aux) parfums — (et à la) fumée — (il y a) absence complète — (de cette) manière — cependant ?* »

*Vắng tanh, absence complète,* est ici, par position, un véritable verbe impersonnel. *Vắng* signifie *solitaire, absent,* et *tanh,* un certain genre de mauvaise odeur telle, par exemple, que celle du *poisson pourri.* A première vue, l'on ne s'explique ni la connexion qui existe entre ces deux idées, ni la relation grammaticale qui peut exister entre les mots qu'elles représentent. Cepen-

L'ombre allait s'allongeant; le soleil à l'horizon baissait.

Les deux sœurs erraient, oisives; elles prirent de compagnie le chemin du retour.

Elles marchaient en suivant le lit d'un petit ruisseau,

et voyaient se dérouler à leurs yeux les sites verdoyants du paysage.

Le lit du cours d'eau s'infléchit quelque peu, 55

et au bout d'un escarpement elles franchirent un petit pont.

Un monticule de terre apparut au bord du chemin,

où les herbes flétries se nuançaient de jaune et de vert.

« Comment » (dit *Kiều*) « se fait-il que, dans la saison de *Thanh minh*,

« cette tombe soit ainsi veuve de la fumée des parfums[1] ? » 60

*Vương quan* en détail lui apprit ce qui en était.

« Cette *Đạm tiên* » lui dit-il « jadis était une chanteuse.

« Il fut un temps où son talent et sa beauté étaient célèbres[2].

« L'on faisait grand bruit à sa porte, et les galants s'y pressaient[3] !

dant si l'on se rappelle ce fait qu'une maison longtemps inhabitée *sent*, comme nous disons en français, *le renfermé*, on pourra comprendre que les Annamites aient pu établir dans leur esprit une corrélation entre l'idée d'*absence* et celle de *mauvaise odeur*.

L'opposition des deux mots « *hương — parfums* » et « *tanh — puanteur* » est à remarquer. Les uns manquant, l'autre se développe.

2. Litt. : « *Elle éleva — (une) réputation — (de) talent — (et de) beauté — (à) une (certaine) — époque.* »

3. Litt. : « *Tumultueux — en dehors de — la porte — étaient rares — en quoi — les hirondelles — et les perroquets ?* »

65 « Kiếp hồng nhan có mong manh!

« Nửa chừng xuân thoạt gãy nhành *Thiên hương*!

« Có người khách ở viễn phương

« Xa nghe. Cũng nức tiếng nàng; tìm chơi.

« Thuyền tình vừa ghé đến nơi,

70 « Thì đã trâm gãy, bình rơi bao giờ!

« Phòng không lạnh ngắt nhữ tờ;

1. *Thiên hương* (litt. *parfum du ciel*) est un nom que l'on donne à plusieurs espèces d'orchidées odoriférantes, ressemblant au *Malaxis* (WELLS WILLIAMS, au caractère 香); mais il semble s'appliquer dans la présente métaphore à une des variétés de la fleur appelée « 牡丹花 Mẫu đơn hoa (*Pæonia Moutan)* ». Voy. le 幼學, liv. IV, p. 15, verso, et la note sous le vers 826.

2. Litt. : « *(Lorsque) la barque — d'amour — à peine — abordant — fut arrivée à — l'endroit.* »

3. Litt. : « *alors — il y avait eu le fait que — l'épingle — avait été rompue — et le vase (de fleurs) — tombé à terre — quand?* »

Les femmes de l'Extrême-Orient portent une épingle dans les cheveux. Elles ont, en outre, comme cela se voit d'ailleurs aussi en Europe, l'habitude de soigner des fleurs. Or, si l'épingle que portait une jeune femme est rompue; si le pot de fleurs qu'elle avait l'habitude d'arroser gît, brisé, sur le sol sans qu'elle vienne le relever, on sera naturellement fondé à conclure de ces faits qu'elle n'est plus de ce monde. Telle est l'explication de cette singulière et gracieuse métaphore qui ne peut guère, malheureusement, être reproduite en français, où elle paraîtrait par trop obscure. — La particule du passé *đã*, que, pour plus de clarté, je traduis ici par les mots *il y avait eu le fait que*, fait des quatre mots qui la suivent un véritable verbe composé. C'est là un exemple frappant du rôle que jouent, dans la langue annamite, la position et les particules. Les mots *bao giờ — quand?* qui terminent le vers indiquent que le temps écoulé depuis la mort de Đạm tiên était déjà si considérable qu'on n'aurait pu en déterminer au juste la durée.

«Mais dans la vie des belles filles il est des vicissitudes! 65

«Au milieu de son printemps le rameau de *Thiên hương*[1] vint tout-
» à-coup à se rompre !
« Certain étranger, habitant des régions lointaines,

« malgré la distance en entendit parler. La réputation de la belle
» arriva jusqu'à lui, et il se mit en chemin pour obtenir ses faveurs.
«Mais lorsque l'amoureux fut parvenu à sa demeure[2],

« le fil de l'existence (de *Đạm tiên*) depuis longtemps était tranché[3] 70

«Sa chambre vide était froide et silencieuse[4],

---

4. Litt. : «*(Dans sa) chambre — vide — le froid — pinçait — comme — un feuille de papier* (sic).»

Cette figure, d'une étrangeté véritablement par trop audacieuse, est formée de la combinaison de deux métaphores fondues, pour ainsi dire, l'une dans l'autre.

1° On dit «*lạnh ngắt — un froid qui pince*» pour exprimer l'idée d'un froid violent. Cette première figure est aussi en usage dans notre langage familier.

2° Une feuille de papier est un des objets les plus minces que l'on puisse rencontrer. Cela est plus vrai encore du papier destiné à l'impression en Chine; car il l'est tellement que pour que les caractères imprimés sur le recto d'une page ne se confondent pas avec ceux du verso, on est obligé de le doubler et de laisser blanche la partie intérieure. Cela étant, *ngắt như tờ* signifie «*pincer tellement fort que l'objet placé entre les doigts devienne, par l'effet de leur pression, aussi mince que l'est une feuille de papier*».

Un froid qui *pince* de façon à causer à la peau une douleur aussi vive que celle que produirait sur elle une pression de doigts assez violente pour la réduire à l'épaisseur d'une feuille de papier serait un froid terriblement vif! En somme, toute cette expression n'est autre chose qu'une forme de superlatif des plus ampoulées. La chambre de *Đạm tiên* est dite être aussi froide pour exprimer qu'elle est inhabitée et close depuis longtemps. On sait en effet qu'une pièce fermée pendant un temps considérable devient, dans les pays chauds, assez fraîche pour produire sur ceux qui y pénètrent une véritable impression de froid; mais de là au terrible refroidissement que semble indiquer le superlatif métaphorique employé ici par l'auteur du poème, il y a loin !

«Dấu xe ngựa đã; rêu lờ mờ xanh!

«Khóc than khôn xiết sự tình!

«Khéo vô duyên bấy! Là mình với ta!

1. Litt. : « *Les traces — des chars — (et des) chevaux — avaient été (n'existaient plus, étaient effacées); — la mousse — sombrement — était verte!* »
Đã, qui n'est à proprement parler que la marque du passé, donne ici l'idée d'une chose qui a été et n'existe plus, et joue le rôle d'un véritable verbe. — La teinte sombre ou foncée de la mousse indique l'exubérance de sa végétation, qui se développe en toute liberté dans ces lieux où le pied de l'homme ne la foule plus. On dit quelquefois en style d'horticulture qu'une plante vigoureuse est d'un vert *noir*, pour exprimer la teinte foncée de ses feuilles.

2. Litt. : « *Pleurant — il gémissait — (de telle sorte que) — difficilement — on compterait (ou exprimerait) — la chose — (de ses) sentiments.* »
« *Sự tình* » est une expression dont le sens varie beaucoup suivant les phrases dans lesquelles on la rencontre. Elle signifie tantôt « *passion, sentiment* », tantôt « *motif* », tantôt simplement « *chose, affaire* ». Le premier et le troisième de ces sens sont les plus applicables ici. J'ai cru devoir adopter le premier. Il est bon de remarquer que les quatre mots « *khôn xiết sự tình* » constituent, par leur position après les deux verbes *khóc* et *than*, une expression adverbiale de manière.

3. Litt. : « *(Elle était) habile à — ne point avoir — de bonheur — combien! — Elle était — corps — avec — nous! (Elle possédait la même espèce de corps, elle était de la même race que nous!)* »
L'adjectif « *khéo* », employé pour exprimer un dépit mêlé d'étonnement, est d'un usage fréquent en annamite. Il offre une analogie remarquable avec certaines locutions de notre langage familier, telles, par exemple, que celles-ci : «Vous vous *entendez* étonnamment à ne faire que des sottises!» — «Vous avez le *talent* de tout faire de travers!» Il est du reste à remarquer qu'un assez grand nombre d'idiotismes cochinchinois se rapprochent considérablement des manières de parler familières, souvent même *populacières* de notre langue. Ne faudrait-il pas attribuer cette singulière concordance dans l'expression des idées à la grande ancienneté de l'idiôme parlé dans l'Annam? J'ai eu occasion de dire ailleurs qu'il me paraît être formé d'une langue primitive dans laquelle se sont introduits d'assez nombreux mots chinois, dont la prononciation s'est modifiée plus ou moins selon l'époque à laquelle ils ont, sous l'influence de la domination chinoise, obtenu droit de cité dans le langage usuel. (Voyez la préface de ma *Chrestomathie cochinchinoise.*) Cette introduction du chinois dans l'annamite, beaucoup moins prononcée d'ailleurs qu'on ne le croit généralement, n'a pas amené une modification assez grande dans le génie de cette dernière langue pour y faire

« et sur les pas des chevaux, sur les traces des chars, s'étendait le
» manteau vert sombre de la mousse [1] !
« Amèrement il pleura ses amours (envolées) [2] !

« Ô malheureux destin ! » (s'écria-t-il.) « Elle était hélas ! mortelle
» comme nous [3] !

disparaître les façons de parler primitives. Or l'annamite, étant un idiôme fort ancien, a dû être parlé par des tribus dont le développement intellectuel était naturellement inférieur à ce qu'il est actuellement chez un peuple beaucoup plus civilisé que ne le furent certainement ses ancêtres. De là viennent *peut-être* ces analogies de langage qui existent entre la phraséologie annamite et celles de la partie la moins éclairée de notre nation. Ce serait aux savants qui s'occupent spécialement de l'étude de la filiation des langues à nous apprendre si cette analogie existe dans tous les idiômes dont l'ancienneté est considérable. On la retrouve, quoique plus rarement, dans certaines expressions du chinois parlé. Toujours est-il que, sans lui accorder une valeur exagérée, ce phénomène, parfois très saillant dans l'annamite, me paraît digne d'être signalé à l'attention de ceux que leurs études spéciales rendent plus compétents en pareille matière. Une semblable concordance entre les formules de langage usitées chez les peuples de race primitive et celles qu'emploient les classes les moins policées des nations civilisées actuelles constituerait un fait curieux dans l'histoire du développement de l'esprit humain.

Le mot « 緣 *duyên* » est un de ceux dont la signification varie le plus suivant le sujet traité dans les textes où il se rencontre. Il existe cependant une dérivation bien réelle entre les principaux sens qu'il présente. Comme on le trouve fréquemment dans les poèmes annamites avec plusieurs de ces sens (voy. ce vers et le suivant), je crois utile de les rappeler ici et d'en faire ressortir la connexion. 緣 signifie :

1° *Le collet ou la garniture d'un vêtement.*

2° *La correspondance entre un fait actuel et un autre qui existait préalablement.* Deux faits dont le second est la conséquence du premier font pour ainsi dire corps l'un avec l'autre, comme la garniture ou le collet d'un habit, bien qu'étant des objets distincts du vêtement lui-même, n'en forment pas moins un seul tout avec lui.

3° *Le bonheur,* qui n'est qu'une *adaptation* providentielle des événements à nos besoins et à nos désirs.

4° *L'amour* ou *le mariage,* considérés comme la *réunion* de deux êtres destinés providentiellement l'un à l'autre. C'est par une association d'idées voisine que nous disons quelquefois que *les mariages sont écrits au ciel.*

Dans le présent vers, le mot 緣 a le sens du 3° *(heureuse destinée)*; dans le suivant, il aura celui du 4°, et exprimera « *l'union de deux êtres qui s'aiment* ».

75 «Đã không duyên trước chẳng thà,

«Thì chi chút đích gọi là duyên sau?

«Sắm sanh níp giấy xe châu.

«Bùi nồng một nắm mặc dầu cỏ hoa!

«Trải bao thỏ lặn ác tà?

80 «Ấy mồ vô chủ! ai mà viếng thăm?»

Lòng đâu sẵn mồn thương tâm?

Thoạt nghe, *Kiều* thốt đằm đằm châu sa.

Đau đớn thay phận đờn bà!

Le mot « *mình* — *corps* » qui se présente presque toujours comme un substantif, devient ici adjectif par position à cause du verbe qui le précède, et signifie « *possédant un corps* ». « *Với* — *avec* » exprime ici non pas la communauté, l'association, mais la similitude de nature. Cet hémistiche contient du reste une ellipse. C'est « *cũng một mình với ta* » qu'il faudrait dire. « *Cũng một mình* » serait alors un adjectif composé, toujours par suite de l'influence du verbe qualificatif « *là* »; mais il y aurait alors deux pieds de trop. Ces jeux de la règle de position sont indispensables à bien connaître; car ils donnent, conjointement avec le parallélisme, la clef de l'interprétation des vers annamites qui, si l'on n'en tenait pas compte, seraient souvent tout-à-fait incompréhensibles.

1. Litt. : *« (Puisqu')il n'y aura pas eu d' — union — avant, — (que) ne pas — cela a mieux valu. »*

*Đã*, marque du passé, fait ici du signe de négation *không* un verbe exprimant la non-possession qui correspond exactement au 無 chinois.

2. Litt. : « *Alors — quoi — (en fait de) — quelque petite chose — (qui,) s'appelant, — soit — l'union — de plus tard?* »

*Đích* est un terme cantonnais qui signifie « *une petite quantité* ».

3. Litt. : « . . . . *des chars — de pierres précieuses.* »

Les *xe châu* sont des imitations de chars renfermant des aliments imités aussi. Ces véhicules sont censés destinés à transporter leur contenu

« Puisque le ciel n'a pas voulu que nous nous aimions en ce monde [1], 75

« comment (du moins) lui donner quelque gage de l'amour qui, dans
» l'autre, (unira nos deux cœurs) [2] ?
« Il prépara des corbeilles de papier, des aliments à l'usage des
» morts [3].
« Acceptez », dit-il, « ce faible présent, tout insignifiant qu'il puisse
» être [4] !
« Qui dira combien de lunes ont (depuis lors) disparu sous l'horizon;
» combien de soleils se sont inclinés dans leur course [5] ?
« Ici est un tombeau sans maître ! qui viendrait le visiter ? » 80

Pourquoi *(Kiều)* sentit-elle alors dans son cœur naître la tristesse [6] ?

A peine avait-elle entendu (ce récit) qu'elle versa des larmes abondantes.

« Que le sort de la femme est douloureux ! » dit-elle.

---

jusqu'à la région des morts, où il se trouvera à la disposition du destinataire. Les aliments sont qualifiés symboliquement de *« pierres précieuses »* parce qu'ils sont ce qu'il y a de plus indispensable à la vie. Quant aux *níp giấy*, ce sont des paniers remplis de ces papiers dorés et argentés que les Chinois appellent 金紙 et 銀紙, et que l'on brûle aux funérailles dans la croyance qu'ils iront se changer, dans les mains du défunt, en or et en argent véritables.

4. Litt. : « *(Ceci est) de condiments — une poignée; — à votre gré — (ce seront) — des herbes — et des fleurs (des bagatelles) !* »

5. Litt. : « *On a passé par — combien (de fois que) — le lièvre — a plongé — (et) le corbeau — s'est incliné ?* »

D'après une légende bouddhique, un lièvre *(sasi)*, voulant nourrir ses congénères affamés, se précipita dans le feu afin d'y rôtir sa chair et de leur en faire un aliment. Après qu'ils s'en furent repus, Indra transporta dans la lune ce qui en restait, et l'appela « 設施 sakchi ou sakti — celui qui a fait un sacrifice ». (Voyez Wells Williams, *A syllabic dictionary of the chinese language*, au caractère 兎.) De là vient ce nom de *« lièvre »* que l'on donne, surtout en poésie, à la lune.

On appelle le soleil « *ác — le corbeau* » ou « *ác vàng — le corbeau d'or* » parce que l'on croit voir sur son disque l'image d'un corbeau à trois pattes.

6. Litt. : « *Son cœur, — (d') où (vient qu'y) — étant disposé — il faillit — (quant à) la tristesse ?* »

Lời rằng : « *Bạc mạng* » cũng là lời chung !

85 Phụ phàng chi bấy, Hoá công ?

Ngày xanh mòn mỏi, má hồng phui pha !

Sống, làm vợ khắp người ta ;

Hại thay ! Nằm xuống, là ma không chồng ?

Nào ngày Phụng chạ Loan chung ?

90 Nào người tiếc lộc ? Tham hồng là ai ?

Đã không kẻ đoái người hoài !

Sẵn đây ta kiếm một vài nén hương !

Gọi là gặp gỡ giữa đàng !

Hoạ là người dưới suối vàng biết cho !

95 Lâm dâm khấn vái nhỏ to ;

Lập ngồi, và gật trước mô, bước ra.

Một vùng cỏ áy bóng tà,

---

1. Litt. : « *(Tu es) insouciant — pourquoi — tant, — (ô) créant — artisan ?* »
2. Litt. : « *Où (sont) — les jours (où) — les Phụng — (vivaient) en désordre — et (où) les Loan — (vivaient) en commun ?* »
Le *Phụng* est un oiseau fabuleux dont l'apparition, qui a lieu aux époques où la vertu est en honneur, est réputée de bon augure. Sa femelle s'appelle *Hoàng*, nom que l'on traduit généralement par « *Phénix* ». D'après M. Wells Williams, le faisan *Argus* aurait fourni le type du *Phụng*, aussi bien que celui du *Loan*, oiseau également fabuleux que l'on regarde comme la personnification de toute grâce et de toute beauté. Ce dernier

« Ces deux mots : « *Destin contraire* », sont bien applicables à toutes !

« Pourquoi donc, ô Créateur ! te montrer si insouciant¹ ? 85

« Les jours de sa jeunesse ont disparu, et sa beauté s'est effacée !

« Vivante, elle était l'épouse de chacun ;

« hélas ! la voilà morte, et devenue un fantôme sans époux !

« Où sont les jours où autour d'elle se pressaient les galants² ?

« Où sont (les amoureux) passionnés ? Qui, (maintenant,) désire ses 90
» charmes ?

« Personne aujourd'hui (sur sa tombe) ne jette plus un regard de
» pitié !

« Puisque nous sommes ici, prenons quelques bâtons d'encens

« pour faire avec elle, en chemin, connaissance !

« Peut-être qu'aux bords de la *Source jaune* elle ne l'ignorera pas et
» nous en saura gré³. »

Tout bas elle récita une série d'invocations, 95

s'assit, fit quelques inclinations devant la tombe et s'éloigna.

Sur un tertre couvert d'herbe flétrie dont l'ombre allait s'allongeant,

---

fait, dit-on, entendre des chants délicieux. Le *Phụng* et le *Loạn* jouent un très grand rôle dans les poésies chinoise et annamite. Les noms de ces deux oiseaux expriment ici métaphoriquement la foule des galants qui se pressait autour de Đạm Tiên.

« *Phụng chạ Loạn chung* » est pour « *Phụng Loạn chung chạ* ». L'expression « *chung chạ* », qui signifie « *vivre en commun* » et qui renferme le plus souvent une idée de désordre est dédoublée ici, tant par élégance que pour satisfaire aux règles de la prosodie.

3. Litt. : « . . . . . *le saura — à nous.* »

Gió hiu hiu thổi một và ngọn lau.

Rút trâm sẵn giắt mái đầu,

100 Vạch da cây, vịnh bốn câu ba vần.

Lại càng mê mải tâm thần!

Lại càng đứng sững, tần ngần, chẳng ra!

Lại càng ủ dột nét hoa!

Sầu tuôn đứt nối; châu sa vắn dài.

105 *Vân* rằng : « Chị! cũng nực cười!

« Cũng dư nước mắt khóc người đời xưa? »

Rằng : « Hồng nhan tự thuở xưa

« Cái đều bạc mạng có chừa ai đâu?

« Nỗi niềm, tưởng đến mà đau!

110 « Thấy người nằm đấy, biết sau thế nào? »

*Quan* rằng : « Chị nói hay sao?

« Một đều là một; vẫn vào, khó nghe!

« Ở đây âm khí nặng nề;

---

1. Dans son chignon. Litt. : « *Sur le toit de sa tête.* »

2. Litt. : « *Triste,* — *elle laissait couler ensemble (les larmes de ses deux yeux) — par cessation — (et) par continuité; — les perles — tombaient — courtement — et longuement.* »

au souffle d'une brise légère quelques joncs inclinaient leur pointe.

Elle arracha l'épingle qu'elle avait sous la main, piquée au sommet de sa chevelure [1],

et, écrivant sur l'écorce d'un arbre, elle composa quatre vers de trois pieds.

Et la mélancolie allait augmentant dans son cœur!

et de plus en plus raidie par un étrange saisissement, elle demeurait immobile!

et ses traits charmants s'assombrissaient de plus en plus!

Plongée dans la tristesse, elle laissait de ses yeux couler des larmes tantôt rares, tantôt abondantes [2].

« Ô ma sœur aînée! » lui dit *Vân,* « tu me donnes envie de rire!

« As-tu donc des larmes de reste pour pleurer ainsi les femmes d'au-
» trefois? »

« En aucun temps », dit *Kiều,* « parmi les belles personnes

« le destin ennemi en épargna-t-il une seule?

« Cette pensée obsède mon cœur et je souffre!

« A la vue de celle qui est couchée ici, je me demande ce que plus
» tard il doit advenir de moi!

« Ma sœur! » lui dit *Quan* (à son tour), « es tu donc dans ton bon sens [3]?

« Une idée est une idée; mais si tu en mêles plusieurs, te comprendre
» sera difficile!

« L'air est humide et étouffant ici;

---

3. Litt. : « . . . . . *Ma sœur aînée — parle — comme il convient — ou — comment?* »

« *Chị nói hay sao?* » est une expression qui équivaut pour le sens général à celle-ci : « *Chị nói kỳ quá! — tu dis des choses singulières, tu te livres à des conjectures au fond desquelles il n'y a rien de sérieux!* »

«Bóng chiều đã ngã, dặm về còn xa!»

115   *Kiều* rằng : «Những đứng tài hoa

«Thác là thấy phách, còn là tinh anh!

1. Litt. : « . . . . . *Tous les — êtres supérieurs — au talent — de fleurs, — (lorsqu'ils) sont morts, — on voit — (leur) ombre, — (qui) encore — est — visible — (et) agile !*»

Les Chinois et comme eux les Annamites lettrés ont sur la nature et la constitution de l'âme humaine des idées bien différentes des nôtres. Ils la regardent comme formée par l'association de deux principes opposés. Le premier, qui est le plus noble, se nomme 神 *Thần* ou 魂 *Hồn*; le second porte le nom de 鬼 *Quỉ* ou 魄 *Phách*.

On lit dans le dictionnaire de Khang-hi, sous le caractère 神 :

« . . . . . . 又鬼神陽魂爲神陰魄爲鬼氣之伸者爲神屈者爲鬼。 *Hữu quỉ thần. Dương hồn vi thần, âm phách vi quỉ. Khí chi thân giả vi thần; khuất giả vi quỉ.* — Il y a aussi les *quỉ thần* (expression empruntée à des paroles de Confucius citées dans le 中庸). *Le Hồn, qui procède du principe mâle, s'appelle Thần; le Phách, qui procède du principe femelle s'appelle Quỉ. L'expansion du Khí (souffle primordial de la nature ou du Ciel) produit le Thần; son retrait produit le Quỉ.*»

L'âme, telle qu'elle se trouve dans l'homme vivant, est un de ces êtres immatériels appelés «*Quỉ thần*», qui résultent de l'expansion et du retrait des deux grands principes mâles et femelles *Âm* et *Dương*. Le nom du 神 *thần* vient, dit-on (par un jeu de mot philosophique très goûté des Chinois et indiqué dans la définition citée ci-dessus), de 伸 *thần — se développer*»; parce qu'étant la partie la plus subtile de la nature spirituelle (ou mieux immatérielle) de l'homme, il se développe après la mort de ce dernier, s'étend et erre dans l'espace. On en place le siège dans le foie. On l'appelle aussi «魂 *hồn*», mot que nous traduisons par «*âme*», bien qu'il semble y avoir entre cette âme chinoise et l'être *immatériel* que nous appelons du même nom la même différence qu'entre le רוח hébreu, le πνευμα grec, le latin *spiritus* d'une part, et le *spirit* anglais de l'autre. (Voy. W. H. Medhurst, *A dissertation on the theology of the Chinese, etc.*) On distingue d'ailleurs trois *Hồn* ou âmes différentes; *l'âme végétative* ou 生魂 *Sinh hồn*, *l'âme sensitive* ou 覺魂 *Giác hồn*, et *l'âme raisonnable* ou 神魂 *Thần hồn*. Les noms qui leur sont donnés font suffisamment connaître les fonctions qu'on leur attribue.

Quant au 鬼 *Quỉ*, que l'on nomme aussi 魄 *Phách*, c'est l'élément grossier, l'âme imparfaite, qui tire son origine de la partie subtile du principe

« les ombres du soir descendent, et le chemin du retour est long ! »

« Lorsque », répondit *Kiều,* « une personne savante et lettrée ¹    115

« n'est plus, on peut voir son ombre, encore sensible à nos yeux ¹.

femelle *Âm*. Son nom lui vient de « 歸 *qui* », mot qui signifie *«retourner»;* parce qu'étant la partie la plus grossière, il se resserre, se contracte sur lui-même après la mort, retourne à ses éléments primordiaux et s'enfonce dans la terre. Ce 魄 peut cependant jouer, dans certaines circonstances, le rôle de ce que nous appelons *« une ombre, un revenant, un fantôme »*. C'est précisément ce que l'on affirme avoir lieu dans le passage qui nous occupe.

Lorsque, dit le poète, une personne savante et lettrée a quitté la vie, son 魄, malgré sa nature d'ordinaire immobile et invisible, peut cependant se manifester à nos yeux. Il est nécessaire, pour s'expliquer cette contradiction, de se reporter aux passages suivants du philosophe *Châu phụ tử*. Comme un de ses disciples lui demandait pourquoi, dans certain passage du 中庸, il est principalement question des 神 tandis qu'on s'y occupe beaucoup moins des 鬼, *Châu* répondit : « Pour les 鬼, ils sont dis-
»sipés, ne donnent pas signe d'existence, et n'ont plus aucune forme; c'est
»pourquoi il n'était pas nécessaire de s'en occuper spécialement. Mais lors-
»que les 神 se manifestent, ce phénomène n'est rien autre que l'expansion
»(伸) des 鬼. C'est précisément le cas pour les ancêtres. Lorsque les
»forces qui proviennent du 氣 sont dissipées, ils deviennent des 鬼 ; et
»cependant leurs descendants les font venir à eux en pratiquant la pureté
»et la sincérité. Ils prennent alors une vaste extension, tellement qu'il
»semble qu'ils soient au-dessus de nos têtes, à notre droite et à notre
»gauche. N'est-ce pas là une expansion de ces 鬼 qui déjà s'étaient res-
»serrés sur eux-mêmes? »

« Il faut, dit ailleurs le même philosophe, embrasser cette question dans
»une vue générale d'ensemble, et (bien savoir qu') au milieu même des ex-
»pansions, il y a une contraction. Nous nous rendrons alors compte du véri-
»table état des choses. Les contractions que l'on peut percevoir au milieu
»d'une expansion se rapportent à l'homme, qui possède un 魄 ou esprit
»animal plus grossier; et *les expansions qui ont lieu au milieu d'une contrac-
»tion se rapportent aux* 鬼, *qui alors deviennent parfois* 靈 *linh — efficaces
»(en répondant aux vœux de ceux qui leur adressent un culte).* » (Voy. Medhurst, *A dissertation etc.*, pp. 169 et 172.) Ce qui revient à dire que le 鬼 ou 魄 d'un ancêtre, quoique déjà contracté sur lui-même et rentré dans le sein de la terre, peut se dilater de nouveau, et devenir *efficace*, autrement dit agir dans le sens de la volonté de ses descendants qui désirent l'attirer

«Dễ hay tình lại gặp tình!

«Chờ xem! Ắt thấy hiển linh bây giờ.»

Một lời nói chưa kịp thưa,

120  Phút đâu trận gió cuốn cờ đến ngay!

Ào ào gió lộc rung cây,

Ở trong dường có hương bay ít nhiều.

Đè chừng ngọn gió lần theo;

Vít giày từng bước in rêu rành rành!

125  Mặt nhìn, ai nấy đều kinh!

Nàng rằng: «Nầy thật tinh thành chẳng xa!

«Hữu tình, ta lại biết ta!

---

auprès d'eux. Or cette espèce d'évocation, que *Châu phụ tử* dit être possible aux descendants vertueux lorsqu'il s'agit de leurs ancêtres, l'auteur du présent poème la déclare possible aussi lorsqu'une personne quelconque, animée des sentiments convenables, veut en évoquer une autre qui était douée, durant sa vie, d'une nature supérieure et distinguée.

De même que l'on distingue trois 魂 différents, de même aussi l'on compte cinq 魄, qui ne sont autres que l'action particulière de chacun des cinq sens. Aucuns, cependant, ne reconnaissent point ces 魄, et leur contestent la qualité d'esprit.

D'après ce qui précède il est facile de comprendre l'expression «*tinh anh*», qui serait, sans cela, fort obscure. «*Tinh*» signifie ici «*la forme que prend un esprit pour se rendre visible aux hommes*». — «*Anh*» veut dire «*agile*». Le 魄, qui d'ordinaire se dissocie et se perd dans le sein de la terre, qui, par conséquent, est alors dépourvu de forme et de mouvement, peut cependant, lorsqu'il a appartenu à une personne exceptionnellement douée, prendre une forme qui le rende visible, et se mouvoir de manière à aller trouver ceux à qui il veut se manifester. Aussi le voyons nous, aux vers 120 et 124,

«Il est facile de comprendre que l'affection appelle l'affection!

«Attends et regarde! nous sommes certains de la voir à l'instant
» mystérieusement nous apparaître!»
Avant que son frère eût pu répliquer un mot,

un vent impétueux et subit [1] droit sur eux arriva tout-à-coup!   120

Bruyant et rapide comme le saut du cerf [2], il secouait les arbres,

et semblait avec lui apporter un léger parfum.

En suivant pas à pas la direction du vent,

ils (virent) les traces d'un pied nettement marquées sur la mousse.

Les yeux fixés sur elles, chacun était frappé d'effroi!   125

«Sûrement» dit la jeune fille «le spectre [3] n'est pas loin de nous!

«La sympathie qui nous unit, nous fait connaître l'une à l'autre!

annoncer sa présence par un tourbillon de vent impétueux et des pas qui, s'impriment sur la mousse, indiquent qu'un être invisible a passé près des interlocuteurs en courant avec vélocité.

1. Litt. : «*Tout à coup — un coup — de vent — (de ceux qui font) rouler — les pavillons — arriva — droit!*»
Lorsque le vent est par trop violent, l'on est forcé de rouler les drapeaux autour de leur hampe, sans quoi ils seraient emportés. De là l'emploi de cette figure, pour exprimer un coup de vent brusque et impétueux.

2. Litt. : «*Un vent — de cerf.*» C'est là un de ces superlatifs métaphoriques qui abondent dans la poésie et même dans la langue vulgaire.

3. Litt. : «.... *Ceci — véritablement — (est que) du tinh — la réalité — ne pas — (est) loin!*» J'ai dit plus haut ce que signifie le mot «*tinh*» dans ce passage. «*Thành*» veut dire «*réel*»; mais, dans cette expression qui est chinoise, sa position lui donne le rôle d'un substantif qui met au génitif le mot précédent. Il faut donc traduire «*tinh thành*» par «*la réalité du tinh*», c'est-à-dire «*le fait que le* 魄 *de Đạm tiên a subi une modification qui lui permet d'affecter les sens de l'homme.*»

«Chẳng nề u hiển, mới là chị em!

«Đã lòng hiển hiện cho xem,

130 «Tạ lòng nàng lại nối thêm và lời!»

Lòng thơ lai láng bối hối,

Gốc cây lại vạch một bài cổ thi.

Dùng dằng dở ở, dở về,

Lạc vàng đâu đã tiếng nghe gần gần.

135 Trông chừng thấy một văn nhân,

Lỏng buông tay khấu, bước lần dặm băng.

Đề huề lưng túi gió trăng

Sau chơn theo một vài thằng con con.

Tuyết in sắc ngựa cu don;

140 Cỏ pha màu áo nhuộm non da trời.

Nẻo xa mới tỏ mặt người,

---

1. *Cổ thi* ne signifie pas ici *d'anciennes poésies*, mais *des vers composés en longues strophes d'après certaines règles prosodiques.*

2. Litt. : «.... *gauche — (quant à) rester, — gauche — (quant à) partir.*»

3. Litt. : «*(Qui,) laissant aller — la bride, — marchait — pas à pas — et les dặm — franchissait*». «*Tay — main*», joue ici le rôle de numérale par rapport à «*khấu — bride*», et la dernière partie du vers contient une inversion nécessitée par la mesure et la rime.

4. Litt. : «*Portant dans les bras — et portant sur le dos — le sac — du vent — et de la lune.*»

«*Lưng — dos*» devient ici verbe par position, et signifie *porter sur le dos,*

« Si vous ne craignez point d'apparaître dans l'ombre, voici que nous
» serons deux sœurs !
« Puisque vous avez bien voulu vous manifester à notre vue,

« à nos remerciements j'ajouterai quelques paroles ! »                    130

Puis, son jeune cœur envahi par un trouble indicible,

sur le tronc de l'arbre elle grava encore des vers composés à la manière antique ¹.
Incertaine, hésitante à rester comme à partir ²,

elle entendit tout-à-coup non loin d'elle résonner des grelots d'or.

Elle regarda, et vit un lettré                                             135

qui, lâchant la bride à sa monture, s'avançait dans le chemin ³.

Dans leurs mains, sur leur dos portant l'attirail de voyage ⁴,

derrière lui marchaient quelques jeunes serviteurs.

Son cheval, petit et vif, était blanc comme la neige ⁵.

La couleur de ses vêtements tenait du vert de l'herbe et du bleu du     140
ciel ⁶.
Dès que du chemin voisin il aperçut leurs visages

par opposition à *đế huê*, qui veut dire *porter à la main*. — *Túi giờ trăng* —
*les sacs du vent et de la lune* est une expression poétique pour désigner *les
bagages*, parce que les voyageurs cheminent exposés au vent et sous les
rayons de la lune.

5. Litt. : « (A la) neige — était semblable — la couleur — de (son) cheval
— de petite taille. »

*Cu đon* signifie *un cheval de petite taille et à l'allure vive*. C'est aussi le
sens du mot *cu* employé seul. *Don* signifie *de taille médiocre*.

6. Litt. : « (Avec la couleur de) l'herbe — on avait mélangé — la nuance —
de (son) vêtement — qui était teinte — clair — en bleu de ciel. »

Khách đã xuống ngựa, tới nơi tự tình.

Giai nhơn lần bước dặm xanh,

Một vùng như thấy cây quỳnh nhành giao!

145 Chàng *Vương* quen mặt; ra chào.

Hai *Kiều* e mặt, nép vào dưới hoa.

Nguyên người quanh quất đâu xa.

Họ *Kim*, tên *Trọng;* vốn nhà trâm anh.

---

1. « *Tự tình* » est une expression chinoise dont le sens littéral est « *discourir sur une affaire* ».

2. Litt. : « *(Sur) un (même) — tertre — (c'était) comme (s') — il voyait — de l'arbre — Quỳnh — (deux) branches — unies !* »

Le *Cây Quỳnh* ou 瓊花 *Quỳnh hoa* est une espèce très rare d'*Hortensia* qui, disent les historiens chinois, faisait les délices de l'empereur parricide 楊常 *Duong đế*, de la dynastie des 隋 *Tùy* (605 de l'ère chrétienne).

3. Litt. : « *Les deux — Kiều — eurent peur — quant au visage — (et), se cachant, — entrèrent — sous — les fleurs.* »

« *Kiều* » est une qualification que l'on donne aux jeunes femmes savantes et belles. L'auteur en a fait à dessein un des termes du nom de son héroïne, dont les talents et les attraits sont constamment mis en relief dans le poème.

4. Litt. : « *Originairement — (c'était un) homme — des alentours; — où (était-ce) — loin ?* »

« *Đâu xa* » est une inversion pour « *xa đâu* ».

Le mot « *đâu — où* » est employé dans un assez grand nombre d'idiotismes annamites pour exprimer le vague, le doute, l'incertitude sur une appréciation quelconque. « C'est loin — où ? » équivaut à : « On ne sait pas au juste à quelle distance se trouve telle ou telle chose, telle ou telle personne ».

5. Litt. : « *(Son) nom de famille — (était) Kim, — (son) nom particulier — (était) Trọng; — de sa nature — (c'était un homme d'une) maison — d'épingles — et de bandelettes* ».

Les noms des Annamites sont généralement composés de trois éléments distincts.

L'étranger se hâta de descendre de cheval et vint échanger quelques
mots [1].

Ce lettré distingué, en continuant à s'avancer vers elles,

croyait voir, réunies sur un même tertre, deux pousses de l'arbre
Quỳnh [2] !

Vương, qui le connaissait, s'avança pour le saluer, 145

et, confuses, les deux charmantes filles [3] sous les fleurs se dissimu-
lèrent.

Cet homme demeurait quelque part dans les environs [4].

Son nom était Kim et son petit nom Trọng; sa famille était honorable et lettrée [5].

 1° Le *Họ* ou *nom de famille,* qui correspond au 姓 *tánh* chinois.
 2° Le *Chữ lót* ou *nom intercalaire*.
 3° Le *Tên tục* ou *nom particulier*.

Le nom de famille, qui se transmet de père en fils, ne se prononce
presque jamais et n'apparaît guère que dans la rédaction des actes, dans
le corps des lettres ou encore dans la signature. Dans la correspondance,
il est convenable de désigner la personne à qui l'on s'adresse par son nom
de famille plutôt que par son nom particulier.

L'usage du nom intercalaire n'est pas obligatoire; cependant il est d'u-
sage que les enfants, surtout l'aîné, conservent celui de leur père. Pour
les cadets, ils peuvent en choisir d'autres, s'ils veulent établir une distinction marquée entre les branches aînées et cadettes. Les femmes n'ont qu'un
seul et unique nom intercalaire, qui est « 氏 *thị* ».

Les Annamites, soit qu'ils se parlent l'un à l'autre, soit qu'ils parlent
d'un tiers, ne se servent que du nom particulier.

Dans la signature des actes, tous les noms doivent figurer dans l'ordre
indiqué ci-dessus. Les femmes mariées, aussi bien que les hommes, y in-
scrivent leur nom particulier; mais lorsqu'on parle d'elles, on dit, comme
en français : « *Madame une telle* », en énonçant le nom ou la qualité de
leur mari.

L'usage de désigner les gens par leur qualité est considéré comme poli
et convenable. C'est ce sentiment qui fait souvent suppléer à l'énonciation
de cette qualité, lorsqu'elle est absente, par l'indication de l'ordre de naissance. On dit alors : « *Anh hai, anh ba, anh tư . . . . . chị nam, chị sáu, chị
bảy, chị tám* », etc.

Les souverains ont leur nom propre comme le reste des hommes; mais
dès qu'ils sont montés sur le trône, il est remplacé par le nom de règne.

3*

Nên phú hậu, bực tài danh,

150 Văn chương nét Đất, thông minh tánh Trời.

Thiên tư tài mạo tốt vời,

«*Gia long — Minh mạng — Tự đức*» sont des désignations de cette espèce. Du jour de son avénement au trône, le nom particulier du prince ainsi que celui de sa mère deviennent comme sacrés; il est désormais interdit de les porter et même de les écrire ou de les prononcer en public. On tourne alors la difficulté en employant un caractère synonyme, dont la prononciation, si faire se peut, ne s'éloigne pas trop de celle du monosyllabe mis à l'interdit. S'il n'existe pas de caractère synonyme, on se contente de modifier celui qu'il est défendu d'employer en lui enlevant quelques traits et en altérant la prononciation primitive.

Si, dans une réunion publique, un théâtre par exemple, des dignitaires connus sont présents, le président ou le directeur doit faire connaître aux acteurs les noms particuliers de ces personnages; et si ces noms se trouvent dans le discours ou dans la pièce, on doit leur donner une autre prononciation en signe de respect.

Le nom particulier a une signification voulue, et la superstition y a attaché une importance considérable. On a attribué une influence tutélaire aux noms les plus abjects, un effet dangereux à ceux qui sont gracieux ou agréables. Ces derniers sont réputés susceptibles d'attirer les esprits malfaisants, qui viendraient alors ravir les jeunes enfants qui les portent. Dans l'intention de les défendre contre ces mauvais génies, on leur donne des noms pour le moins ridicules quand ils ne sont pas incongrus. C'est ainsi que l'on rencontre de jeunes garçons ou des jeunes filles affublés de noms tels que « *Trâu*, buffle — *Chó*, chien — *Đĩ*, prostituée » et bien pis encore. Vers l'âge adulte on les abandonne et on les remplace par d'autres plus convenables, le plus souvent de la manière suivante : Le père choisit dans un texte quelconque une phrase à son gré. A son premier-né il donne le premier mot, au deuxième le second, et ainsi de suite jusqu'à épuisement de la phrase; après quoi l'on passe à une autre, si besoin est. (Voy. M. P⁰ˢ Trương Vĩnh Ký, *Leçon supplémentaire au cours de caractères chinois*.)

Le personnage dont il s'agit ici s'appelle *Kim* de son nom de famille et *Trọng* de son nom particulier. Nulle part dans le poème on ne lui voit de nom intercalaire. Nous avons vu que ce dernier n'existe pas forcément; et, de plus, comme je l'ai dit ailleurs, les personnages, comme le sujet, sont ici évidemment chinois. (Voy. pour les noms chez les Chinois, ma traduction du *Tam tự kinh*, p. 253 et suivantes.)

«*Trâm anh*» est une expression qui, comme «*tân thân*» désigne les lettrés et les dignitaires (簪纓縉紳仕宦之稱 *Trâm anh tân*

Appuyé sur une famille dont l'opulence datait de loin, s'élevant par le renom de son talent [1].

Il traçait avec son pinceau des compositions remarquables, produits 150 du brillant esprit dont l'avait doué la nature [2].

Le Ciel, en lui donnant le talent et la beauté, l'avait élevé au-dessus du vulgaire.

*thân si hoạn chi xưng.* — 幼學 *Ấu học*, vol. 2, p. 1, *verso*). Le sens de chacun des mots qui la compose en justifie clairement l'emploi. En effet le *trâm* n'est autre que la grosse épingle de tête appelée plus communément *kê* (簪首索也 *trâm thủ kê dã*), sorte de broche qui se plaçait en travers derrière la tête, où elle servait à relier et à maintenir la coiffure. On la voit très nettement représentée dans les portraits des deux philosophes Confucius et Mencius qui font partie de la curieuse iconographie des Chinois célèbres possédée par la Bibliothèque nationale. Dans la même collection se trouve la représentation d'un certain nombre de costumes de cérémonie dans lesquels le «*Anh*», sorte de mentonnière destinée à assujettir le bonnet (纓冠索也 *anh quan sách dã*), se distingue aussi fort bien. Quant au «*tân thân*», c'était, comme son nom l'indique, une large ceinture de couleur rouge clair dont les extrémités étaient élégamment ornées.

Ces deux parties du costume étant portées exclusivement par les personnages qui appartenaient aux classes dont j'ai parlé ci-dessus, il est naturel qu'on les ait adoptées pour désigner ces derniers dans le langage élégant.

1. Litt. : «*(Ayant des) fondements — opulents, — des degrés — habiles — et renommés.*»

L'opulence de la famille de *Kim Trọng* est assimilée par le poète aux fondements d'un édifice, et le talent de ce jeune homme à des degrés qui, établis sur ces fondements, lui permettent de s'élever vers les honneurs. D'un côté, les fondements sont riches; de l'autre, les degrés sont habiles et célèbres; ou, pour parler français, la famille est opulente et le talent de son jeune membre déjà renommé. Cette métaphore est cherchée, mais elle ne manque pas de justesse. Malheureusement, le génie de notre langue ne la supporterait pas, et j'ai dû chercher à la rendre par des équivalents, en me rapprochant le plus possible de la pensée qu'elle exprime. «*Danh — réputation*» devient adjectif par position, comme «*tài — talent*» l'est ici lui-même. Son rôle principal dans le vers est de faire le pendant du mot «*hậu — abondant*», qui lui correspond à la fin du premier hémistiche, et fait partie de l'expression adjective «*phú hậu — opulent*» qui qualifie «*nền*».

2. Litt. : «*(Quant aux) compositions littéraires, — les traits (de son pinceau) — (étaient) de la Terre; — (quant à) l'esprit brillant, — sa nature — (était) du Ciel.*»

Le mot «*Đất — Terre*» a ici pour unique rôle d'établir un parallélisme

Vào trong, phong nhã ; ra ngoài, hào hoa.

Đông quanh vẫn đất nước nhà ;

Với *Vương* quan trước vẫn là đồng thân.

155 Vẫn nghe thơm nực hương lân,

complet entre les deux hémistiches. Il ne signifie rien par lui-même; et s'il imprime au mot «*nét* — *traits de pinceau* » une idée de perfection, c'est, s'il m'est permis de m'exprimer ainsi, *par ricochet,* sous l'influence du mot «*Trời — Ciel*», dont il fait la contre-partie. L'auteur ne l'a choisi qu'en raison de la grande habitude où l'on est, tant dans la littérature que dans la langue vulgaire cochinchinoise, d'associer ensemble ces deux mots.

L'Annamite, dans ses serments, dans ses plaintes, dans les circonstances critiques ou solennelles de sa vie, prend constamment à témoin *le Ciel et la Terre;* si bien que lorsque le premier est énoncé, l'on peut s'attendre presque à coup sûr à voir apparaître aussitôt la seconde.

Cette habitude d'associer ensemble les mots «*Trời*» et «*Đất*» a sans doute son origine dans le système de la cosmogonie chinoise, qui admet trois puissances, *le Ciel, la Terre,* et *l'Homme.* 三才者、天地人 *Tam Tài giả, Thiên, Địa, Nhon* ». Etant donnée cette manière de voir, il est assez naturel que l'*Homme*, en tant que la plus inférieure et la plus faible de ces trois puissances, invoque les deux autres ou les appelle à son secours dans les circonstances graves de son existence.

Le mot «*Trời*» désigne d'ailleurs, comme le fait le mot «*Ciel*» dans nos langues européennes, à la fois la voûte du firmament et la providence créatrice et conservatrice de toutes choses qui veille sur tous nos besoins, connaît toutes nos actions et toutes nos pensées. Sans indiquer une personnalité bien définie, c'est le vocable le plus fréquemment employé pour exprimer l'idée de Dieu. On le rencontre aussi très souvent avec l'acception générale et vague que nous donnons au mot «*nature*». C'est celle qu'il convient de lui assigner de préférence dans les locutions du genre de celle qui termine le vers 150.

1. Litt. : «*(Lorsqu'il) entrait — au dedans, — (il était) — élégant; — (lorsqu'il) sortait — au dehors, — (il était) — d'une suprême distinction.*»

2. Litt. : «*(Comme) aux alentours — il parcourait en tous sens — la terre — du royaume,*

avec — «*Vương quan — (dès) auparavant — se fréquentant, — ils étaient (devenus) — ensemble — intimes.*»

3. Litt. : «*En passant — il avait senti — un parfum — qui embaumait — le voisinage.*»

Il avait, dans toutes ses démarches une rare élégance, une distinction suprême [1].

Comme il vivait constamment dans le voisinage [2],

il avait beaucoup fréquenté *Vương quan* et noué avec lui une amitié intime [2].

En passant il avait appris par les propos du voisinage [3]     155

    Le mot « 刎 *vãn* » a proprement le sens de *« couper en travers »*, et, par dérivation, chacun de ceux que je lui attribue dans ces trois derniers vers. En effet : 1° Une personne qui traverse une contrée dans toutes les directions peut (en usant, bien entendu, de la liberté extrême de comparaison qui caractérise les poètes de la Cochinchine), être assimilée à un instrument tranchant, qui, promené sur une surface quelconque, la diviserait dans tous les sens. 2° L'idée de ce parcours répété, effectué en compagnie d'une autre personne, éveille facilement en nous celle de la *fréquentation* mutuelle de deux amis qui ont accoutumé de se livrer ensemble à des promenades, à des excursions, à des parties de chasse ou de plaisir, etc. 3° Enfin, en restreignant la métaphore exprimée au vers 153 (par l'association de ce mot « *vãn* » à l'expression « *đồng quanh* » qui l'y précède), on peut la réduire à l'idée d'un simple *passage*, ayant lieu une seule fois. Au vers 153, l'instrument tranchant se promène sur la surface « *đồng quanh — aux alentours* », c'est-à-dire *dans toutes les directions*; autrement dit, *Kim Trọng* va et vient dans tous les sens. Au vers 155, c'est pendant *une de ces sections* de l'instrument, c'est-à-dire *un jour où il passe par là*, qu'il entend parler de *Túy Kiều* et de *Túy Vân*.

    J'avoue du reste que la beauté de cette triple répétition du mot 刎 m'échappe absolument. Si je n'avais sous les yeux deux éditions différentes du texte en *chữ nôm* de ce poème, et si, dans ces deux éditions qui présentent de notables divergences, non seulement dans l'emploi des caractères idéographiques adoptés, mais encore dans la rédaction elle-même, ce même caractère *chinois* 刎 n'était pas identiquement reproduit, je croirais volontiers à une erreur de typographie. Il faut bien le dire, ces poèmes annamites, d'ailleurs si originaux, présentent parfois, à côté de grandes beautés, des puérilités singulières. Ce fait concorde du reste parfaitement avec le caractère du peuple cochinchinois qui, très civilisé sous tant de rapports, est resté, sous quelques-uns, pour ainsi dire dans une véritable enfance.

    De même que son correspondant chinois « 聞 *vãn* », le mot annamite « *nghe* » signifie non seulement « *entendre* », mais encore « *percevoir une odeur* ». La même analogie se rencontre aussi entre le chinois « 見 *kiến* » et l'annamite « *thấy* », qui ont à la fois le sens spécial de « *voir* », et la signification générale de « *percevoir par le moyen des sens* ». Bien plus, pour « en-

Một nền Đồng tước toả xuân hai kiều.

Nước non cách mấy buồng thêu;

Những là trộm dấu, thầm yêu chốc mòng.

May thay giải cấu tương phùng!

160 Gặp tuần đổ lá, thỏa lòng tìm hoa.

Bóng hồng liếc thấy nẻo xa.

tendre », on dit en chinois « 聽見 thính kiến » et en annamite « nghe thấy » deux expressions absolument identiques.

1. Litt. : « *(Que sur) une fondation — de Đồng tước — on détenait — le printemps — de deux — Kiều.* »

Après avoir été promu à la haute dignité de 王 *vương* par l'empereur 孝獻帝 *Hiếu Hiến đế*, que son fils 曹丕 *Tào Phi* devait plus tard renverser pour fonder, sous le nom de 明帝 *Minh đế*, la dynastie des 魏 *Ngụy* (227 de J.-Ch. — Epoque des *Trois royaumes*), 曹操 *Tào Tháo* s'était emparé du territoire de 中原 *Trung Nguyên*. Il livrait de terribles combats à 劉備 *Lưu Bị*, fondateur des 漢 *Hán* postérieurs, et à 孫權 *Tôn Quyền*, qui, après s'être fait élire empereur dans la ville de 應天府 *Ứng Thiên phủ*, devait donner son nom à la dynastie des 吳 *Ngô*. Il est dit dans le roman historique 三國志 *Tam quốc chí* qu'il fit bâtir un palais et le nomma « 銅雀臺 *Đồng tước đài* — la tour de l'oiseau de cuivre ». Il projetait d'y retenir captives la femme de *Tôn Quyền* et celle de 周瑜 *Châu Du*, allié de ce dernier. Il avait même fait vœu de se démettre de son commandement et de s'y renfermer avec elles, s'il gagnait la bataille qu'il allait livrer à leurs époux. — La demeure du *viên ngoại Vương* est poétiquement assimilée à cette tour, comme ses deux filles le sont aux deux héroïnes du roman chinois.

Le mot « 春 *xuân — printemps* » présente en chinois et en annamite plusieurs acceptions métaphoriques. Celle qu'on doit lui attribuer ici se retrouve dans nos langues européennes.

2. Litt. : « *Des eaux — (et) des montagnes — séparaient (de lui) — les — chambres — de broder (les chambres où elles brodaient).* »

Comme chez les jeunes personnes demeurant dans l'intérieur du gynécée les ouvrages de broderie forment une des occupations principales de la

qu'enfermées dans un palais semblable à celui de *Đồng tước,* deux charmantes jeunes filles voyaient s'écouler leur printemps ¹.

Vivant bien loin de leur retraite ²,

il brûlait d'amour et vivait dans l'attente ³.

Mais voilà que le hasard les réunissait, ô bonheur ⁴!

Au moment où tout semblait perdu ⁵, il voyait ses désirs satisfaits! 160

Il contemplait de loin cette charmante apparition ⁶.

journée, l'on dit poétiquement *« buồng thêu — une chambre où l'on brode »* pour désigner le lieu où une jeune femme vit à l'abri des regards du public.

3. Litt. : *« (Ce qu'il faisait) — seulement — c'était d' — en furtivement — chérissant — et en secret — aimant.— attendre. »*

4. Litt. : *« O bonheur! — par (cette) rencontre agréable et inopinée — ensemble.— ils étaient réunis! »*

Les quatre mots de ce dernier vers sont chinois et forment une expression courante qui signifie *« se rencontrer d'une manière agréable et inattendue »*. Chacun des mots « 邂 *giai* » et « 逅 *cầu* » renferme du reste en lui-même ce sens complet.

5. Litt. : *« Rencontrant — la semaine (l'époque) — de répandre (laisser tomber) — les feuilles, — il était satisfait — (quant à son) désir — de chercher — les fleurs. »*

Il y a ici une sorte de jeu de mots poétique. Pour le saisir, il faut connaître une particularité de la végétation de l'arbre que les Annamites appellent *Mai.* (Voy. sur ce végétal ma traduction du poème *Lục Vân Tiên,* p. 36, *en note.*)

Vers la fin de l'année, les feuilles du *Mai* se mettent à tomber, et c'est lorsqu'il les a entièrement perdues que s'effectue la floraison. Or, comme les feuilles de l'arbre précieux, les espérances de *Kim trọng* avaient disparu jusqu'à la dernière; et précisément en ce moment là, de même que l'odorante parure se montre à nouveau sur le *Mai* dépouillé, de même les deux *« Kiều »,* objet des recherches du jeune lettré, se montraient inopinément à ses yeux ravis. Le poète joue sur le double sens du mot *« hoa »* qui signifie à la fois *« des fleurs* (ici celles du *Mai)* » et *« la galanterie ».* Seulement ce dernier mot ne doit point être pris ici dans l'acception déshonnête qu'il présente fort souvent.

6. Litt. : *« L'ombre rose. »*

Xuân hương, thu cúc, mặn mà cả hai!

Người quốc sắc, kẻ thiên tài;

Tình trong như đã, mặt ngoài còn e!

165 Rập rình cơn tỉnh cơn mê;

Rốn ngồi chẳng tiện, dứt về chỉn khôn!

Bóng tà như giục cơn buồn.

Khách đà lên ngựa, người còn ghé theo!

Dưới cầu dải nước trong veo;

170 Bên cầu tơ liễu bóng chiều tha la.

. . . . . . . . . . . . . . . . . . .

*Kiều* từ trở gót trướng hoa,

Mặt trời lặn núi, chiêng đà thu không.

Gương Nga vằng vặng đầy song.

---

1. Les Annamites comprennent sous le nom de «*Cúc*» plusieurs espèces différentes. Lorsque ce mot est employé seul, il désigne la *Camomille (Anthemis nobilis)*, plante de la famille des Composées, tribu des Sénécionidées.

2. Litt. : « . . . . *au talent céleste.* »

3. Litt. : «*(Quant à) l'affection, — au dedans, — (elle était) comme — existant déjà; — (quant au) visage, — au dehors, — encore — ils craignaient!*»
 La particule du passé «*đã*» assume dans ce vers à elle seule un sens verbal complet et elle y joue un rôle très analogue à celui que remplit dans le chinois de style écrit la particule finale affirmative « 也 *dã* ». Ce sens verbal est déterminé par le parallélisme des deux hémistiches, qui, d'ailleurs, est parfait ici. On voit en effet que «*dã*» occupe à la fin du premier la même place numérique que le verbe «*e*» à la fin du second.

Parfum [1] de printemps, *Cúc* d'automne, l'une et l'autre étaient gracieuses.

La jeune fille à la beauté royale, le (jeune homme) au talent surhumain [2]

en leur cœur s'agréaient déjà; mais leurs visages n'osaient encore le laisser voir! [3]

Palpitante, tour à tour, (*Kiều*) revenait à elle et retombait sous le charme [4]. 165

Demeurer plus longtemps était malaisé; mais rompre l'entretien et partir, c'était chose bien difficile!

L'ombre du soir, en s'allongeant, vint ajouter à son souci.

L'étranger était remonté à cheval; pour elle, furtivement elle le regardait encore!

Sous le pont courait un limpide cristal,

et tout auprès, dans l'ombre du soir, le saule étendait nonchalam- 170 ment ses branches.

. . . . . . . . . . . . . . . . . . . . . . . . . . . .

Depuis que *Kiều* dans sa demeure était rentrée [5],

le soleil était descendu derrière les montagnes, et déjà le gong annonçait la première veille [6].

(Le visage de) *Gương Nga* [7] tristement remplissait la fenêtre.

---

4. Litt. : « *Palpitante, — par accès — elle revenait à elle, — par accès — elle était troublée.* »

5. Litt. : « *Depuis que Kiều — avait tourné — ses talons — quant à (vers) — les tentures — fleuries (brodées de fleurs).* »

6. L'expression « *thu không* » signifie « *au crépuscule* ». « *Thu* » veut dire «*fermer*», et «*không*», «*l'espace*». Lorsque l'obscurité vient, il semble que l'espace se ferme devant nos yeux. Cette expression adverbiale, précédée de la particule du passé, est transformée par cette dernière en un véritable verbe. La traduction littérale de ce vers doit donc être : « *Le soleil — plongeait — dans les montagnes; — le gong — avait fait crépuscule du soir.* »

Il y a là un exemple des plus frappants de la force que possède la règle de position dans la langue annamite, non moins que dans la langue chinoise.

7. La lune. — Voyez la note du vers 15.

Vàng gieo ngắn nước, cây lồng bóng sân.

175 Hải đường rã ngọn đông lân,

Giọt sương gieo nặng, nhánh xuân là đà!

Đăm đăm lặng nhắm bóng hoa,

Đon đường gần với nẻo xa bời bời.

«Người mà đến thế, thì thôi!

180 «Đời phiên hoa cũng là đời bỏ đi!

«Người đâu gặp gỡ làm chi?

«Trăm năm biết có duyên gì hay không?»

Ngổn ngang trăm mối bên lòng,

Nên câu tuyệt diệu ngụ trong tánh tình.

---

1. Litt. : «(L'arbre) *Hải đường* — écartait — sa cime — (à) l'oriental — voisinage.»
Le *Hải đường* est une espèce de pommier sauvage cultivé en Chine tant pour la beauté de ses fleurs que pour son fruit dont on fait une conserve recherchée en le plongeant tout frais dans un bain de sucre fondu.

2. Les ombres que projetaient les fleurs frappées obliquement par les rayons de la lune.

3. Litt. : «*Elle recherchait avidement — le chemin — rapproché — (et) le sentier — éloigné — sans fin.*»

4. Il y a dans ce vers un double sens. L'auteur y joue sur le mot «*Phiên hoa*» qui, selon qu'il répond à tel ou tel caractère, présente deux sens diamétralement opposés. Écrit ainsi : « 繁花 » il signifie «*des ennuis, des désagréments*». (Voyez Taberd, *Dictionnarium anamitico-latinum*.) Si, au contraire, on le représente par ces caractères : « 繁華 » il se traduit par «*montre d'élégance, divertissements de toutes sortes*». J'ai adopté le premier de ces deux sens dans ma traduction, parce qu'il est plus en harmonie avec le contexte, et que les deux éditions différentes que je possède portant les caractères « 繁花 », il est à présumer qu'il n'y a point eu

La rosée tombait en gouttes d'or; l'ombre des arbres dans la cour se montrait.

La cime du *Hải đường*¹, du côté de l'orient, s'étalait dans le voisi- 175
nage.

Lourdes tombaient les gouttes d'eau; nonchalants, les rameaux se penchaient!

(*Kiều*) sérieuse et triste, regardait en silence les ombres des fleurs²,

et sans cesse elle repassait dans son esprit les moindres détails (de l'entrevue)³.

« Il a passé », dit-elle, « et voilà tout!

« Pleine d'ennuis comme les autres, cette existence, elle aussi, pas- 180
» sera⁴!

« Que m'importait, à moi, cette rencontre?

« Sais-je si, dans tout le cours de notre vie, quelque lien nous unira⁵?»

Le cœur agité par mille sentiments divers⁶,

elle composa sur l'état de son âme des vers d'une beauté parfaite⁷.

ici d'erreur dans l'impression. Mais, d'un autre côté, l'auteur a certainement dû faire allusion au sens donné par le second groupe de signes. En effet, 1° *Túy kiều* a été présentée par lui comme une jeune fille menant une vie élégante et artistique; 2° les poètes de la Cochinchine reproduisent assez souvent sous forme de vers en langue vulgaire annamite les adages de la langue écrite chinoise qu'ils trouvent appropriés à leur sujet. Or c'est le cas ici; car on dit en chinois sous forme de maxime : « 繁華世界轉眼成空 *Phiên hoa thế giới chuyển nhãn thành công.* — *Les vanités du monde en un clin d'œil sont anéanties.*» En entendant ainsi les mots « *phiên hoa* », l'idée exprimée dans le vers 180 devient singulièrement analogue à celle que renferme l'adage chinois. Le vers devrait alors être traduit ainsi : «*Cette existence dissipée, comme les autres, elle aussi, pas-
» sera !* »

5. Voyez sur le sens du mot « *Duyên* », la note du vers 74.

6. Litt. : «*Empêtrée — (quant à) cent bouts (de fil) — dans la région de
— (son) cœur,*»

7. Litt. : «*Créant — des lignes de vers — supérieures à toutes autres, —
elle empruntait — dans — (ses) dispositions.* » « *Nên* » est ici au causatif.

185 Chinh chinh bóng nguyệt xế mành;

Dựa loan bên triện một mình thiu thiu.

Thoát đâu thấy một tiểu kiều

Có chìu phong vận, có chìu thanh tân.

Sương in mặt, tuyết pha thân.

190 Trên vàng lửng đửng như gần như xa.

Chào mừng; đon hỏi dò la:

« Nguồn Đào lạc lối đâu mà đến đây? »

Thưa rằng: « Thinh khí xưa nay!

« Mới cùng nhau lúc ban ngày; đã quên?

1. Litt.: « *Une jeune Kiều.* »
2. Litt.: « *Elle avait — des manières d'être élégantes, — elle avait — des manières d'être — décentes.* »
3. Litt.: « *La rosée — était semblable à — son visage; — la neige — était mélangée — (quant à) son corps.* »
4. Litt.: « *Au dessus de — l'or (des balustres) — elle était arrêtée par le calme — comme — près — (ou) comme — loin.* »
5. Litt.: « *(Vous qui) de votre nature — (êtes) Đào, — égarée — quant au sentier, — où (est la raison pour laquelle) — vous êtes venue — ici?* »

« *Đaò* », dans la langue des Chinois, signifie « *pêcher* ». Cet arbre est considéré par eux comme supérieur à tous les autres (桃五木之精也 *Đào ngu mộc chi tinh da*). Les Annamites donnent en poésie à ce mot une signification générale et assez vague, désignant par là toute espèce d'arbuste remarquable par la beauté de ses fleurs. Dans la langue vulgaire, on l'applique, non seulement au pêcher (*Đaò trên*), mais surtout à la *pomme d'acajou* (*Semecarpus Anacardia*), et aussi à deux autres arbres de la famille des Myrtacées (*Jambosa annam, Jambosa malaccensis*). (Voy. le travail de M. KARL SCHRÖDER, dans *La Cochinchine française en 1878.*)

Par métaphore on appelle *Đào* les femmes douées d'une beauté hors ligne, parce qu'on compare leurs charmes aux belles fleurs de cet arbre.

La lune, baissant à l'horizon, envoyait ses rayons dans les branches 185
des arbres.

*(Kiều)* s'endormit accoudée sur la table de travail.

Tout à coup elle aperçut une jeune et belle fille [1]

dont la personne était élégante, dont le maintien était décent [2].

Son visage était transparent comme la rosée; son corps semblait fait de neige [3].

Au-dessus de la balustrade dorée, elle semblait, tantôt près, tantôt 190 loin, suspendue au milieu des airs [4].

*(Kiều)* la saluant avec empressement, lui demanda (qui elle était).

« Ô beauté charmante! » lui dit-elle, « comment avez-vous pu, éga-
» rée, arriver jusqu'en ces lieux [5]? »

« Ceux qui possèdent les mêmes sentiments de tout temps (cher-
» chèrent à se rapprocher) », lui répondit (l'apparition) [6].

« Aujourd'hui même nous étions ensemble! L'avez-vous déjà oublié?

---

6. Litt. : « *(L'apparition) répondit respectueusement :* — « *Sons* — *et sentiments* » — *(depuis) autrefois* — *jusqu'à présent!* »

Cette explication strictement littérale est en elle-même absolument incompréhensible, si l'on n'en possède la clef, qui réside dans l'allusion que
renferment les mots « *Thinh khi* ».

Dans l'histoire de *Bá Nha* et de *Tử kỳ*, qui fait partie du recueil chinois 今古可觀 *Kim cổ kỳ quan* — *Faits extraordinaires de l'antiquité
et des temps modernes*, et que j'ai racontée dans une note de ma traduction
du *Lục Vân Tiên*, on trouve une phrase qui, passée depuis à l'état de maxime, a été reproduite dans plusieurs recueils épistolaires, notamment dans
le « 殊世錦囊 *Thù thế cẩm nang* ». — Cette phrase est celle-ci :
« 同聲相應、同氣相求 *Đồng thinh tương ứng, đồng khí
tương cầu* ». — Litt. : « *Les mêmes sons se correspondent, les mêmes sentiments
se cherchent.* » Elle se rapporte à la grande amitié qui naquit entre *Bá nha*
et *Tử ký* de la parité de leur talent musical. On en a généralisé le sens,
et on l'emploie pour exprimer élégamment la sympathie qui existe entre
deux personnes distinguées par suite de la concordance de leurs goûts littéraires. On voit de suite que les deux mots « *Thinh khi* » dont nous nous occupons ici ne sont autre chose que les deux caractères saillants de cet adage.

195 «Hàn gia ở mái tây thiên!

«Dưới dòng nước chảy; bên trên có cầu.

«Mấy lòng hạ cố đến nhau?

«Mấy lời hạ tứ ném châu, gieo vàng?

«Vâng trình hội chủ! xem tường!

200 «Mà xem trong số đoạn trường! Có tên!

«Âu đành quả kiếp nhơn duyên!

«Cũng người một hội một thuyền; đâu xa?

Le poète, négligeant les autres, les a placés dans son vers comme une sorte d'abréviation destinée à rappeler à la mémoire la phrase entière. C'est à peu près comme si, pour faire comprendre qu'une personne a succombé à un péril auquel elle s'exposait sans cesse, l'on disait en français : «Elle est *cruche cassée!*», par allusion au proverbe bien connu : «*Tant va la cruche à l'eau qu'enfin elle se casse*». Ce genre de citation *extra-elliptique* (s'il m'était permis de risquer une pareille expression) ne serait pas toléré dans notre littérature. Il en est tout autrement dans le style élégant annamite, de même qu'en chinois écrit. Un des exemples les plus frappants et les plus étranges de ce genre de citation abréviative dans cette dernière langue se trouve dans un passage du grand commentaire du 三字經 par 王伯厚. On y lit, à propos des devoirs communs à tous les hommes : «夫妻好合、和翕順從、是謂刑于之化. *Phu thê hảo kiệp, hoà hấp thuận tùng, thị vị hình vu chi hoa*. — Si le mari et la femme aiment la bonne harmonie, s'ils vivent en paix et montrent de la condescendance l'un pour l'autre, l'on appelle cela «*l'influence de l'exemple*» (littéral. : *l'influence du* hình vu, par allusion à un passage du 書經, où ces deux mots forment un sens régulier. Voyez ma traduction du 三字經, à la note sur le n° 31).»

1. Litt. : «(Ma) froide — demeure — se trouve à — le toit — de l'occidental — sentier de tombeau.»

«*Hàn gia*» est une expression à double sens. C'est d'abord une formule du langage poli équivalente à «寒舍 *hàn xá*» ou à «寒門 *hàn môn*». En outre l'adjectif «*hàn*» y peut être admis avec sa signification propre de

« Ma demeure est au couchant, au bout du sentier funéraire [1] !

« Au-dessous court un ruisseau ; au-dessus se trouve un pont.

« Peu de cœurs à des morts témoignent des égards [2] !

« Peu de gens jettent sur un tombeau les perles, l'or de leurs paroles [3] !

« Adresse-toi [4] au *Hội chủ !* Examine attentivement !

« Mais cherche au registre des malheureuses [5]; tu y trouveras un nom !

« Ainsi le veut l'immuable destinée !

« Nous sommes de la même classe, et nos sorts sont peu différents [6] !

«*froid»*, ce que l'apparition appelle « sa demeure » n'étant autre chose que son tombeau. — « 阡 *thiên* » signifie un sentier qui aboutit à une tombe.

2. Litt. : « *Combien de — cœurs — en bas regardent — vers d'autres ?* »
L'auteur emploie ici l'expression chinoise « *Hạ cố — regarder en bas* » parce qu'il s'agit d'égards que l'on a pour les morts, lesquels sont considérés comme situés en bas par rapport à nous. — Le mot « *nhau* » ne signifie pas ici « *mutuellement* »; car deux personnes décédées ne peuvent accomplir l'une en l'honneur de l'autre les cérémonies funéraires. Ce mot, comme son correspondant chinois « 相 *tương* », peut exprimer non seulement une action réciproque, mais encore une action unilatérale.

3. Litt. : « *Combien de — paroles — en bas — données — jettent — les perles, — sèment — l'or ?* »
Le parallélisme existe ici entre les premiers hémistiches des vers 197 et 188.

4. « 會主 *Hội chủ* » comme « 會頭 *hội đầu* » ou « 會首 *hội thủ* » signifie proprement « *l'administrateur d'un cercle, le président d'une société* »; mais ce terme est pris ici ironiquement; il désigne l'individu qui gère une maison de prostitution.

5. « *Đoạn trường nhơn* », litt. : « *une personne dont les entrailles sont coupées en morceaux* » signifie métaphoriquement « *une personne frappée d'un grand malheur* ». Cette expression renferme souvent en elle-même une pensée de fatalité, et se prend alors dans un sens assez voisin de « 薄命 *bạc mạng* », mais avec une nuance de déshonneur en plus.

6. Litt. : « *Tout aussi bien — (nous sommes) des personnes — d'une (même) — société — (et) d'un même — bateau ; — où (est le fait que) — (nous serions) éloignées ?* »

«Nầy mười bài mới mới ra!

«Câu thần lại mượn, bút hoa vẽ vời!»

205 *Kiều* vâng lãnh ý đề bài.

Tay tiên một vẽ đủ mười khúc ngâm.

Xem thơ thắc thỏm, khen thầm.

«Giá đành tú khẩu cẩm tâm khác thường!

«Ví đem vào tập đoạn trường,

210 «Thì đeo dải nhứt! Chi nhường cho ai?»

Thềm hoa khách đã trở hài;

Nàng còn ở lại, một hai tự tình.

Gió đâu trịch bức mành mành,

Tỉnh ra, mới biết rằng mình chiêm bao.

215 Trông theo; nào thấy đâu nào?

---

1. Litt. : « *Des phrases (vers) — de génie — encore — empruntant, — (avec ton) pinceau — fleuri — trace (les)!* »
2. Litt. : « *Sa main — d'immortelle — d'un seul — trait (de pinceau) — suffit à — dix — morceaux — à chanter* ».
  *Ngâm* signifie proprement «*fredonner, chanter à demi-voix*».
3. Litt. : «*(Leur) prix (leur valeur) — convient à — (une) brodée — bouche, — à un — cœur — de cẩm — (d'une façon) autre que — l'ordinaire*». — Le *Cẩm* (en annamite *Gấm*) est une espèce de brocart à fleurs que l'on fabrique en Chine. Il est très estimé et, surtout en littérature, sert de point de comparaison lorsqu'on veut exprimer une disposition élégante et distinguée. Cette expression « 繡 口 錦 心 *tú khẩu cẩm tâm* », que le poète annamite a

« Voici dix nouveaux sujets !

« Cherche en ton esprit de beaux vers ; prends ton pinceau et écris-
   » les [1] ! »
(Kiều) lui obéit ; elle reçoit le sujet et trace le titre.

Sa main habile, sans lever le pinceau, compose un morceau de dix
   strophes [2].
(L'autre), avec une attention profonde, les examine ; elle les loue tout
   bas.
« Ils sont dignes d'un esprit orné, d'une bouche éloquente [3] ! » (dit-elle) ;
   » Ce ne sont point là des vers ordinaires !
« Si on les insère au livre des destinées malheureuses,

« on y verra qu'à vous est la première place ! Qui pourrait vous la
   » disputer [4] ? »
Déjà la visiteuse a quitté la vérandah fleurie [5],

que la jeune fille est encore là, s'efforçant de s'expliquer (ce qui vient
   de se passer) [6].
(Mais) le vent tout à coup ayant déplacé le treillis,

elle revient à elle et comprend qu'elle était le jouet d'un songe.

Ses regards cherchent (le fantôme) ; mais rien ! Elle n'en voit pas
   trace !

---

introduite en entier dans ce vers, est employée couramment en Chine pour désigner *un lettré accompli et éloquent*.

  4. Litt. : « *Alors — vous porterez — la ceinture — en premier ! — En quoi — le céderiez-vous — à — qui (que ce soit) ?* » Ce passage renferme un double sens. Đạm tiên, tout en exaltant la supériorité littéraire de T'úy kiều, lui fait entendre aussi qu'elle est destinée à subir les douleurs d'une existence pareille à celle qu'elle même a menée jadis.

  5. Litt. : « *(Sous) la vérandah — fleurie — la visiteuse — a tourné — ses chaussures (du côté de l'extérieur, pour s'éloigner)* ».

  6. Litt. : « . . . . . *(pour) à toute force — débrouiller — l'affaire* ».

4*

Hương thừa dường hãy ra vào đâu đây.

Một mình lưỡng lự canh chầy.

Đường xa nghĩ nỗi sau nầy mà kinh!

«Hoa trôi bèo giạt; đã đành!

220 «Biết đâu mình biết phận mình thế thôi?

«Nỗi riêng dập dập sóng dồi?»

Nghĩ đòi cơn lại; sụt sùi đòi cơn.

Giọng *Kiều* rên rỉ trướng loan;

Nhà huyên chợt tỉnh; hỏi: «Can cớ gì?

225 «Cớ sao trằn trọc canh khuya,

«Màu hoa lê hãy dầm dề giọt mưa?

Thưa rằng: «Chút phận ngây thơ

«Dưỡng sanh đôi nợ tóc tơ chưa đền!

---

1. Litt.: «*(Quant au) chemin — éloigné — elle réfléchit sur — ces circonstances — futures — et — elle craint!*»

Il y a encore ici un double sens. «*Đường xa*», c'est le chemin sur le bord duquel se trouve le tombeau de *Đạm tiên*, et où ont commencé ces apparitions mystérieuses dans lesquelles *Kiều* a trouvé une demi-révélation de ses futures infortunes; mais c'est aussi une métaphore qui représente sa vie elle-même, vie dont les péripéties redoutables sont encore cachées dans les lointains de l'avenir.

2. Ces deux images de la faiblesse incapable de résistance se rapportent à *Đạm tiên*, que les désordres de sa vie entraînèrent dans un malheur irréparable, comme le courant d'un fleuve emporte une fleur détachée de sa tige, ou bien rejette sur la rive, pour s'y dessécher ou s'y corrompre, une lentille d'eau isolée.

Cependant un reste de parfum semble encore flotter çà et là.

(*Kiều*) reste là bien avant dans la nuit, seule, absorbée dans ses pensées.

Elle pense au sentier lointain, à ce que l'avenir lui réserve. Son âme est frappée de crainte¹!

« C'est, à n'en pas douter », se dit-elle, « une fleur entraînée par le cou-
» rant, une lentille d'eau sur la rive échouée² !

« Puis-je savoir si mon propre sort ne sera pas semblable au sien³? 220

« Moi aussi, dois-je me voir submergée par les flots du malheur? »

A plusieurs reprises elle se plonge dans ces réflexions; à plusieurs reprises la tristesse l'accable.

Comme *Kiều* dans sa chambre faisait entendre sa voix gémissante,

sa mère, en sursaut réveillée, lui en demanda le motif.

« Qu'as-tu », dit-elle, « à te plaindre ainsi toute seule à une heure 225
» aussi tardive⁴?

« Pourquoi ton tendre visage est-il encore baigné de larmes⁵? »

« Votre humble fille », répondit (*Kiều*),

« n'a rien fait encore pour reconnaître à votre égard le double bien-
» fait de la vie et de l'éducation!

---

3. Litt. : « *Où savoir — (le moyen que) — moi-même — je sache — (si) la condition — de moi-même — (sera) de cette qualité-là ? — (C'en est) assez !* »

« *Thế* » est très souvent pris en poésie pour « *thế á'y* ». — Les Annamites terminent fréquemment leurs phrases par l'exclamation « *thôi !* » lorsqu'ils veulent exprimer une résignation forcée en présence d'un fait préjudiciable contre lequel ils ne peuvent rien. Ce monosyllabe correspond alors assez exactement au « 罷 *pá* » du 官話 chinois, lorsque ce dernier est employé dans des phrases analogues.

4. Litt. : « *(et pourquoi) la couleur — de la fleur — de poirier — encore — est elle trempée — de gouttes — de pluie?* »

5. Litt. : « . . . . . . *(Quant à mon) peu — de condition — d'enfant privé de raison* ».

«Buổi ngày chơi mả *Đạm tiên*;

230 «Nhắp đi, phút thấy ứng liền chiêm bao!

«Đoạn trường là số thế nào?

«Bài ra thế ấy, vịnh vào thế kia!

«Cứ trong mộng triệu mà suy,

«Phận con, thôi! có ra gì mai sau?»

235 Dạy rằng: «Mộng triệu cứ đâu?

«Bỗng không mua não chác sầu nghĩ nao?»

Vưng lời khuyên giải thấp cao;

Chưa xong đều nghĩ, đã dầm mạch *Tương!*

Ngoài song thỏ thẻ anh vàng;

240 Dựa tường bông liễu bay ngang trước mành.

Hiên tà gác bóng chênh chênh;

---

1. Litt. : « *Le sujet — sort — dans cette condition-là, — le chant (la pièce de vers) — entrera — dans l'autre condition!»*.

*Túy kiều* compare son existence au travail d'un lettré qui, se proposant de traiter en vers un sujet donné, se voit entraîné par son inspiration à le faire d'une toute autre manière qu'il ne s'y attendait. La jeune fille a commencé sa vie au sein du calme et du bonheur; mais assiégée qu'elle est par les sombres pressentiments qu'ont éveillé dans son cœur les paroles de *Đạm tiên*, elle manifeste la crainte de la voir finir tout autrement.

Le poète exprime ici d'une manière plus noble, mais, en revanche, un peu pédantesque, l'idée que présente dans un style familier notre proverbe bien connu : « *Tel qui rit samedi, dimanche pleurera!* »

«J'allai, pendant le jour, me promener près du tombeau de *Đạm
» tiên*,

«(et, cette nuit), à peine avais-je fermé les yeux, que je l'ai vue sou- 230
» dain en songe m'apparaître !

« Qui sait ce que me réserve ma malheureuse destinée ?

« Elle commence d'une manière, d'une autre elle finira¹ !

« Si je m'en rapporte à ce rêve²,

« hélas! dans l'avenir que doit-il en être de moi ? »

« Que peuvent prouver des songes ? » dit la mère. 235

« Pourquoi vas-tu chercher soudain de vains sujets de tristesse³ ? »

*(Kiều)* obéit aux représentations maternelles ;

mais elle n'a point encore mis trève à ses réflexions, que ses larmes
déjà coulent abondamment⁴ !
L'oiseau *Anh vàng*⁵ chuchotte en dehors de la fenêtre,

et du saule appuyé au mur les chatons volent devant la porte. 240

Sous les rayons obliques (du soleil) l'ombre du toit penché (s'allonge)⁶,

---

2. Litt. : «*(Si) je continue — dans — (ce) rêve — pour — réfléchir (si je
prends ce rêve pour le point de départ des déductions de mon esprit).*»
3. Litt. : «*Tout à coup — à vide — acheter — la tristesse, — acheter le
chagrin, — (c'est) quelle idée ?*»
4. Litt. : «*Pas encore — elle a terminé complètement la chose — de réfléchir,
— (qu'elle) est déjà trempée — quant à la source — (du fleuve) Tương*».
5. L'oiseau dont il s'agit ici est l'*Oriolus Sinensis* de Gmel (*Oriolus Cochinchinensis* de Brisson. Voy. *Les oiseaux de la Cochinchine*, par le Dr G. TIRANT, p. 177).
6. Litt. : «*Le toit — incliné — appuie par le bout — (son) ombre — oblique*».
  Le soleil couchant frappant la maison, celle-ci projette une ombre que
l'auteur compare à un corps allongé et incliné vers la terre, sur laquelle il
s'appuierait par son extrémité.

Nỗi riêng riêng chạnh tấc riêng một mình.

Cho hay là thói hữu tình !

Đố ai dứt mối tơ mảnh cho xong ?

. . . . . . . . . . . . . . . . . . . . . . .

245 Chàng *Kim* từ lại thơ song,

Nỗi nàng cánh cánh bên lòng canh khuya.

Sầu đong càng khắc càng đầy ;

Ba thu dồn lại một ngày dài ghê !

Mây *Tần* tỏa kín song the !

250 Bụi hồng lẻo đẻo đi về chiêm bao.

Tuần trăng khuyết, dĩa dầu hao ;

Mặt mơ tưởng mặt, lòng ngao ngán lòng !

---

1. Litt. : « *Quant aux choses la concernant — particulières, — en particulier — elle est émue — dans son cœur — particulier — toute seule* ». Le sens exact de « *nỗi* » ne peut se rendre en français que par une périphrase. Cette triple répétition du mot « *riêng* », comme plus haut celle du mot « *vẫn* », me semble quelque peu puérile.

2. Litt. : « *Je parie (en ces termes :) — qui — romprait — le fil de soie —. de manière à — en finir ?* »

3. Litt. : « *épaisse* ». L'auteur compare la tristesse de *Kim trọng* à un liquide contenu dans un récipient. Plus le jeune homme y plonge la mesure et la retire pleine, et plus la couche augmente d'épaisseur. Cette métaphore a peut-être été inspirée à *Nguyễn Du* par un passage du poème fantastique « 石生李通書 *Thạch Sanh Lý Thông thơ* », où l'on voit le *Phò mã* ou gendre du roi parier avec un des généraux ennemis, espèce de Gargantua, qu'il ne pourra manger en un repas le riz contenu dans une

et (toujours), en sa solitude, *(Kiều)*, émue, rappelle en son esprit tout ce qui lui est arrivé [1].

Telle est, on le sait, la coutume de ceux qui aiment!

Qui serait capable de rompre le fil de soie (qui retient leur cœur captif [2]?)

. . . . . . . . . . . . . . . . . . . . . . . . . . . . . . . .

Depuis que *Kim* était retourné à ses études, 245

le souvenir de *Kiều*, bien avant dans la nuit, venait assiéger son cœur.

Plus il mesurait sa tristesse, plus elle devenait profonde [3],

et l'interminable jour lui semblait long de trois années [4]!

Un nuage épais comme ceux de la montagne *Tấn* obstruait la vue de sa fenêtre.

Il ne cessait de parcourir en rêve les champs où il avait rencontré 250 (la jeune fille).

Le mois tirait sur sa fin; l'huile de la lampe allait s'épuisant.

Il avait soif de voir (certain) visage, et vers (certain) cœur son cœur s'élançait [5]!

marmite *(nồi)* qu'il fait apporter dans la cour du palais. La marmite est enchantée. Le malheureux Gargantua voit le riz monter dans le récipient au fur et à mesure qu'il y puise,

« *Đã lưng nồi lại hiện rày com ra!* »

et se voit, après trois jours de lutte, contraint de renoncer au combat d'une manière fort peu poétique:

« *Chọc cổ mới mửa đặng ba bung đầy!* »

4. Litt. : « *(Comme) trois — automnes — rassemblés — un (seul) — jour — était long. — Horreur!* »

La position assignée dans ce vers aux quatre mots « *ba thu dồn lại* » en fait une véritable expression adverbiale. — De même, en raison de la place qu'il occupe, et aussi sous l'influence de cette expression adverbiale, l'adjectif « *dài* » devient verbe neutre.

5. Litt. : « *(Son) visage, — désirant — pensait à — un visage; — (son) cœur — errait — (autour d'un) cœur* ».

Phòng văn hơi giá như đồng!

Trước se ngón thỏ, tơ dùn phiếm loan:

255  Mành tương phất phất gió đàn;

Hương gây mùi nhớ, trà khan giọng tình.

« Ví chăng duyên nợ ba sinh,

---

1. Litt. : « *Dans sa chambre — de littérature, — d'un souffle — froid — comme — le bronze.* »

2. Litt. : « *(Quant au) bambou — il montrait — ses doigts — de lièvre, — (quant à) la soie — il lâchait — son phiếm — de Loan.* »

Le lièvre est un animal dont la course est très rapide; ses pattes sont longues et déliées. De là vient que l'auteur, pour indiquer la finesse des doigts de *Kim Trọng* et l'agilité avec laquelle il les promène sur sa flûte de bambou *(trước)*, fait du nom de cet animal un adjectif qualificatif. Mais comme, en vertu du parallélisme, cette épithète en appelle une autre du même genre à la place correspondante du second hémistiche, le *phiếm* dont on va parler sera qualifié de *Loan*. Comme je l'ai dit plus haut, le nom de cet oiseau fabuleux est admis en poésie comme caractéristique de tout ce qui est beau et élégant. — Le *« phiếm »* est une espèce de chevalet destiné à tendre les cordes du *Đờn*, à peu près comme dans notre violon; mais avec cette différence que le chevalet annamite est mobile, et que le musicien le déplace sans cesse en jouant de son instrument.

3. Litt. : « *Le parfum — excitait — l'odeur — du souvenir; — le thé — rendait rauque — la voix — de l'affection.* »

Voilà une métaphore tellement alambiquée qu'il faut faire un effort d'esprit véritablement considérable pour arriver à la saisir. L'auteur assimile le souvenir à un parfum dont on emporte avec soi des traces; ce qui du reste est fort poétique. Il exprime dans le premier hémistiche cette idée que le parfum du souvenir de *Túy kiều* était resté chez *Kim trọng* tellement durable, que celui de sa cassolette, au lieu d'être perçu lui-même, ne faisait que raviver l'autre. Jusque-là, tout va à peu près bien, quoique cette idée soit déjà, comme on dit vulgairement, singulièrement *tirée par les cheveux*. Mais, maintenant, pour que le vers soit le plus parfait possible (au point de vue du goût annamite), le poète tient à trouver un second hémistiche qui présente un double parallélisme; celui de l'idée, d'abord, et ensuite celui des mots. Et pour ce faire, de même qu'il a comparé le souvenir à un parfum, de même il assimile l'amour à une voix. Comme, dans les mœurs élégantes de l'Annam, la théière est, au point de vue de l'usage fréquent qu'on en

Dans son cabinet de travail, soufflant sans entrain, sans chaleur[1],

sur sa flûte il promenait les doigts, et sous les cordes de soie il déplaçait le *phiêm* de sa guitare[2].
Le vent agitait le store de la fenêtre;

les parfums (de sa cassolette) ravivaient ses souvenirs; le thé qu'il buvait excitait sa passion[3].

« Si nous ne sommes point destinés l'un à l'autre » (dit-il),

fait, le pendant de la cassolette, le mot « *trà* » se présentera en effet tout naturellement pour être opposé au mot « *hương* ». Mais il faut trouver un verbe qui, répondant à « *gây* », forme le second pied du second hémistiche, comme ce dernier mot forme le second pied du premier. Il faut, de plus, que ce verbe soit avec « *giọng* », qui correspond à « *mùi* », dans une connexion suffisamment acceptable. Ce verbe sera « *khan* »; et voici, je crois, le seul raisonnement que l'on puisse faire pour en justifier l'emploi:

Le thé, en humectant un gosier desséché, tend à faire cesser l'enrouement. Dans les conditions ordinaires, *Kim trọng* en éprouverait le bienfaisant effet; mais il n'en est pas ainsi en ce qui concerne « *la voix de son amour* ». Cette « *voix* » est tellement altérée par l'absence de l'objet aimé, qu'elle reste rauque malgré l'influence du liquide salutaire. Bien plus, ce dernier *ne fait qu'en augmenter la raucité!*

Voilà où l'amour du parallélisme peut conduire des poètes qui, comme *Nguyễn Du*, possèdent cependant un talent hors de tout conteste!

Ce vers est d'ailleurs un de ceux que les lettrés annamites eux-mêmes ne comprennent qu'avec une grande difficulté. Il semble que ce soit pour les poètes de ce pays une preuve de talent que de poser des énigmes à ceux qui les lisent. J'espère néanmoins, en avoir donné l'interprétation la plus juste possible. Ceux de mes lecteurs qui sont versés dans la connaissance de la poésie cochinchinoise jugeront si cette prétention est fondée ou non.

4. Litt.: « *Si — ne pas — nous correspondons à — la dette — de prédestination.* »

« *Chẳng* » est pour « *chẳng, ne pas* ».

« *Duyên* » est ici un verbe, et signifie « *correspondre à quelque chose qui existait préalablement* » (voy. la note sur le vers 74).

Dans les idées des lettrés, si le père donne la vie à l'enfant qui naît de lui (父生之 *phụ sanh chi*), le maître qui l'instruit (師教之 *sư giáo chi*) la lui donne aussi. Son élève reçoit de lui la vie intellectuelle et morale. Il en est de même du prince, qui, en tant que propriétaire du sol entier, est réputé nourrir ses sujets en leur concédant l'usage des aliments qu'ils en tirent (君飼之 *quân tự chi*), et par suite, renouveler

« Làm chi đem thói khuynh thành trêu ngươi ? »

Bâng khuâng nhớ cảnh nhớ người !

260 Nhớ nơi kỳ ngộ ; vội dời chơn đi.

Một dòng cỏ mọc xanh rì,

Nước ngâm trong vắt ; thấy gì nữa đâu ?

Gió chiều như giục cơn sầu ;

Vi lau hiu hắt như màu khảy trêu !

265 Nghề riêng nhớ ít tưởng nhiều ;

Xăm xăm đè nẻo ; *Lam kiều* lần sang.

Thâm ! Nghiêm kín ! Cổng ! Cao tường !

Cạn dòng lá thắm ! Dứt đường chim xanh !

Lơ thơ tơ liễu buông mành ;

---

à chaque instant l'existence que leur père leur donna une première fois lorsqu'ils sont venus au monde.

C'est pour cela que la naissance, l'instruction et la nourriture ont reçu collectivement, dans la philosophie des lettrés, la désignation générique de (三生 *tam sanh* — *les trois vies*, en annamite « *ba sinh* »). Mais ces trois *vies* sont dans les décrets du Ciel. C'est lui qui a prédestiné chaque individu à naître, à recevoir l'instruction, à entretenir sa vie au moyen des aliments qu'il tire du sol, lequel est au Prince. Cette expression : « *tam sanh* » ou « *ba sinh* » comporte donc en elle-même l'idée de « *prédestination* ». On peut comprendre dès lors pourquoi « *la dette des trois vies* », devient, en poésie, synonyme de ce dernier mot. Il y a *dette (nợ)*, parcequ'il y a mandat du Ciel. Le destin de chacun doit se réaliser. C'est une dette au paiement de laquelle tout être humain est astreint, sans aucun moyen de s'y soustraire.

1. Litt. : « *Pour faire — quoi — a-t-elle apporté — sa coutume — de ren-*

« pourquoi faire de moi une des victimes de sa beauté irréstible et de
» ses regards provoquants¹? »

Et sans cesse à sa mémoire revenait le paysage, et sans cesse y revenait la personne!

Se rappelant les lieux témoins de l'heureuse rencontre, il s'y rendit 260
à pas précipités.

Il ne trouva que le ruisseau (sur les bords duquel), croissait l'herbe verte

baignée par l'onde claire et limpide. Il n'aperçut rien de plus!

Et la brise du soir lui semblait augmenter sa tristesse,

et les joncs agités lui paraissaient la provoquer encore!

(Dans son cœur) occupé d'elle seule, le peu de souvenirs qu'il re- 265
trouvait éveillant de nombreuses pensées²,

Il suivit tout droit le chemin de *Lam Kiêu*, et finit par y arriver.

Entrer était impossible! La porte était barrée, les murs d'une grande
hauteur³.

Aucun moyen de lui écrire! aucune voie pour aller à elle⁴!

Nonchalamment les saules étendaient leurs rameaux,

---

*verser — les villes — (et de) provoquer — quant à la prunelle?* » (Voy. la note
sur le vers 27.)

2. Litt. : « *(Quant au) sujet de pensées — particulier, — il se souvenait de
peu — (et) pensait — beaucoup.* »

« *Nghê* » ne signifie pas ici « *un métier* », mais un sujet de pensées qui
revient perpétuellement à l'esprit. De même que l'exercice d'une profession
se compose d'une série d'actes identiques continuellement répétés, de même
la pensée qui nous obsède se représente constamment à nous.

3. Litt. : « *Profond! — sévère! — (Porte) barrée! — Haut — (quant au)
mur!* »

4. Litt. : « *(C'était) tari — (quant au) courant — des feuilles — rouges! —
(C'était) coupé — (quant au) chemin — des oiseaux — bleus!* »

*Hàn phụ nhon*, pour correspondre avec son amant *Vu huu*, avait imaginé
de lui écrire sur des feuilles de papier rouge (紅葉) qu'elle abandonnait
au courant de l'eau. De là cette expression métaphorique.

270 Con anh học nói trên nhành mỉa mai.

Mấy lần cửa đóng, then gài!

Dẫy thềm hoa rụng; biết người ở đâu?

Chần ngần đứng trót giờ lâu!

Dạo quạnh chợt thấy mái sau có nhà.

275 Là nhà *Ngô việt* thương gia.

Phòng không để đó; người xa chưa về.

Lấy đều du học, hỏi thuê,

Túi đờn, cắp sách, đề huê dọn sang.

Có cây, có đá sẵn sàng;

280 Có hiên *Lãm túy* nét vàng chưa phai.

Mừng thầm chốn ấy chữ bài:

---

*Kim trọng,* qui ne sait comment joindre celle qu'il aime, est comparé à un oiseau arrêté dans son chemin. « *Xanh — bleu* » n'est là que pour faire le pendant de « *thăm — rouge* », qui termine le premier hémistiche.
1. Le Loriquet. (Voy. la note sur le vers 45.)
2. Litt. : « *Il prit (comme prétexte) — la chose — d'en errant — étudier, — et interrogea — (quant au fait de) louer.* »
3. Litt. : « *Portant dans un sac — son Đờn, — portant sous son bras — ses livres, — les transportant — il emménagea.* »
4. Il s'agit ici d'un de ces jardins paysagers ornés de montagnes en miniature que l'on rencontre si fréquemment à la Chine auprès des riches habitations.
5. « *Hiên lãm túy* », ou, en rétablissant la construction chinoise intervertie, « *lãm túy hiên* », signifie littéralement « *un côté de maison (destiné) à encager les Túy* ». Les maisons élégantes contiennent ordinairement sur le côté *(hiên)* une salle spéciale ayant vue sur un jardin de fleurs et destinée aux jeux

et le *con anh* [1], sur sa branche, semblait apprendre à parler. 270

Combien de fois *(Kim)* trouva la porte close et le verrou tiré!

La vérandah était pleine de fleurs tombées; mais (la jeune fille), où pouvait-elle être?
Immobile, debout, il restait là de longues heures!

Comme il contournait (le jardin), son regard furtif tomba sur une maison qui se trouvait en arrière.
C'était l'habitation du marchand *Ngô việt*. 275

Elle restait vide; le propriétaire, parti au loin, n'était pas encore de retour.
*(Kim)* se donna pour un étudiant touriste, et demanda si on pouvait la louer [2];
(puis), portant son *Đờn* dans un sac et ses livres sous son bras, il y installa son bagage [3].
Il y avait là des arbres et des rochers disposés fort à propos [4],

ainsi qu'un cabinet de divertissements littéraires [5] dont les dorures 280 n'étaient point encore effacées.
Plein de joie de trouver ce lieu tout juste à point:

---

d'esprit qui constituent le divertissement favori des lettrés. Là, tout en buvant du vin, ils composent des charades, font assaut de talent poétique, etc. Le *Túy*, auquel ces lettrés sont ici poétiquement assimilés, est la femelle d'un oiseau dont le plumage vert est très employé comme ornement. Le mâle est appelé «翡 *Phế*». L'oiseau sans distinction de sexe, porte le nom de «翡翠鳥 *Phế túy điểu*». C'est l'*Halcyon smyrnensis* ou *Halcyon pileata* (*Entomobia pileata* de Boddaert). Son nom français est *Halcyon à coiffe noire*. Ce joli martin-pêcheur est très commun en Cochinchine où on le nomme *Con sả sả tau*, nom qui justifierait l'opinion de A. David, qui l'a rencontré près de Pékin. D'après ce naturaliste, il émigrerait pendant l'hiver en Cochinchine. Cependant, M. le Dr Gilbert Tirant n'a, dit-il, rien observé touchant cette migration, et les *Halcyon pileata* habitaient toute l'année les points où il a pu les étudier. Les Chinois font un grand usage de cet oiseau pour confectionner de charmants ouvrages de plumes.

« Ba sinh âu hẳn duyên trời chi đây ! »

Song hồ nửa khép cánh mây.

Tường đông ghé mắt ; ngày ngày hằng trông.

285 Tấc gang đồng toả nguyên phong !

Tuyệt mù ! Nào thấy bóng hồng vào ra ?

Những từ quán các lân la,

Tuần trăng thấm thoát ; nay đà tròn hai.

Cách tường, phải buổi im trời,

290 Dưới đào dường có bóng người thiết tha !

Buông kìm xốc áo vội ra.

Hương còn ngất ngất ; người đà vắng tanh !

Lần theo tường gấm dạo quanh,

Trên đào liếc thấy một nhành kim xoa.

295 Ưa tay ! Với lấy về nhà ;

---

1. Litt. : *« (Quant à) la destinée — peut être — véritablement — l'union — du Ciel — (en) quoi (que ce soit) — est ici ! »*
2. Litt. : *« Sa fenêtre — collée (sic) — à moitié — était fermée — quant à ses ailes — de nuages. »*
La fenêtre est formée de cadres sur lesquels est collé un papier huilé. — « *Cánh* » est une expression poétique pour désigner les battants. Quant au mot « *Mây* », il ne figure ici que comme un ornement dont la signification littérale est choisie pour s'harmoniser avec l'idée exprimée par le mot « *cánh* ».

« Peut-être », pensa-t-il, « dois-je rencontrer ici l'union que le Ciel me destine ¹! »

A travers les battants de sa fenêtre entrebâillée ²

il glissait son regard vers le mur qui s'élevait à l'orient, et passait ses journées entières à regarder (de ce côté).

Mais la maison, toujours fermée, ne s'entr'ouvrit point d'une ligne ³! 285

Rien! aucune ombre gracieuse (de jeune fille), entrant ou sortant, ne se laissait apercevoir ⁴!

Depuis qu'il fréquentait cette demeure,

les semaines et les mois rapidement avaient passé; deux lunes entières s'étaient écoulées.

(Enfin), par-dessus le mur, comme le temps était clair et serein,

il crut voir l'ombre d'une personne qui chuchottait sous un arbuste 290 fleuri ⁵.

Abandonnant son *Kim*, il assujettit son vêtement et sortit en toute hâte.

Un vague parfum flottait encore en s'évanouissant (dans les airs); mais la personne avait disparu!

Suivant pas à pas la muraille fleurie ⁶, il fit le tour du jardin,

et, comme il jetait un coup d'œil du côté de l'arbuste, il y vit une épingle à cheveux.

Elle était (là), tentant sa main ⁷! Il étendit le bras, la prit, et re- 295 tourna dans sa demeure.

3. Litt. : « *(Quant à) un pouce — (ou à) un empan, — de bronze — la serrure — avait été scellée!* »

4. Litt. : « *Absolument — (c'était) obscur! — Est-ce que — l'on voyait — une ombre — rose — entrer — et sortir?* »

5. Voy. sur le *Đào*, ma traduction du *Lục Vân Tiên*, p. 20, en note.

6. Sur l'étoffe appelée *Gấm* se trouvent des dessins de fleurs. De là l'emploi de ce mot comme épithète appliquée au mur qu'ornaient des plantes à fleurs élégamment disposées.

7. Litt. : « *Elle agréait à — sa main* ».

« Nầy trong quê các! Đâu mà đến đây?

« Gẫm âu người ấy báu nầy!

« Chẳng duyên, chưa dễ vào tay! Ai cầm? »

Liền tay, gắm ghé; biếng nằm!

300 Hãy còn thoảng thoảng; hương trầm chưa phai.

Tan sương đã thấy bóng người.

Quanh tường ra ý tìm tòi ngẫn ngơ.

*Sanh* đà có ý đợi chờ.

Cách tường lên tiếng, xa đưa ướm lòng.

305 « Xoa đầu bắt được hư không!

« Biết đâu *Hiệp phố* mà mong châu về? »

Tiếng *Kiều* nghe lọt bên kia:

---

1. Litt. : « Ceci — (est une chose qui se trouve) dans — des jeunes filles — les palais! — Où (est la raison) — pour (laquelle) — c'est venu — ici? »

2. Litt. : « . . . . . Cette personne, — ce bijou! »

3. Litt. : « (Si) ne pas — il y avait une destinée, — pas encore — il aurait été facile que — il entrât dans — (ma) main! — Qui — (le) garderait? »
Le mot « *Duyên* » signifie encore ici la destinée, en tant que considérée sous le point de vue du lien qui doit unir les deux jeunes gens. Il est verbe impersonnel par position, de même que « *dã* ».

4. Litt. : « *Continu* — (quant à) la main, — il dévorait des yeux; — il était paresseux — (quant à) se coucher! »

5. Litt. : « *Encore* — (il y avait le fait de) répandre de légères émanations; — le parfum — de l'épingle — pas encore — s'était évanoui ».
« *Thoảng thoảng* » est verbe impersonnel par position.

6. Litt. : « (A la) se dissipant — rosée — déjà — il vit — l'ombre — de

« Ceci, » dit-il, « est un objet de femme! comment le rencontré-je ici¹?

« Mais, j'y pense! ce bijou (doit être à) cette personne²!

« Si le destin ne l'eût voulu, difficilement il fût venu à moi! Le garde-
» rai-je (sans le rendre)? »
Et sa main ne quittait plus (l'épingle); il la dévorait des yeux,
oubliant de se mettre au lit³!
Un vague et doux parfum se dégageait encore (de l'objet)⁴.  300

Il vit, sur le matin, paraître la jeune fille⁵.

L'air indécis, elle suivait le mur en cherchant (son épingle de tête).

Le jeune lettré avait résolu de l'attendre.

A travers le mur élevant la voix, il lui tendait de loin le bijou pour
sonder ses dispositions⁶.
« J'ai trouvé, » dit-il, « par hasard une épingle! 305

« mais où prendre le *Hiệp phố* pour y renvoyer cette perle⁷? »

La voix de *Kiều* lui parvint, arrivant de l'autre côté:

---

*la personne* ». — La chaleur du soleil, dès qu'il paraît, fait évaporer la rosée
qui couvre les plantes. De là cette expression pour désigner le matin.
    7. Litt. : «*(Comment) saurais-je — où (est) — le Hiệp-phố, — pour —
faire que bientôt — les perles — (y) retournent?* »
    Pendant la durée de la seconde domination chinoise, qui pesa sur l'Annam
de l'année 32 à l'année 186 de l'ère chrétienne et finit à l'avènement de
士王 *Sĩ vương (le Roi lettré)*, les gouverneurs envoyés par le céleste
empire commirent souvent des exactions. Ils imposaient aux Annamites des
corvées insupportables, les contraignant de rechercher et de réunir à leur
profit les matières précieuses que produisait le territoire soumis à leur ad-
ministration. Les habitants du 合浦 *Hiệp-phố*, district situé au bord de
la mer, se livraient à la pêche des perles, qui se trouvaient, par suite,
en grande abondance dans le pays; mais des gouverneurs trop avides
voulant les obliger à livrer le produit de leur pêche, ils émigrèrent en
masse à 交州 *Giao châu*, et les perles, faute de pêcheurs, manquèrent

«Ơn lòng quân tử sá gì của rơi?

«Chiếc xoa nào của mấy mươi?

310 «Mà lòng trọng ngãi khinh tài xiết bao?»

*Sanh* rằng : «Lân lý ra vào

«Gần đây; nào phải người nào xa xôi?

«Được rày nhờ chút thơm rơi!

aussitôt dans le *Hiệp-phố*. Un fonctionnaire plus humain nommé *Mạnh thường* ayant succédé à ses avides prédécesseurs, les anciens habitants rallièrent, et, dit l'auteur du 太南國史演歌, (Histoire poétique de l'Annam):
«*Dưới dòng Hiệp-phố châu đi cũng về.*»
«*Aux rivages du Hiệp-phố les perles disparues revinrent.*»

Le lettré *Kim trọng*, compare, dans une figure qui ne laisse pas que d'être assez pédantesque, l'épingle perdue par *Túy kiều* aux perles dont il est parlé dans le poëme que je viens de citer; et, comme elles venaient du *Hiệp-phố*, il donne ce nom à la maison de la jeune fille, d'où le bijou perdu était sorti.

Il est à remarquer que Nguyễn du a conservé, dans le vers qui renferme cette allusion, la facture de celui d'où elle est tirée. Les mots «*Hiệp-phố*» et le monosyllabe «*về*» sont placés exactement de la même façon dans l'un et dans l'autre.

1. Litt. : «*Le bienfait — du cœur — de (vous,) homme supérieur, — fait cas — en quoi — d'un objet — tombé à terre?*»

Le mot *Quân tử*, selon les passages où il se rencontre, est susceptible de plusieurs interprétations différentes (voy. ma traduction du 三字經). Il a, entre autres, le sens d'«*homme supérieur*», de «*philosophe doué d'un esprit élevé au-dessus du commun*». C'est aussi une expression dont les jeunes filles se servent pour désigner en lui parlant l'homme qu'elles aiment. Il faut ici lui attribuer à la fois les deux sens. *Kiều*, tout en exprimant l'idée que c'est pour elle un grand honneur de voir un lettré aussi distingué que *Kim trọng* s'occuper d'une chose d'aussi peu de valeur que son épingle tombée à terre, emploie en outre à dessein une appellation qui fait pressentir qu'il ne lui est pas indifférent. Il y a là un double sens, comme il s'en rencontre fréquemment dans les poésies cochinchinoises.

Ce double sens existe d'ailleurs aussi dans le vers considéré dans son ensemble. En effet, si l'on suppose un point d'arrêt après les mots «*quân*

«O noble jeune homme!» disait-elle, «pourquoi dans votre bonté vous
» occuper d'un objet tombé à terre¹?

«Une épingle, c'est bien peu de chose²!

«Mais combien en est-il de ces cœurs qui, prisant haut l'affection, 310
» n'ont que mépris pour les richesses³?»

«Je suis» reprit le jeune lettré, «un voisin qui va et qui vient

«Près d'ici, et non pas un étranger, croyez-moi⁴!

«Ma bonne fortune, en ce moment, me favorise de cette rencontre
» passagère⁵!

*tức»*, il faudra traduire ainsi : «*(C'est un) bienfait — du cœur — (de vous), ô homme supérieur! — Je fais cas — en quoi — d'un objet tombé à terre?*»
Cette seconde interprétation semble moins naturelle. Cependant elle aurait l'avantage de mieux cadrer avec les deux vers suivants qui en sont comme le développement. Le manque absolu de ponctuation dans les textes annamites favorise beaucoup ces doubles sens, que les lettrés de la Cochinchine considèrent comme des beautés.

2. Litt. : «*(Une) épingle à cheveux — est-ce donc que — (c'est) une chose — de combien (que ce soit) — de dix?*»
Cette manière de parler est empruntée au chinois parlé. Dans cette langue l'une des formes de superlatif les plus usitées est «十分 *dix parties*». On dira d'un objet qui atteint la perfection de la qualité qu'il est «十分好 *bon quant à (ses) dix parties*».
Il suit de là que, pour exprimer qu'une chose quelconque ne présente qu'un degré de bonté plus ou moins rapproché de cette perfection, on dit qu'elle n'est bonne que pour cinq, six, sept, un nombre quelconque de parties au-dessous de dix. En niant (sous forme interrogative) que son épingle soit un objet susceptible d'être évalué par un nombre quelconque d'unités contenu dans le nombre dix (en annamite *mười*) Kiều veut donc faire comprendre qu'elle ne lui attribue aucune valeur.

3. La même citation se trouve dans le poème *Lục Vân Tiên*, au vers 205.

4. Litt. : «..... *Est-ce que — je suis — un homme — quel (qu'il soit) — éloigné?*» L'adverbe «*Xa-xôi — loin*» devient ici adjectif par position.

5. Litt. : «*J'obtiens — maintenant — de profiter d' — un peu de — parfum — tombé à terre*».
*Kim trọng* assimile l'occasion passagère qu'il a eue de rencontrer *Túy kiều* à un peu de parfum tombé à terre qu'il aurait eu la bonne fortune de ramasser pour le respirer. Cette image est des plus gracieuses; mais rendue directement en français, elle serait peut-être obscure.

«Kẻ đà thiếu nảo lòng người bấy nay!

315 «Bấy lâu mới được một ngày!

«Dừng chơn! Gạn chút niềm tây gọi là!»

Vội vào thêm lấy của nhà,

Xuyến vàng hai chiếc, khăn là một vuông.

Vén mây nhón bước ngọn tường.

320 «Phải người hôm nọ rõ ràng! chẳng nhe?»

Sượng sùng dở ý rụt rè!

Kẻ nhìn tỏ mặt! người e cúi đầu;

Rằng: «Từ ngẫu nhĩ gặp nhau,

«Thầm trông trộm nhớ bấy lâu đã dồn!

325 «Xương mai tính đã xổ mòn!

---

1. Litt. : « *En comptant — j'ai, me trouvant privé (de vous), — été attristé — (quant au) cœur — de vous — jusqu'à présent!* »

2. Litt. : « *Arrêtez-vous — (quant à vos) pieds! — (cela) s'appelle — déverser — un peu — de pensées — particulières!* »

Les mots « *gọi là* » sont placés par inversion à la fin du vers. Leur place régulière serait après « *Dừng chơn!* ». Je la leur rends dans la traduction littérale que je donne ici.

Cette expression, assez fréquente en poésie, est employée lorsque les personnages que l'auteur fait parler, tout en expliquant quelqu'un de leurs actes ou quelqu'une de leurs paroles, en définissent nettement la véritable portée (voy. au vers 93).

3. Le mot « *vuông — carré* », qui est ordinairement adjectif, devient ici un nom, et joue par rapport à « *khăn* » le même rôle de numérale que

« Jusqu'à présent mon âme languissait après vous soucieuse¹ ! 315

« (Attendu) pendant de longs jours, ce jour-ci enfin m'est donné !

« Arrêtez! laissez-moi vous découvrir un coin de mon cœur²!»

S'empressant de joindre au bijou des objets qui lui appartiennent,

deux bracelets en or avec un mouchoir de soie³,

il se soulève sur la pointe des pieds, et franchit la crête du mur⁴. 320

« Mais c'est bien là », se dit *Kiều*, « le jeune homme de l'autre jour ! »

Elle reste stupéfaite, interdite, confuse !

Elle le regarde et le reconnaît bien ; et lui, il baisse la tête, car il craint (d'avoir déplu) !

« Depuis qu'inopinément nous nous rencontrâmes », dit-il,

« Que de fois j'espérai en secret ! que de furtives souvenances (dans 325
» mon cœur) se sont amassées⁵ !

« Je me suis consumé en rêves (d'amour), et ma maigreur égale celle
» de l'arbre *Mai*⁶ !

---

« *chiếc* » remplit par rapport à « *xuyến vàng* ». Cela permet à l'auteur d'établir un parallélisme absolument complet entre les deux hémistiches. Ce vers est un modèle du genre. On peut voir en effet que chacun des mots du second hémistiche répond exactement à chacun de ceux du premier, tant au point de vue que nous appelons « grammatical » qu'à celui de la signification absolue. — « *Là* » n'est pas ici le verbe substantif, mais bien le second élément de l'expression bisyllabique « *lụa là* », qui signifie « *étoffe de soie* ».

4. Litt. : « *Soulevant — les nuages, — à la pointe du pied — il enjambe — la crête — du mur* ».

5. Litt. : « *(les faits d')en secret — espérer, — (et de) furtivement — se souvenir — depuis lors — se sont accumulés !* »

6. Litt. : « *(Mes) os — de Mai — en songeant — sont devenus maigres* ».

«Lần-lừa ai biết lại còn hôm nay?

«Năm trờn như gởi cung mây;

«Trăn trăn một phận ấp cây đã liều!

«Tiện đây xin một hai đều!

330 «Đài gương soi đến dấu bèo cho chăng?»

Ngần ngừ nàng mới thưa rằng :

«Thói nhà băng tuyết chất hàng phỉ phong!

---

1. Allusion à la fable de 嫦娥.
2. Litt. : « *Le cœur tout occupé, — (dans mon) unique — condition (isolé), — m'abritant derrière — un arbre — je me suis exposé!* »

Kim trọng se compare à un chasseur qui, embusqué derrière un arbre, attend les lièvres à l'affût.

3. Litt. : « . . . . . *je vous demanderai une ou deux choses* ».
4. Litt. : « *La tour — de miroirs — projettera sa lumière — vers — la trace — de la lentille d'eau — ou non?* »

Cette expression : « *Đài gương — tour de miroirs* » est singulièrement alambiquée. Elle signifie, en somme, « *une personne considérable* ». Une telle personne est appelée « *đài — tour* », parcequ'elle dépasse les autres dans l'estime publique, comme cette sorte de monument dépasse en hauteur les habitations qui l'avoisinent. — Quand nous nous regardons dans un miroir, notre image s'y réflète. Or, qu'est-ce que la considération publique, si ce n'est, s'il est possible de s'exprimer ainsi, la résultante des reflets que produisent, dans l'esprit de chacun des individus qui composent une agglomération d'hommes, les qualités de la personne qui se trouve placée en évidence? Ces esprits divers sont considérés dans la présente métaphore comme des miroirs qui, superposés les uns aux autres, formeraient une tour projetant au loin, autour d'elle, d'éclatants rayons de lumière. D'où l'emploi de cette expression : « *đài gương* », pour désigner un individu que sa haute personnalité met en évidence d'une façon exceptionnelle.

Le *Bèo* ou *Lentille d'eau* est un végétal tout-à-fait insignifiant. Personne ne pense à le remarquer. De plus, comme, surnageant au-dessus de l'eau, il n'est point attaché au sol, son déplacement ne laisse aucune trace. C'est pour cela que *Kim Trọng*, poussant aussi loin qu'il est possible l'expression

« Aurais-je pensé qu'après une si longue attente, je pouvais encore
» vous rencontrer en ce jour?

« Pendant une année entière, vous sembliez retirée dans la lune¹,

« (tandis que moi) seul et le cœur pris, je m'aventurais à vous at-
» tendre, épiant le moment favorable²!

« Puisqu'aujourd'hui en naît l'occasion, je veux vous adresser une
» modeste prière³!

« Mais pouvez-vous, du haut de votre grandeur, accorder quelque 330
» attention à un être aussi chétif que moi⁴?»

Pensive, *Kiều* répond :

« Dans notre maison les mœurs sont pures, la vie simple, régulière,
» ignorée⁵!

de cette humilité exagérée qui fait le fond de la politesse cochinchinoise, après avoir qualifié *Túy Kiều* de « *Tour de miroirs* », se compare lui-même, non au *Bèo*, ce qui ne serait pas encore assez humble, mais à la trace presque invisible que serait censé laisser sur les eaux cet intime végétal, déplacé par une cause quelconque.

5. Litt. : « *Les mœurs — de (notre) maison — (sont) de glace — (et) de neige . . . .* ».

On lit dans le 幼學 (二卷, p. 14, *verso*) :
« 氷雪心栢舟操、悉孀婦之清聲 *Băng tuyết*
» *tâm bá châu tháo, tất sương phụ chi thanh thinh.* — Posséder un cœur de
» glace et de neige, être résolue à (suivre l'exemple de celle qui composa)
» le « *bateau de cyprès* », c'est là ce qui fait à une veuve une réputation im-
» maculée ».

« La glace », dit, sur ce passage le commentateur chinois, « est-ce qu'il
» y a de plus résistant; la neige est-ce qu'il y a de plus immaculé. Dans
» l'antiquité, une épouse pure et chaste se glorifiait de l'épithète de « *băng*
» *tuyết* ». Elle signifiait que son cœur était solide comme la glace, qu'il était
» pur comme la neige. — 共伯蚤 *Cộng Bá Tao*, prince héritier du
» royaume de 衛 *Vệ* étant mort, sa femme 共姜 *Cộng Khương* resta
» fidèle à sa mémoire. Comme ses parents voulaient la contraindre à se
» remarier, elle composa la pièce de vers intitulée 栢舟 *Bá châu — le*
» *bateau de cyprès* », dans laquelle elle se liait par un serment, et qui fait
» partie du Livre des vers ». (Elle se trouve dans la première partie; c'est
la première du livre 3.)

« *Nhà băng tuyết* » a évidemment ici un sens plus général que ne l'indique le passage du 幼學 que je viens de citer. Cette expression désigne les

« Dầu khi lá thắm chỉ hồng,

« Nên chăng thì cũng tại lòng mẹ cha!

335 « Nặng lòng xót liễu vì hoa!

« Trẻ con, đã biết đâu mà dám thưa? »

*Sanh* rằng : « Rày gió, mai mưa!

« Ngày xuân đã dễ tình cờ mấy khi?

« Dầu chăng xét tấm tình si,

340 « Thiệt đây mà có ích gì đến ai?

« Chút chi gắn-vó một hai!

« Cho đành! rồi sẽ liệu bài mối manh!

---

maisons où non-seulement les veuves, mais toutes les femmes, quel que soit leur état, peuvent aspirer à l'épithète dont le traité chinois donne l'explication.

1. Litt. : « S'(il y a) — des circonstances — de feuilles — rousses — (ou) de fil — rouge, »

Ces deux expressions : « *feuilles rousses* » et « *fil rouge* » signifient au figuré « *le mariage* ». La première est une allusion à l'histoire de *Hàn phụ nhơn*. Cette princesse écrivait sur des feuilles d'arbre qu'elle abandonnait au courant de l'eau, et que recueillait *Vu hựu*. De cette intrigue finit par résulter l'union des deux amants.

Quant au « *fil rouge* », cette métaphore vient de la croyance vulgaire qui existe en Chine et dans l'Annam, qu'un génie appelé 月老 *Nguyệt lão*, qui résiderait au sommet d'une haute montagne, est occupé à tordre des fils de soie de cette couleur, lesquels représentent les unions que doivent contracter les humains. On dit en chinois 繫赤繩 *hệ xích thăng* — nouer le fil rouge » pour « *décider un mariage* ».

2. Litt. : « *Je suis lourde — (quant au) cœur — de chagriner — le saule — à cause des — fleurs!* »

« Lorsqu'il s'agit de mariage [1],

« C'est au père et à la mère à décider ce qui convient! 335

« Il m'est pénible d'être la cause de votre peine [2]!

« Mais je ne suis qu'une enfant! Comment pourrais-je oser vous ré-
» pondre? »

« Le vent souffle aujourd'hui, » dit-il; « demain la pluie tombera! [3] »

« Il est rare que tout à coup se présente un beau jour de printemps!

« Si vous n'avez point égard à l'amour qui (brûle) mon pauvre cœur [4],

« Vraiment à qui donc pourrai-je être utile dans ce monde? 340

« Attachons-nous tout d'abord à cette petite affaire!

« Commencez par consentir! nous verrons ensuite à la mener à bien [5]!

---

3. Aujourd'hui l'occasion est favorable; demain peut-être elle sera contraire!
4. Litt. : « *Si — ne pas — vous examinez — (ma) passion — stupide,* »
Ce mot « *stupide* », s'il était employé en français, signifierait ici « *déraisonnable, insensée* ». Ce serait pour *Kim Trọng* un singulier moyen de toucher le cœur de celle qu'il aime que de lui dire que la passion qu'il éprouve pour elle n'a pas le sens commun; mais bien que cette épithète, qui n'est du reste qu'une formule polie, s'applique littéralement au mot « *tính* », elle affecte logiquement non la passion elle-même, mais la personne qui la ressent. Du reste, le mot « *tính* » remplace ici, en réalité, le mot « *tâm* » ou « *lòng — cœur* »; ce qui explique l'emploi de la numérale « *tấm* » dont il est précédé.
Je suis forcé de rendre « *tâm tính* » par « *mon pauvre cœur* », ce qui n'est pas rigoureusement exact; mais l'idée que représente cette expression est, comme on le voit, tellement éloignée du génie européen, qu'une traduction trop exacte en serait véritablement choquante.
5. Litt. : « *Donnez — le consentir! — ayant fini (cela) — nous aviserons à — un moyen — de procédé* ».
« *Mối* » signifie proprement « *l'extrémité d'un fil* » et figurativement « *un moyen efficace de parvenir à un résultat* ». Nous avons en français une expression analogue : « *tenir le fil d'une intrigue* ».

«Khuôn linh dầu phụ tấc thành,

«Cũng liều bỏ quá xuân xanh một đời!

345 «Lượng xuân dầu quyết hẹp hòi,

«Công đeo đuổi chẳng thiệt thòi lắm ru?»

Lặng nghe lời nói như dầu,

Chìu xuân dễ khiến! Nết thu ngại ngùng.

Rằng : «Khi buổi mới lạ lùng,

350 «Nể lòng có lẽ; cầm lòng cho đang!

---

1. Litt. : «*La forme — efficace, — si elle — n'a pas égard à — les pouces — sincères*».

Cette explication rigoureusement littérale du vers 343 serait absolument incompréhensible sans la connaissance du sens figuratif des expressions qu'il renferme.

Le Ciel est considéré comme une «*forme*», un «*cadre (khuôn)*» qui embrasse et renferme tous les êtres créés; et il est qualifié de «*linh — efficace*», à cause de la puissance régulatrice qu'on lui attribue.

La politesse des peuples de l'extrême Orient veut que la personne qui s'adresse à une autre emploie, pour désigner son interlocuteur ou ce qui lui appartient, les expressions les plus relevées et les plus flatteuses possible, tandis qu'elle rabaisse dans la même proportion ce qui la concerne elle-même. Les vers qui précèdent offrent plusieurs exemples de cette phraséologie, qu'exagèrent encore les formules poétiques. C'est pour cela que, pour désigner son propre cœur, Kim Trọng, parlant à Túy Kiều, emploie l'expression «*tấc lòng*», qui signifie littéralement «*mon pouce de cœur*»; le mot «*pouce*» étant employé ici, en sa qualité de nom d'une mesure de petite dimension, pour diminuer l'importance que le jeune homme attache à son propre cœur. De plus, comme les poètes annamites ont au point de vue de l'ellipse une audace que les européens n'oseraient imiter, Nguyễn du supprime ici le mot «*lòng — cœur*», et ne conserve que le mot «*tấc — pouce*» qui, joint surtout à son épithète «*thành — sincère*», est considéré comme suffisant pour exprimer l'idée entière.

2. Litt. : «*Tout aussi bien — je m'expose à — laisser — passer — (quant au) printemps — vert — (toute) une vie!*»

« Si le Ciel puissant abandonne les cœurs sincères [1],

« Je crains que pour cette vie, ma jeunesse ne soit perdue [2] ! »

« Si vous avez résolu d'être avare de vos faveurs [3],   345

« N'est-ce pas grand dommage de voir tant de peine prise pour rien [4] ? »

Silencieuse, elle prêtait l'oreille à ces douces paroles [5].

Son cœur facilement se laissait gagner à l'amour ! Sur ses traits se lisait son hésitation [6].

« Dans l'étrange situation (où nous sommes placés) », dit-elle,

« je dois montrer de la réserve ; mais comment retenir mon cœur [7] ?   350

 « *Xuân xanh* » est une expression poétique qui signifie « *la jeunesse* ». Nous disons : « *le printemps de la vie* ».
 Pour bien comprendre ce vers, il faut se rappeler que l'idée philosophique qui domine dans ce poème repose sur la doctrine bouddhique de la pluralité des existences. *Kim Trọng* craint, si le Ciel l'abandonne en lui refusant l'amour de *Thúy Kiều*, de voir sa jeunesse perdue, en ce sens que les facultés aimantes de son cœur ne trouveront pas d'autre aliment ; mais cela *dans l'existence actuelle seulement*, sans préjuger de ce qui se passera dans les autres.
 3. Litt. : « *En mesurant — l'amour — si — vous êtes décidée à — être chiche,* »
 Le mot « *xuân* » a ici une signification différente de celle qu'il présente dans le vers précédent. Il y a cependant entre ces deux acceptions une connexité visible.
 4. Litt. : « *La peine — de vous poursuivre de mes assiduités — ne pas — constituera une perte — extrêmement ?* »
 « *Ru* » est une particule interrogative en usage au Tonkin.
 5. Litt. : « *Se taisant — elle écoutait — (ces) paroles — (douces) comme — de l'huile* ».
 6. Litt. : « *(Quant au fait d')incliner vers — l'amour — elle était facile à — exciter; — (quant à ses) traits — elle était hésitante* ».
 Je ne traduis pas le mot « *thu — automne* », qui n'est là que pour faire le pendant de « *xuân* ». Bien que ce dernier signifie ici « *amour* », comme le sens primitif en est « *printemps* », l'auteur, pour amener le parallélisme entre les deux hémistiches, a placé dans le second le nom de la saison opposée. J'ai déjà eu l'occasion de signaler ce singulier artifice de la versification annamite.
 7. « *Cho đang* » est un idiotisme qui équivaut à « *làm sao cho được ?* »

«Đã lòng quân-tử đa mang!

«Một lời «vưng» tạc đá vàng thỉ chung!»

Được lời, như cổi tấm lòng!

Dở kim hườn với khăn hồng, trao tay.

355 Rằng : «Trăm năm cũng tử đây,

«Của tin gọi một; chút nầy làm ghi!»

Sẵn tay bả quạt hoa qui.

Với nhành xoa ấy tức-thì đổi trao.

Một lời vừa gắn tất giao,

360 Mái sau dường có xôn xao tiếng người.

Vội-vàng lá rụng, hoa rơi.

Chàng về thơ viện; nàng dời lầu trang.

Từ phen đá biết tuổi vàng,

---

1. Litt. : « *Il y a eu (le fait que) — le cœur — de (vous, ô) homme supérieur ! — beaucoup — est occupé d'affaires !* »
Par le mot «đã», l'auteur met au passé tout le reste du vers, qu'il faut considérer comme un long verbe composé; et il le fait pour donner plus d'énergie à l'affirmation qu'il exprime. Cette formule d'affirmation par le passé est, du reste, fort commune en annamite.
2. Litt. : « *Un seul — mot : — «obéir» — est gravé sur la — pierre — (et) l'or — (quant au) commencement — (et quant à) la fin !* »
3. Litt. : « *Recevoir — (ce) mot — fut comme — déshabiller — son cœur !* » Cette expression est fort pittoresque. Malheureusement on ne peut la faire passer en français sans la modifier. Je l'ai rendue par une figure équivalente.

«Votre cœur, ô noble jeune homme! est occupé de beaucoup d'affaires!

«(Moi), je ne sais qu'un mot : «Obéir!» et ce mot pour toujours est
» dit²!»

(*Kim trọng*) à ces paroles, sentit son cœur soulagé d'un grand
poids³!

Prenant des bijoux en or, un rouge mouchoir (de soie), il les mit
dans la main (de *Kiều*).

«A partir de ce moment, et pour toute la vie», dit-il, 355

«que, grâce à ce gage (d'amour), mon nom de votre cœur ne dis-
» paraisse plus⁴!»

Elle avait justement à la main un éventail orné de fleurs de *Quì*.

Y joignant l'épingle à cheveux, elle les donna aussitôt (au jeune
homme).

A peine, par ces quelques mots, s'étaient-ils liés l'un à l'autre⁵,

Qu'il leur sembla, derrière la maison, entendre un bruit confus de 360
voix.

Au plus vite les deux amants l'un de l'autre se séparèrent⁶.

Il retourna dans sa salle d'étude; elle gagna son cabinet d'atours.

Depuis le moment où ils connurent leurs sentiments réciproques⁷,

---

4. Litt. : «*(En fait) de choses — de croire, — (cela) s'appelle — une (de
ces choses); — ce peu-ci — fait — (l'action de) graver!*

5. Litt. : «*(Par) un — mot — à peine — avaient-ils appliqué — le vernis —
et la colle*».

Pour exprimer l'intime union de deux personnes, on dit en chinois:
膠漆相投 *Giao tất tương đầu — elles sont unies l'une à l'autre comme
colle et vernis*».

6. Litt. : «*En toute hâte les — feuilles — tombèrent, — les fleurs tombèrent*».

7. Litt. : «*Depuis — la fois que — la pierre — connut l'âge — de l'or,*»
«*Tuổi — âge*» est ici pour «*qualité*». L'or est considéré comme étant
d'autant plus vieux qu'il a subi à plus de reprises l'épreuve de l'affinage, de
même qu'une personne d'un âge avancé est regardée comme plus parfaite,

Tình càng thấm thía, lòng càng ngẩn-ngơ.

365 Sông *Tương* một dải nông trờ,

Bên trông đầu nọ, bên chờ cuối kia.

Một tường tuyết chở sương che,

Tin xuân đâu dễ đi về cho năng?

Lần lần ngày gió đêm trăng,

370 Thưa hồng, rậm lục; đã chừng xuân qua.

Ngày vừa sanh nhựt ngoại gia;

Trên hai đường, dưới nữa là hai em.

parceque les épreuves de la vie ont amélioré sa nature. Dans ce vers les deux amants sont assimilés au métal précieux; et la connaissance que leur entrevue leur a donnée de leurs sentiments réciproques est comparée par le poète à l'action de la pierre de touche, qui fait apprécier le degré de finesse de l'or.

1. Litt. : «*(Quant à) l'amour, — de plus en plus — ils étaient imbibés(sic); — (quant au) cœur — de plus en plus — ils étaient troublés*».

2. Litt. : «*Lorsque dans) le fleuve — Tương — (il y a) un courant — peu profond,*»

Le fleuve dont il s'agit ici est un grand tributaire du 楊子江 *Yâng tzè kiăng* qui traverse la moitié orientale du 湖南 *Hoŭ nân* et pénètre dans le lac Tông T'ính. Il donne son nom aux 三湘 et à d'autres villes qui l'avoisinent. (Voy. WELLS WILLIAMS, *A syllabic dictionary of the chinese language*, p. 791.)

Il est dit dans l'histoire de l'état de 鄭 que les amants qui demeuraient sur les deux rives de ce fleuve avaient coutume, au printemps, de se réunir sur ses bords et de s'y promener ensemble. Mais, lorsque les eaux étaient basses et ne pouvaient porter bateau, ils étaient privés de moyen de communication, et devaient, comme le dit le vers suivant, attendre chez eux un état de choses plus favorable.

3. Litt. : «*Les nouvelles — de printemps — où (est le fait que) — facilement — elles vont — et reviennent — avec fréquence?*»

4. Litt. : «*Peu à peu — les jours — ventaient — et les nuits — produisaient le clair de lune*».

leur amour devint tous les jours plus profond [1] ; tous les jours leur cœur se troublait davantage!

Lorsque dans le lit du fleuve *Tương* les eaux sont basses [2]. 365

Sur l'un et l'autre bord attendent les amants.

A travers un mur, à ciel découvert,

il n'est guère aisé d'entretenir fréquemment des correspondances amoureuses [3] !

Petit à petit, les jours (succédant) aux nuits [4],

Le rouge des fleurs s'éteignait, faisant place au vert croissant du 370 feuillage. Le printemps avait passé [5].

Survint le jour de naissance de l'aïeul maternel (de *Kiều*).

Elle avait son frère et sa mère; un frère cadet, une jeune sœur [7].

Les substantifs « *gió* » et « *trăng* » ne sont ici en réalité que des ornements poétiques destinés à faire ressortir le parallélisme par la place qu'ils occupent dans le vers, par la nature des choses qu'ils expriment, et par le rapport qu'ont ces choses, en temps que météores, avec le jour et la nuit. Il faut noter aussi qu'ils deviennent verbes par position.

5. Litt. : « *(Il y eut) le rare — rouge ; — (il y eut) l'épais — vert ; — ce fut le terme — (auquel) le printemps — passe* ».

6. Le mot « *hồng — rouge* » est choisi de préférence comme étant le nom de la teinte qui prédomine dans les fleurs. Ces dernières apparaissent au printemps, alors qu'en général les feuilles, qui viennent de naître, sont encore peu apparentes. Quant au contraire l'été arrive, les fleurs disparaissent peu à peu et la teinte rouge qu'elles donnaient à l'ensemble de la végétation s'efface graduellement, tandis que la masse verte formée par le feuillage devient de plus en plus épaisse et touffue. L'effacement de la première couleur et la prédominance de la seconde indique donc que le printemps fait place à l'été.

Les expressions « *thưa hồng* » et « *rậm lục* », par leur position symétrique au commencement du vers, constituent de véritables expressions impersonnelles, comme « *mưa đá — il grêle* », « *xuống tuyết — il neige* » et autres semblables; la particule « *đã* » met au passé tout ce qui suit, et en fait une expression verbale composée, de même nature, mais plus longue.

7. Litt. : « *(Les parents) au-dessus — (étaient les) deux — (personnes) vénérables ; — les (parents) au-dessous, — en outre, — étaient — les deux — cadets (la sœur cadette et le jeune frère de Túy Kiều)* ».

Tâng bâng sắm áo sửa xiêm,

Bèn dâng một lễ xa đem tấc thành.

375 Nhà hương thanh vắng một mình;

Gẫm cơ hội ngộ đã đành có nơi.

Thì trân thức thức sẵn bày,

Gót sen thoát thoát dạo ngay mái tường.

Cách hoa sẻ dắng tiếng vàng:

380 «Dưới hoa thấy đã có chàng đứng trông!»

«Trách lòng hơ hửng bấy lòng!

«Lửa hương chốc để lạnh lùng bấy lâu!

«Những là đắp nhớ đổi sầu,

---

Comme je l'ai dit dans une des notes de ma traduction du *Lục Vân Tiên*, on assimile poétiquement le père à l'arbre « 椿 *Xuân* » et la mère à la plante « 萱 *Huyên* ». De là les expressions « 椿堂 *Xuân đường* — (la personne) vénérable (qualifiée) Xuân », « 萱堂 *Huyên đường* — (la personne) vénérable (qualifiée) Huyên »; ou simplement comme ici «*hai đường* — les deux personnes vénérables», en sous-entendant leur qualificatif poétique.

1. Litt. : « *Alors, — offrant — une cérémonie, — au loin — ils portèrent — un cœur — sincère* ».

2. Litt. : « *(Avec son) talon — de nénuphar.* » « *Sen — nénuphar* » est une épithète qui n'a pas ici de sens réel. L'auteur l'emploie uniquement parce qu'il a besoin d'un monosyllabe de plus pour que son vers soit bien coupé. (Voir ce que j'ai dit sur l'emploi de ce singulier genre d'épithètes dans ma traduction du poème *Lục Vân Tiên*, page 95, en note.)

3. Il est assez singulier de trouver sous le pinceau d'un poète cochinchinois dont l'œuvre aura bientôt cent ans cette expression : « *voix d'or*»: qui s'est introduite tout récemment dans notre langue.

4. La poésie annamite comporte des répétitions que l'on ne saurait ad-

(Tous) s'empressèrent de revêtir leurs habits de cérémonie,

et allèrent témoigner, dans un sacrifice, à leur ancêtre une affection sincère ¹.

La jeune fille se trouvant toute seule à la maison, 375

(Kim Trọng) se dit que c'était, à coup sûr, l'occasion de se réunir.

Élégamment il disposa les friandises de la saison;

puis, allant d'un pas² rapide, il marcha droit sur la crête du mur.

(Kiều) à travers les fleurs fit entendre sa voix d'or ³ :

« Je vous vois bien », lui dit-elle, « (là-bas), debout, qui me regardez ⁴! » 380

« J'ai » (répondit le jeune homme) « à me plaindre de votre cœur! »
» Combien faut-il qu'il soit insouciant
« pour avoir laissé depuis si longtemps le brûle-parfums refroidir⁵!

« Occupé que j'étais sans cesse à étouffer mes souvenirs, à donner le
» change à ma tristesse ⁶,

mettre en français. Le mot *« hoa — fleurs »*, se trouvant reproduit dans le vers 379 et dans celui qui le suit immédiatement, je suis forcé, sous peine de produire un effet par trop choquant, de remplacer dans ce dernier l'expression *« par dessous les fleurs »* (traduction de *« dưới hoa »*) par les mots *« là-bas »* qui, tout en rendant l'idée en gros, ne donnent point le sens strict de l'annamite.

5. *Kim Trọng* se plaint de ce qu'elle ne lui a pas donné depuis longtemps, en lui rendant visite, l'occasion d'allumer le brûle-parfums en son honneur.

6. Litt. : *« Absolument — c'était que — je recouvrais — mes souvenirs, — je changeais — (ma) tristesse; »*

Ce vers est à double sens; on peut aussi le rendre ainsi :
*« Accumulant souvenir sur souvenir, passant d'une peine à une autre, »*

En effet *« đắp »* signifie à la fois *« amonceler »* et *« recouvrir »*, et *« đổi »* peut être pris au transitif. La traduction littérale serait alors :

*« Absolument — c'était que — j'amoncelais — les souvenirs — et je faisais changer (je remplaçais les unes par les autres) — les tristesses; »*

« Tuyết sương nhuốm nửa mái đầu, hoa râm! »

385 Nàng rằng : « Gió bắt, mưa cầm!

« Đã cam tệ với tri âm bấy chầy!

« Vắng nhà, được buổi hôm nay!

« Lấy lòng, gọi chút ra đây tạ lòng! »

Lần theo núi giả đi vòng.

390 Cuối tường dường có nẻo thông mới rào.

Sẵn ngang mở mặt *Động đào*,

Rẽ mây trông rõ lối vào *Thiên thai*.

Mặt nhìn mặt càng thêm tươi!

---

1. Litt. : « *La neige — et la rosée — ont teint — la moitié de — le sommet — de ma tête — (de la couleur des) fleurs — du Râm.* »
Le « *Cây Râm* » ou en latin « *Phyllirea indica* » (TABERD) est une plante dont le parfum et le port ressemblent à ceux de l'armoise, mais qui est probablement une espèce de *Vitex* (WELLS WILLIAMS). On sait que les fleurs agglomérées de l'armoise sont, surtout avant l'épanouissement, couvertes de poils très fins et d'un gris presque blanc. Cette particularité explique la comparaison que nous trouvons dans le présent vers. On dit, du reste, couramment en annamite : « *hoa Râm đầu* » pour désigner une chevelure qui blanchit.

2. Litt. : « . . . . *le vent — me saisissait — et la pluie — me retenait.* »
Kim Trọng vient de parler de la neige et de la rosée ; Túy kiều lui répond par une métaphore analogue.

3. Voir, sur les mots « *tri âm* », ma traduction du *Lục Vân Tiên*, p. 30, en note. Le conte d'où cette locution tire son origine se trouve dans les recueils chinois intitulés « 今古奇觀 *Kim cổ kỳ quan* » et « 殊世錦囊 *Thù thế cẩm nang*. »

4. Litt. : « *la montagne — simulée.* » Ce genre de fabrique est très commun dans les jardins chinois, où l'on sait que les artistes paysagistes s'efforcent de reproduire en petit tous les accidents naturels du sol. Il consiste en une agglomération de pierres ou de briques disposées de manière à former une montagne ou un rocher en miniature au pied duquel coule

« la neige et la rosée ont fait blanchir mes cheveux [1] ! »

« Mille obstacles », répondit-elle, « s'opposaient à ma sortie [2] ! 385

« (Voilà pourquoi) depuis si longtemps je suis, ami [3] ! coupable envers
» vous !
« Aujourd'hui la maison est vide et l'occasion favorable !

« Vous m'avez pris mon cœur; et voici que je sors pour vous payer
» de retour ! »
(Ce disant,) elle contourna la rocaille [4].

Au bout du mur se trouvait comme un sentier récemment barré. 390

Elle y pénétra, ouvrit la porte de la retraite [5],

et, écartant les obstacles, elle distingua nettement le chemin qui
menait chez *Kim Trọng* [6].
Ils se regardèrent l'un l'autre; et (plus ils se contemplaient) plus ils
se trouvaient charmants [7] !

généralement une fontaine qui alimente un petit lac. Nous avons des dispositions analogues au Trianon et dans beaucoup de nos « jardins anglais » qu'il serait plus exact d'appeler « jardins *chinois* ».

5. Litt. : « *De la grotte — du Đào* ». Les mots « *Động đào* » ou « *Tiên động* » désignent *une grotte où réside une fée*. C'est, ici, la demeure de *Túy Kiều*.

6. Litt. : « *Écartant — les nuages, — elle aperçut — clairement — le sentier — pour entrer dans — la tour céleste.* »
Nous avons dans ce vers la continuation de la figure du vers précédent. En ouvrant la porte qui donnait accès dans sa demeure *(động đào)*, la fée *(Túy Kiều)* écarte les nuages qui l'empêchaient d'apercevoir le chemin qui mène à la résidence *(Thiên thai)* de l'immortel, qui est *Kim Trọng*. Cette métaphore renferme en outre un jeu de mots. En effet, « *mây* » signifie à la fois « *nuage* » et « *rotin* ». On peut donc comprendre ce mot des deux manières; lui donner le sens que je lui ai attribué ci-dessus, ou traduire tout simplement « *rẽ mây* » par « *écarter les rotins* », en supposant que ces plantes avaient poussé dans le sentier abandonné qui faisait communiquer les deux habitations et l'avaient dissimulé à la vue en l'encombrant. La jeune fille, les rejetant de chaque côté, aperçoit le chemin qu'elles lui cachaient.

7. Litt. : « *Un visage — regardant — un visage, — de plus en plus — ils étaient augmentés — quant à la fraîcheur.* »

Bên lời vạn phước, bên lời hàn huyên.

395 Sánh vai về chốn thơ hiên,

Ngâm lời phong nguyệt, nặng nguyền non sông.

Trên án bút, giá, thi đồng;

Đạm thanh một bức tranh tòng treo lên.

Phong sương được vẻ thiên nhiên!

400 Mặn khen; nét bút càng nhìn càng tươi.

*Sanh* rằng : «Phác hoạ vừa rồi!

---

1. Litt. : «*(Quant à un) côté — (il y eut) des paroles — de dix mille — bonheurs; — (quant à l'autre) côté — (il y eut) des paroles de — froid — (ou) tiède.*»
La jeune fille souhaite au jeune homme mille félicités; et ce dernier lui répond par la formule de politesse «*Hàn huyên?*» qui signifie littéralement: «*Avez-vous froid*, ou *éprouvez-vous une douce chaleur?*», et qui a, en gros, à peu près le même sens que la question anglaise : «*Are you well?*» Dans son ensemble, ce vers signifie que le jeune homme et la jeune fille échangent en se rencontrant d'aimables paroles de salutation.

2. Litt. : «*En comparant — (leurs) épaules — ils se rendirent — au lieu — de la salle de littérature.*»
J'ai expliqué sous le vers 280 ce que signifie au juste le mot «*hiên*».
— Quant à l'expression «*Sánh vai — comparer les épaules*», elle rend d'une manière pittoresque la situation réciproque de deux personnes qui se tiennent à côté l'une de l'autre. Elles sont supposées s'être placées ainsi pour voir laquelle des deux a les épaules plus hautes que l'autre. Je l'ai rendue par notre expression «*côte à côte*», qui renferme d'ailleurs une figure analogue.

3. Litt. : «*Ils murmurèrent — des paroles — de vent — et de lune, — (et) gravement — vouèrent — les montagnes — et les rivières.*»
«*Lời phong nguyệt — des paroles de vent et de lune*» est une formule consacrée par l'usage, qui signifie *des discours amoureux, des paroles passionnées*.
— Comme les Annamites ont coutume de prendre à témoin de leurs promesses les fleuves et les montagnes, «*vouer les montagnes et les fleuves*» équivaut à «*prononcer un serment solennel*».

Elle formula pour lui mille souhaits de bonheur; il lui adressa mille civilités [1].

Côte à côte ils dirigèrent leurs pas vers la salle de poésie [2], 395

où, murmurant des mots passionnés, ils échangèrent de solennels serments [3].

Sur la table étaient placés des pinceaux, des pupitres, des livres [4],

et l'on y voyait suspendue l'image d'un *Tòng* au feuillage vert [5],

merveilleuse imitation de la nature [6]!

Plus on en considérait les nuances et le dessin, plus on en sentait 400 la beauté.

« Cette grossière peinture est à peine terminée » dit le jeune homme;

---

4. Litt. : « . . . . . *des vers de cuivre* », c'est-à-dire « *vers gravés sur des tablettes de cuivre* ».

Dans une autre édition que je possède, au lieu de « 詩銅 », on lit « 書銅 *thơ đồng — des livres de cuivre* ». On peut, du reste, adopter sans inconvénient l'une ou l'autre de ces versions; car la seconde est admise comme équivalant à la première. Cette expression « 書銅 » ou « 詩銅 » n'est dans ce passage qu'une façon élégante et poétique de désigner « *des livres en général* ». Elle est analogue aux mots « *bià dá — tablettes de pierre* » que l'on rencontre souvent dans des passages semblables. Les livres sont, dans cette figure, assimilés aux tables de cuivre sur lesquelles on grave des maximes ou des faits dignes d'être précieusement conservés et légués à la postérité.

5. Le Pin est considéré comme un emblème de solidité, de longue durée, de longévité et de constance, tant parce qu'il ne perd pas ses feuilles pendant l'hiver, que parce que, d'après une croyance généralement répandue, sa résine, au bout de mille ans, se change en ambre jaune. Les peintres placent souvent cet arbre dans leurs tableaux comme un emblème allégorique des vertus et qualités dont je viens de parler; et *Kim Trọng* en avait suspendu l'image dans son cabinet de travail pour faire comprendre à *Túy Kiều* que sa constance était inaltérable.

6. Litt. : « *(Quant au) vent — (et à la) rosée, — on avait, (en le peignant,) obtenu — des traits (des nuances) — conformes au ciel (à la nature).* »

Ce vers est passablement obscur; mais en appliquant scrupuleusement la règle de position, et en tenant compte de ce genre spécial de phraséo-

«Phẩm đề xin một vài lời thêm hoa!»

Tay tiên gió táp mưa sa,

Khoảng trên dừng bút, thảo và bốn câu.

405   Khen tài nhả ngọc phún châu:

«Nàng *Ban* gả *Tạ* cũng đâu thế này?

logique qu'affectionnent les poètes cochinchinois, on arrive assez facilement à en déterminer le sens exact. Le mot «*Thiên*» ne doit pas être pris dans son acception ordinaire de «*ciel*». Il exprime ici ce que nous appelons «*la nature*»; d'où il suit que l'adverbe «*thiên nhiên*» répond exactement à notre expression «*au naturel*».

Seulement, comme cet adverbe se trouve placé après un substantif, il change de nature par l'influence de la position, et devient un véritable adjectif tout en conservant la forme adverbiale « 然 nhiên»; ou, si on préfère le considérer ainsi, c'est un adverbe chinois pris de toute pièce et adapté au vers annamite avec la fonction d'adjectif résultant de la position qu'il y occupe.

Quant aux mots «*phong sương*, — *le vent et la rosée*», ils sont destinés à renforcer au commencement du vers l'idée que renferme l'expression adverbiale de la fin. Le *vent* et la *rosée* sont pris pour l'universalité des influences météoriques susceptibles d'agir sur un végétal. La pensée contenue dans le vers est donc celle-ci : «*Le peintre avait réussi à reproduire dans l'image de pin qu'il avait tracée toutes les nuances que l'œil peut rencontrer dans un arbre exposé aux intempéries, comme l'est un pin véritable.*» En somme «*phong sương*» joue là, si je puis m'exprimer ainsi, le rôle d'un superlatif *détourné*, qui, en s'appliquant à l'adverbe-adjectif «*thiên nhiên*» produit dans l'esprit l'idée que nous exprimons en français par les mots «*un naturel frappant*».

1. Litt. : «*(à la manière d'un) dirigeant — sujet de composition, — je vous demande — quelques — paroles — pour ajouter — des fleurs!*»

«*Phẩm đề*» est un sujet de composition que l'on soumet à des lettrés afin qu'ils le développent. C'est par un raffinement de politesse que *Kim Trọng* qualifie ainsi les quelques mots qu'il sollicite de la jeune fille et qu'à la fin du vers il assimile à des fleurs.

2. Litt. : «*Sa main — d'immortelle, — (à la manière) du vent — qui pousse — et de la pluie — qui tombe,*»

3. Litt. : «*Il loua — son talent — de cracher — des pierres précieuses — et d'éternuer des perles.*»

« mais veuillez bien la rehausser en y ajoutant quelques mots¹! »

De sa main habile, avec vélocité ²,

elle posa son pinceau sur l'espace libre, et traça en haut du tableau quelques vers en caractères cursifs.
(Son hôte) fit l'éloge du merveilleux talent qu'elle montrait dans l'improvisation ³ :
« Les savantes *Ban* et *Tạ* », dit-il, « n'eûssent point écrit aussi bien⁴ !

---

4. Litt. : « *La jeune fille — Ban — et la sœur aînée — Tạ, — tout aussi bien, — où (est le fait qu'elles auraient écrit) — de cette manière ?* »
　Cette *Ban* était la sœur de « 班固 *Ban cố* », qui fut historiographe impérial sous le règne de l'empereur 孝和帝 *Hiếu hoà đế* des 東漢 *Đông Hán (Hán orientaux)*. Elle est d'ailleurs connue sous cinq noms différents : 1° 班惠班 *Ban Huệ Ban*; 2° 班惠紀 *Ban Huệ Kỷ*; 3° 曹大家 *Tào đại gia*; 4° 曹大姑 *Tào đại cô*; et enfin 5° 班紹 *Ban Thiệu*. Ce dernier nom lui était commun avec un autre de ses frères, illustre général qui, par trente années de victoires, fit reconnaître la suprématie de l'Empire du Milieu à plus de cinquante royaumes. Elle avait, étant enfant, profité si bien des leçons que recevaient ses deux frères et auxquelles elle participait, qu'elle était en état de lutter avec eux sur le terrain de l'instruction littéraire. Après la mort de son mari qu'elle avait épousé à quatorze ans et envers qui elle s'était montrée le modèle des épouses, elle se retira chez son frère *Ban cố* qui, émerveillé de l'instruction extraordinaire et du goût délicat qu'il rencontrait chez sa sœur, n'hésita pas à la prendre comme collaboratrice dans la composition de son grand ouvrage intitulé « 前漢書 *Tiền Hán thơ — le Livre des premiers Hán* », ainsi que de plusieurs autres fort remarquables.
　Après la mort de *Ban cố* emporté par le chagrin où l'avait plongé la disgrâce dans laquelle il était tombé, l'Empereur se souvint des éloges répétés que lui avait fait de sa sœur le savant historiographe. Il chargea cette dernière de terminer les ouvrages de son frère, et, lorsqu'ils parurent, la renommée de cette savante femme se répandit dans tout l'empire. Elle fut chargée de l'instruction de l'impératrice, pour laquelle elle composa un admirable traité sur les devoirs de la femme. Ce livre fut si admiré que le chef des lettrés qui travaillaient chaque jour dans la bibliothèque impériale voulut que sa propre femme l'apprît par cœur.
　Lorsque *Ban kỷ* mourut âgée de 70 ans, l'empereur lui fit faire de splendides funérailles, et de nombreux lettrés composèrent son éloge en vers.
　L'autre femme savante dont il est question dans ce passage se nommait 謝道韞 *Tạ Đạo Huấn*. « Elle était », dit le 三字經, « fille du

«Kiếp tu xưa ví chưa dày!

«Bực nào đổi được giá nầy cho ngang?»

Nàng rằng : «Trộm liếc dong quang!

410 «Chẳng sân ngọc bội, thời phường kim môn!

» frère aîné de 謝安 *Tạ An*, premier ministre du roi de 晋 *Tấn*. Dès
» l'âge le plus tendre elle savait faire des vers. (Un jour que) la neige tom-
» bait à gros flocons dans la cour de sa maison, *An*, interrogeant ses enfants,
» leur dit : «Que vous rappelle cette neige, à la fois abondante et confuse?»
» — «Elle ressemble», lui dit 琰 *Diệm* sa nièce, «à du sel que l'on pro-
» jetterait irrégulièrement dans l'espace». — «Elle rappellerait plutôt» dit
» *Đạo Huẩn* «des chatons de saule soulevés par le vent.» *An* fut émerveillé
» de sa réponse. Plus tard elle épousa 疑之 *Ngưng Chi*, fils de 王
» *Vương*, maréchal de la gauche.
 «Son mari étant mort, elle se fit remarquer par sa chasteté.»
 1. Litt. : «*Les générations — religieuses — d'autrefois, — (si) on les compare, — pas encore — sont complètes.*»
 Dans les croyances qui ont cours dans l'extrême Orient, lorsqu'une personne a passé sa vie à se perfectionner dans la vertu *(tu)*, ses mérites sont
reversibles sur les descendants, qui jouissent d'une existence heureuse et
sont surtout doués d'une intelligence supérieure. La suite de générations
constituée par cet ancêtre vertueux et la série des descendants qui re-
cueillent ainsi la récompense du bien qu'il a fait se nomme « *Kiếp tu, —
une série de générations religieuses*». L'auteur donne à entendre ici qu'un
ancêtre de la jeune fille posséda de si hautes vertus, qu'elles exercent encore leur heureuse influence sur la race, comme le montrent l'intelligence
et les talents dont est douée *Túy Kiều*.
 2. Litt. : «*Pour quel degré (de supériorité) — changer — pourrait-on —
cette valeur-ci — pour — les mettre sur la même ligne?*»
 3. Litt. : «*(Si) ne pas (vous faites partie de) la cour — des gens qui portent
sur eux des pierres précieuses, — alors — (vous êtes de) la société — de la
porte d'or!*»
 «*Ngọc*» signifie «*pierre précieuse*», et «*bội*» veut dire «*porter sur soi*».
Autrefois, les grands personnages portaient à la ceinture des pendants de
pierres précieuses; et, lorsqu'un lettré avait brillé dans les concours, le Roi
l'autorisait à porter de ces pierres à son bonnet et à sa ceinture. De là
vient que l'on appelle poétiquement «*Ngọc bội — personnes qui portent de
riches pendants de ceinture*» les hauts fonctionnaires de l'État. Le poète dit
«*sân ngọc bội — la cour des Ngọc bội*», parce que ces fonctionnaires se réu-
nissaient dans la cour du palais pour y attendre le moment de l'audience

«Le nombre de celles qui dûrent autrefois leur science ou bien
» qu'avaient fait leurs ancêtres, n'était point encore complet [1].
«Qui serait capable d'atteindre à la hauteur de votre talent [2]?»

«A la dérobée» dit la jeune fille «j'ai regardé votre visage!

«Si vous n'êtes pas un de ces lettrés qui s'ornent de pierres pré- 410
» cieuses [3], vous êtes, alors, un académicien!

du souverain. Le Livre des vers porte souvent de ce «佩 bội», attribut des princes et des grands:

終 有 君 黻 佩 壽
南 紀 子 衣 玉 考
何 有 至 繡 將 不
有。 堂。 止。 裳。 將。 忘。

« Chung nam hà hữu?
« Hữu kỷ hữu đàng!
« Quân tử chí chỉ.
« Phất y tú thường.
« Bội ngọc tướng tướng.
« Thọ khảo bất vong!

«Qu'y a-t-il sur le *Chung nam?*
«Il y a des réduits, des clairières!
«Le Prince y est arrivé.
«Sur sa robe brodée il porte ses emblèmes.
«Les pierres de ses pendants de ceinture font entendre leur tintement.
«Longue vie au Prince! On ne l'oubliera pas!»

(*Livre des vers*, Part. I; Liv. XI, ode 6 終南 *Chung nam.*)

或 不 鞗 不
以 以 鞗 以
其 其 佩 其
酒。 漿。 璲。 長。

« Hoặc dĩ kỳ tửu,
« Bất dĩ kỳ tương!
« Huyền huyền bội toại,
« Bất dĩ kỳ trưởng!»

«Nghĩ mình phận mỏng cánh chuồn!

«Khuôn xanh biết có vuông tròn mà hay!

«Nhớ từ năm hãy thơ ngây,

«Có người tướng sĩ đoán ngay một lời:

415 «Anh hoa phát tiết ra ngoài!

«Ngàn thu bạc mạng, một đời tài hoa!

«Trông người, lại nhắm vào ta,

«Một dày, một mỏng; biết là có nên?»

*Sanh* rằng : «Giải cấu là duyên!

---

«Si on leur offre du vin,
«Pour eux ce n'est point une liqueur!
«Si on leur donne de longs pendants de ceinture ornés de pierres précieuses,
«Ils ne les trouvent point assez longs!»

(Part. II, Liv. V, ode 9, 蓼莪 *Lục nga.*)

Pour l'expression « *Kim môn* », voir ma traduction du poème de *Lục Vân Tiên*, page 64, *en note*.

1. Litt. : « *Je réfléchis sur — moi-même — (qui suis une personne d'une) condition — mince — (comme une) aile — de libellule!* »

2. Litt. : « *La forme — bleue — sait — s'il y a — le fait d'être — carré — et rond — pour savoir!* »

Le ciel est assimilé métaphoriquement à une forme qui, englobant toutes les créatures au-dessus desquelles elle s'étend, les embrasserait comme un moule embrasse ce qu'il contient.

L'expression « *Vuông tròn, — carré et rond* » est une métaphore très elliptique dont le développement serait ceci : « *que l'on considère cela comme un carré, le carré est complet et régulier; qu'on le considère comme rond, la circonférence en est complète et régulière aussi.* » De là l'adoption de cette expression pour exprimer l'état de perfection, de régularité d'une chose ou d'un état. Il s'agit ici du parfait accomplissement des devoirs qui incombent à une épouse envers son époux et réciproquement. Dans l'espèce, ces mots «*vuông*

« Je pense à mon mince mérite¹!

« Le Ciel sait si pour vous je puis être une digne épouse²!

« Je me souviens que jadis, dans les années de mon enfance,

« Un physionomiste³ prononça sur moi une parole prophétique:

«Au dehors la splendeur se manifestera!» dit-il.

«Je vois d'interminables infortunes, toute une vie de courtisane
» artiste⁴!

« En vous regardant d'abord, en me regardant ensuite,

«Vous grand et moi chétive, je ne sais s'il nous est permis de nous
» unir! »

«C'est», dit le lettré, « le destin qui nous met tout à coup en pré-
» sence!

*tròn»* correspondent assez exactement pour le sens à l'expression chinoise
«團圓 *đoàn viên»*, bien que la composition étymologique de cette dernière
soit un peu différente, les mots 團 et 圓 signifiant tous les deux «*rond*»
ou «*globuleux*».

3. Les Chinois et les Annamites, comme bien d'autres peuples, ajoutent
une grande foi aux indications que les traits du visage, la conformation
des mains, l'allure etc. sont réputés fournir. Cette disposition est exploitée
par des industriels ambulants qui parcourent les localités habitées, s'éta-
blissent dans les carrefours et y donnent des consultations publiques. La
nouvelle chinoise 斬鬼傳 et l'anecdote intitulée 還帶 (時習事)
sont basées sur cette particularité de mœurs. L'arrêt que rendent ces sortes
de prophètes n'est cependant pas réputé être absolument sans appel; car
si *Tchōng k'ouéi*, le héros du 斬鬼傳, voit fondre sur sa tête le malheur
que lui annonçait le physionomiste 袁有傳 et se tue lui-même, en
revanche la probité de 中立 conjure les sinistres prédictions du bonze
一行, et après qu'il a rendu les ceintures précieuses il voit la fortune
lui sourire et devient prince de 晉. Quant à ce qui concerne l'héroïne de
notre poème, on verra se réaliser de point en point la prédiction du physionomiste dont l'auteur lui met ici les paroles dans la bouche.

4. Litt. : «*Mille — automnes — de blanche (malheureuse) — destinée, —
une vie — de talent et de fleurs!»*

420 « Xưa nay nhân định thắng thiên cũng nhiều!

« Ví dầu giải kiết đến đều,

» Thì đem vàng đá mà liều với thân! »

Đử đều trung khúc ân cần,

Lòng xuân phới phới; chén xuân tàng tàng!

425 Ngày vui vắn, chẳng đầy gang!

Trông ra ác đã ngậm gương non đoài.

Vắng nhà, chẳng tiện ngồi dai,

Giã chàng, nàng mới kíp dời song sa.

Đến nhà vừa thấy tin nhà;

430 Hai thân còn dở tiệc hoa, chưa về.

Cửa ngoài vội xủ rèm the,

Xăm xăm băng lối vườn khuya một mình.

---

1. Litt. : « *(Depuis) autrefois — (jusqu')à présent — (les faits que) de l'homme — les décisions — l'ont emporté sur — le Ciel — tout aussi bien — ont été nombreux.* »

2. Litt. : « *Si — de dénouer — ce qui est noué — il arrivait — une chose,* »

3. Litt. : « *Alors — j'apporterais — l'or — et la pierre — pour — exposer — avec — ma personne!* »

*L'or* et *la pierre* sont, en poésie surtout, le symbole de la constance et de la fermeté.

4. Litt. : « *Complètement — de (leur cœur) — les détours — (mettant au jour) avec empressement.* »

Ces mots « *les détours* » ou « *les coins du cœur* », qui sont en chinois dans le texte, désignent figurativement « *les pensées* ».

« mais, de tout temps, bien des décisions humaines prévalurent sur 420
» celles du Ciel ¹ !

« S'il arrivait que quelque chose vînt entraver notre union ²,

« inébranlable, à cet amour je dévouerais du moins ma vie ³ ! »

Avec force détails ils mettent à nu les secrètes pensées de leur âme ⁴ ;

avec volubilité ils se parlent de leur amour, et leur passion les enivre ⁵ !

(Mais) bien courts sont les jours de bonheur ⁶ ! 425

Ils regardent le soleil, et le voient qui disparaît derrière les montagnes de l'Ouest ⁷.

La maison est déserte, et ce n'est plus le temps ⁸ de rester assise à causer !

(Kiều) prend congé du jeune homme, et se retire dans ses appartements ⁹.

En rentrant à la maison elle reçoit des nouvelles des siens.

Ses parents, attardés au festin, ne sont point encore de retour. 430

Sur la porte d'entrée s'empressant d'abaisser le store,

Seule, au milieu de la nuit, elle se dirige sans hésiter à travers les sentiers du jardin.

    5. Litt. : « *Quant au cœur — de printemps — ils (parlent) vite; — quant à la coupe — de printemps — ils sont à demi ivres !* »

    6. Litt. : « . . . . . . *ne pas — remplissent — un empan !* »

    7. Litt. : « *Ils regardent au dehors — le corbeau (d'or) — qui tient déjà dans son bec — le miroir — des montagnes — de l'ouest.* »

    J'ai donné plus haut l'origine de l'appellation poétique « *ác vàng — le corbeau d'or* » que l'on donne au soleil. Cette figure est mise ici, pour ainsi dire, en action. En effet, l'astre qui disparaît derrière la cîme des montagnes est comparé à un corbeau qui saisirait ces dernières dans son bec et se mettrait en devoir de les avaler.

    8. Litt. : « *Il n'est pas commode . . . .* »

    9. « *Song sa* », litt. : « *les fenêtres grillées (tendues de) soie* », signifie « *l'appartement des dames* ».

Nhặt thưa gương gối đầu nhành,

Ngọn đèn trông trót trướng huình hất hiu.

435 *Sanh* vừa dựa án thiu thiu,

Dở chìu như tỉnh, dở chìu như mê.

Tiếng lên sẽ động giấc hoè :

« Bóng trăng đã xế, hoa lê lại gần! »

Bâng khuâng đảnh *Hiệp* non *Thần,*

440 Còn nghi giấc mộng đêm xuân mơ màng.

Nàng rằng : « Khoảng vắng đêm tràng!

« Vì hoa cho phải đỗ đàng tìm hoa!

« Bây giờ tỏ mặt đôi ta!

« Biết đâu rồi nữa chẳng là chiêm bao? »

445 Vội mừng làm lễ rước vào.

---

1. Litt. : « *Reposait (comme sur un oreiller) — (sa) tête — dans les branches.* »
2. On peut aussi, en supprimant les guillemets et en considérant ce vers comme faisant encore partie de la narration, traduire ainsi : « *Les ombres projetées par la lune s'allongeaient sous les fleurs du poirier, et venaient toucher (la fenêtre).* » L'absence absolue de ponctuation dans le texte original en caractères se prête parfaitement à ces doubles sens. J'ai adopté de préférence la première interprétation, parce qu'elle me semble découler beaucoup plus naturellement du sens littéral des mots du texte. J'ai dû, il est vrai, intercaler pour l'amener les mots « elle disait »; mais il n'y a rien d'extraordinaire à ce que l'auteur n'ait pas indiqué par une formule quelconque qu'il allait faire parler un de ses personnages. Les poètes cochinchinois ne se gênent pas pour si peu; et la difficulté de déterminer le point

La lune lentement montait ¹ dans les branches des mûriers.

On voyait briller une lampe; dans la chambre le vent agitait les rideaux.
Accoudé sur sa table de travail, le jeune homme allait s'endormir. 435

Éveillé à moitié, à moitié assoupi,

il entendit une voix qui doucement venait interrompre son sommeil.

Elle disait : «La lune à l'horizon s'abaisse; voici venir la fleur du poirier ²! »
Mais l'esprit (du lettré) voyageait au pays des Immortels ³!

(Kim) se croyait encore le jouet d'un de ces songes qu'apporte (avec 440 elle) une nuit de printemps.
«La nuit», reprit Kiều, «est tranquille et sereine!

«Votre pensée me poursuit, et me force à venir à vous ⁴!

«Nous connaissons maintenant le visage l'un de l'autre!

«Que vous dirai-je? Désormais ce ne seront plus des rêves!»

Aussitôt il s'empresse; avec politesse il l'introduit chez lui. 445

précis où un personnage commence à parler, comme aussi celui où a lieu un changement d'interlocuteur, vient souvent se joindre à toutes celles auxquelles on se heurte lorsqu'on entreprend la traduction de leurs œuvres.

3. Litt. : «*Il était troublé — (quant au) sommet — du (mont) Hiệp, — (quant à la) montagne — Thần.*»

Ce sont des montagnes que l'on suppose habitées par les Immortels. Les mots «*Đành hiệp non Thần*» forment dans l'esprit de l'auteur une expression générale qu'il emploie pour désigner la région où sont censés habiter ces êtres fictifs.

4. Litt. : «*A cause de — les fleurs — il m'est donné — de devoir — m'acheminer — pour chercher — les fleurs!*»

7

Đài sen nối nén, song đào thêm hương!

Tiên thề cũng thảo một chương;

Tóc mây một món, dao vàng một đôi.

Vầng trăng vặc vặc giữa trời;

450 Đinh ninh hai mặt, một lời song song.

Tóc tơ căn vặn tấc lòng,

Trăm năm tạc một chữ «*đồng*» tan xương!

Chén hà sánh giọng quỳnh tương.

---

1. Litt. : «*(Quant au) palais — des nénuphars, — on y joint — des pains d'encens; — (quant à la) fenêtre — de Đào, — on y ajoute — des parfums!*»
Nous avons vu que dans le jardin de *Túy Kiều* se trouvait une de ces rocailles qui sont toujours placées au bord d'un lac artificiel. Dans ce lac poussaient des nénuphars. De là l'expression de «*palais des nénuphars*» pour désigner la demeure de la jeune fille, et, par extension, la jeune fille elle-même.
Cette comparaison en appelle une semblable en vertu de la règle du parallélisme. Voilà pourquoi le poète appelle *Kim Trọng* « *Song đào — la fenêtre de Đào*». Cette dernière figure vient de ce que les lettrés aisés ont devant leur fenêtre un jardin planté de fleurs dans lequel ils se promènent pour se délasser de leurs études; et comme, d'autre part, c'est près de la fenêtre qu'ils se livrent au travail, cette partie de leur cabinet est prise pour le tout. «*Song đào*» signifie donc « *la fenêtre du cabinet de travail qui donne sur le jardin planté de Đào* » (ce dernier mot étant pris ici comme une expression générique désignant toute espèce de fleurs ou d'arbustes d'ornement), et ici, par extension, «*celui qui travaille devant cette fenêtre ou dans ce cabinet*», c'est-à-dire «*le lettré lui-même*».
La fleur du nénuphar est d'un aspect agréable. Si on y ajoute un parfum, tel, par exemple, que celui de l'encens, elle aura plus de charme encore. De même *Kiều* était déjà heureuse de se savoir aimée de *Kim Trọng*; mais la joie que lui causait leur réunion augmentait encore son bonheur.
Si l'on fait répandre une odeur plus suave aux fleurs du jardin du lettré, ce dernier aura plus de plaisir à les respirer dans sa promenade. De même

Ils étaient heureux déjà; à leur joie s'ajoute une nouvelle joie¹!

Ils composent une poésie renfermant leurs serments (d'amour),

et chacun d'eux, prenant un couteau, coupe à l'autre une boucle de cheveux².

(Devant) l'orbe de la lune éblouissant au sein du ciel,

tête à tête les deux amants prononcent un mutuel serment.                  450

(L'un à l'autre) ils se font mille recommandations amoureuses³,

et jurent de ne se point quitter que leurs os ne soient réduits en poussière⁴!

Ils font tinter l'une contre l'autre, rouges comme la nue (au soleil levant), leurs tasses pleines de bon vin⁵.

---

*Kim Trọng* ressentait déjà une grande joie de savoir son amour partagé par la jeune fille; mais la présence de l'objet aimé rendait son bonheur plus vif encore.

2. Litt. : « *De cheveux — de nuages — une mèche; — de couteaux — d'or — une paire.* »

Lorsqu'un jeune homme et une jeune fille veulent se lier indissolublement l'un à l'autre, chacun d'eux prend son couteau et coupe à l'autre une mèche de cheveux. Souvent même ils se font une coupure au bout du doigt, et chacun d'eux boit le sang de l'autre.

Les mots « *mây* » et « *vàng* » ne sont ici que des chevilles poétiques.

3. Litt. : « *(Comme) un cheveu — (ou) un fil de cocon — ils se font des recommandations — (quant à leur) pouce — de cœur.* »

4. Litt. : « *(Pendant) cent ans — ils sculptent — leur cœur — de l'unique — caractère — « ensemble » — (jusqu'au moment de — se dissoudre — (leurs) os ».*

5. Litt. : « *(Avec) leurs tasses — (couleur des) nuages colorés en rouge — ils comparent — le son — du — bouillon — de quỳnh.* »

« 霞 *hà* » signifie *des nuages colorés en rouge*, tels, par exemple, qu'ils le sont au soleil levant. Si l'on écrit « 瑕 *ha* », c'est le nom d'une pierre rougeâtre. Dans les deux cas, cette épithète s'applique à la couleur du vin dont les tasses sont remplies. — On appelle « *Tương* » un liquide épais comme du bouillon consommé, du sirop, etc. « *Quỳnh* » est le nom d'une pierre précieuse de couleur rouge; et « *Quỳnh tương — du bouillon de quỳnh* » est une expression poétique qui signifie « *de bon vin* ».

Dải là hương lụn, bình gương bóng lồng.

455 *Sanh* rằng : « Gió mát, trăng trong!

« Bấy lâu nay một chút lòng chửa cam!

« Giọt sương chửa nặng cầu *Lam!*

» Sợ lần khân quá ra sàm sỡ chăng! »

Nàng rằng : « Hồng diệp, xích thằng,

460 « Một lời cũng đã tiếng rằng tương tri!

« Đừng đều nguyệt nọ hoa kia!

Ngoài ra, ai lại tiếc gì với ai? »

Rằng : « Nghe nổi tiếng cầm đài!

---

1. Litt. : « *Le ruban — de soie — (à la manière d'un) parfum — se consume; — le vase — miroir — (quant à son) ombre — s'écarte.* »
L'entretien de deux personnes qui causent ensemble est assimilé par les poètes à un ruban de soie qui se déroule. — La lune est comparée à un vase (*bình*) fait d'un métal si poli et si brillant qu'il pourrait servir de miroir (*gương*).
2. Un certain *Lữ sanh* était épris de la fille d'une femme qui tenait une auberge; mais cette dernière ne voulait l'agréer pour gendre qu'à une seule condition. C'était qu'il lui apportât un boisseau (*đấu*) rempli de pierres précieuses. Désespéré, *Lữ sanh* s'éloignait, lorsque, passant sur un pont appelé « *Lam kiều (le pont Lam)* », il rencontra un vieillard qui, après s'être enquis de la cause de son désespoir, lui tendit trois cailloux et lui dit d'aller les enterrer dans un champ voisin. « Si tu le fais », ajouta-t-il, « dans cent jours d'ici ces trois cailloux se seront changés en un boisseau de pierres précieuses. » *Lữ sanh* obéit. Les choses se passèrent comme le vieillard, qui n'était autre qu'un immortel, le lui avait prédit, et le jeune homme épousa l'objet de sa flamme. C'est, par suite de cette légende que le «*pont Lam* » a été pris comme l'emblème des fiançailles. — Lorsque la rosée tombe, elle pénètre la terre; les sentiments, lorsqu'ils sont exprimés au moyen du langage, pénètrent dans le cœur. C'est pourquoi l'on compare à des gouttes de rosée les paroles affectueuses. Ce vers signifie donc : « *Les paroles affec-*

Mais, telle qu'un parfum, la causerie s'épuise; l'astre des nuits à l'horizon descend [1].

« Le vent est frais! » dit le jeune homme! « la lune est claire et brillante!

« et mon cœur, jusqu'à présent, n'est pas encore satisfait!

« Les gouttes de la rosée n'ont point chargé le pont *Lam* [2]!

« mais je crains que ma hardiesse ne me rende compromettant! »

« Lorsqu'il s'agit de mariage [3],

« un seul mot », dit la jeune fille, « suffit pour dire que l'on se connaît [4]!

« Ne me parlez pas d'un amour illicite [5]!

« Mais à part cela, que pourrais-je vous refuser [6]? »

« J'ai entendu », reprit *(Trọng)*, « les sons d'un *cầm* de bonne compagnie [7]!

tueuses que nous échangeons n'ont pas encore suffisamment pénétré dans nos cœurs »
et, par suite : « *Ces cœurs ne se connaissent pas encore bien.* »

3. Litt. : « *(En fait de) rouges — feuilles — (et de) rouge — fil,* »
J'ai expliqué plus haut le sens de ces deux expressions figurées.

4. Litt. : « *Par une — parole — tout aussi bien — (il y) a (eu le fait que) — la voix — dise : — « mutuellement — nous (nous) connaissons! »*

5. Litt. : « *Gardez-vous — (quant à) la chose — de cette lune-ci — et de ces fleurs-là!* »
L'expression « *Nguyệt hoa — la lune et les fleurs* » signifie « *le libertinage* ». — Le mot « *nói — parler* » doit être supplié après « *đừng* ».

6. Litt. : « *En mettant (cela) en dehors, — qui — encore — regretterait — quoi (que ce soit) — avec — qui (que ce soit)?* »
« *Ngoài — dehors* » doit être pris ici comme un verbe auquel vient s'adapter la particule d'élimination « *ra* ».

7. Litt. : « *Il dit : — « J'ai entendu — s'élever — votre réputation — de Cầm — de pavillon.* »
« *Đài* » signifie, entre autres choses, *une terrasse carrée servant à regarder au loin*, ou bien *un pavillon en belvédère*; mais ce mot est pris ici, en général, pour un lieu retiré quelconque où les personnes de la bonne société se réunissent pour faire de la musique, s'exercer à la poésie, etc.

«Nước non luống những lóng tai *Chung kỳ*.»

465 Thưa rằng : «Tiện kị sá chi?

«Đã lòng dạy đến; dạy, thì phải vưng!»

Hiên sau treo sẵn cầm trăng;

Vội vàng *Sanh* đã tay nưng ngang mày.

Nàng rằng : «Nghề mọn riêng tây

470 «Làm chi cho nặng lòng người lắm ru?»

Lựa dần dây võ dây văn.

Bốn dây to nhỏ theo vần *Cung thương*.

Khúc đâu *Sở Hán* chiến trường;

Nghe ra tiếng sắt tiếng vàng chen nhau!

475 Khúc đâu *Tư mã* «*Hoàng cầu*»;

Nghe ra như oán như sầu; phải chăng?

---

1. Litt. : «*(A travers) les eaux — et les montagnes, — sans cesse — il résonne à — l'oreille — de Chung Kỳ.*»
Le jeune lettré se compare au bûcheron Chung Kỳ (ou Chung Tử Kỳ), dont les oreilles avaient été frappées par les sons du *cầm* de *Bá nhà*. (Voir, pour cette légende, ma traduction du poème *Lục Vân Tiên*, p. 30, en note.)
2. Ce *cầm* est appelé «*cầm trăng — guitare lune*» à cause de sa forme ronde.
3. Litt. : «*Avec empressement — le jeune lettré — déjà — de sa main — le souleva — vis-à-vis — de ses sourcils.*»
C'est le geste que font les Annamites lorsqu'ils veulent user de politesse en présentant un objet à quelqu'un.
4. Litt. : «*Elle dispose — les cordes — militaires — et les cordes littéraires.*»

«et, comme à celle de *Chung Kỳ*, partout, dans la campagne, ils ré-
» sonnent à mon oreille¹!»

«Pourquoi», répondit-elle, «vous occuper de mon faible talent? 465

«Cet ordre là provient de votre bienveillance; il me faut donc vous
» obéir!»
Justement au fond de la salle un luth était suspendu ².

Le jeune homme, d'un geste poli ³, s'empressa de le lui offrir.

«Pourquoi», lui dit *Kiều*, «de ce pauvre talent qu'en particulier (seu-
» lement j'exerce),
«voulez-vous donc, seigneur, que je vous importune? » 470

Elle met d'accord les cordes, tant les aiguës que les graves ⁴.

Épaisses et minces, toutes les quatre sont disposées selon les degrés
de la gamme.
Elle joue d'abord un morceau sur les combats de *Sở* et de *Hán*

où s'élèvent, confondus ensemble, les sons durs et les sons doux⁵;

puis un autre de *Tư mã* sur «*le Phénix qui cherche (sa femelle)*», 475

où l'on croirait vraiment entendre et des cris de vengeance et des accents désolés ⁶.

Ces singulières qualifications s'appliquent, la première aux cordes les
plus longues et la seconde aux plus courtes.
5. Par les mots «*sons de fer*», on entend les sons aigus et durs à l'oreille;
et par les «*sons d'or*», on entend les sons doux.
«*Tiếng sắt — les sons durs*», ou «*le bruit du fer*» (car il y a ici, ce me
semble, un jeu de mots), désigne les cris des guerriers qui luttent avec
acharnement; et «*Tiếng vàng — les sons doux*» ou «*d'or*» éveille dans l'esprit l'idée d'un «*chant doux et plaintif*».
6. Litt. : «*On y entend — comme — se venger, — comme être triste; —
n'est-ce pas?*»

«*N'est-ce pas?*» est ici pour «*sans doute!*» Les Annamites expriment souvent
l'affirmation énergique au moyen d'une formule interrogative. Nous employons,

Kê khang nầy khúc *Quảng lăng*,

Một rằng : « lưu thủy », hai rằng : « hành vân ».

Quá quan nầy khúc *Chiêu quân*,

480 Nửa phần luyến chúa, nửa phần tư gia.

Trong như tiếng hạc bay qua,

Đục như tiếng suối mới sa nửa vời ;

Tiếng khoan như gió thoảng ngoài,

Tiếng mau dập dập như trời đổ mưa.

485 Ngọn đèn khi tỏ khi mờ ;

Khiến người ngồi đấy cũng ngơ ngẩn sầu.

Khi dựa gối, khi cúi đầu,

Khi gò chín khúc, khi châu đôi mày.

Rằng : « Hay, thì thật là hay !

490 « Nghe ra, ngậm đắng nuốt cay thế nào !

« Lựa chi những khúc tiêu tao,

---

du reste, dans notre langage familier les mots « *n'est-ce pas ?* » à peu près de la même manière.

1. On trouve tout au long dans la transcription du *Lục Vân Tiên* de Jeanneaux l'histoire de l'héroïne dont il est question ici. Le morceau que cite l'auteur du présent poème contient les plaintes de la jeune fille au moment où, gage de paix, elle franchit la frontière au lieu appelé « 玉門

Enfin le morceau de *Quảng lăng*, (dans lequel excellait) *Kê khang*,

où il est d'abord question d'eaux qui fuient, puis d'un voyage dans les nuées.

Elle exécuta encore le morceau de « *Chiêu quân* passant la frontière [1] »,

dans lequel la princesse (exprime) et sa passion pour son prince et le regret (amer) des siens [2]. 480

Tantôt c'étaient des sons aigus comme le cri du *Hạc* traversant les airs,

et tantôt des notes graves comme le bruit d'un ruisseau qui tombe dans un fleuve au milieu de son cours.

(Parfois) son chant était lent comme le souffle d'une molle brise,

(et parfois) il se précipitait comme la pluie tombant du ciel.

A la clarté de la lampe tantôt vive et tantôt mourante, 485

elle rendait son auditeur comme enivré de tristesse.

Tantôt il s'appuyait sur son coussin, tantôt il baissait la tête ;

tantôt (son cœur) se serrait violemment [3] ; tantôt il fronçait les sourcils.

« Oh ! certes ! » s'écria-t-il, « votre habileté est grande ! »

« Quels douloureux sentiments cette musique excite en moi ! 490

« Mais pourquoi ne jouer que des morceaux mélancoliques

---

*ngọc môn* — *porte des pierres précieuses* » et va pénétrer dans le pays des *Mọi*, au roi desquels 明帝 *Minh đế* l'a promise.

2. Litt. : « *(Qui)* — *(pour une) demie* — *partie* — *aime avec ardeur* — *son prince*, — *(et pour une) demie* — *partie* — *pense à* — *(sa) famille.* »

3. Litt. : « *(Quant à des) fois* — *il est serré* — *(quant aux) neuf* — *détours (de ses entrailles)* ; — *(quant à des) fois* — *il fronce* — *(sa) paire de* — *sourcils.* »

« Chột lòng mình cũng nao nao lòng người? »

Rằng : « Quen, mất nết đi rồi!

« Tẻ vui, thôi! cũng tánh Trời! Biết sao? »

495 « Lời vàng vưng lãnh ý cao,

« Hoạ dần dần bớt chút nào! Được không? »

Hoa hương càng tỏ thức hồng,

Đầu mày cuối mắt càng nồng tấm yêu.

Sóng tình xem đã xiêu xiêu,

500 Xem trong âu yếm có chìu lả lơi!

Thưa rằng : « Đừng lấy làm chơi!

« Giẽ! Cho thưa hết một lời đã nao!

« Vỉ chi một đóa yêu đào?

---

1. Litt. : « *De vos paroles d'or.* »
2. Litt. : « *Peut être que — peu à peu — je diminuerai — une petite quantité — quelle (qu'elle soit); — (mais le) pourrai-je, — ou non ?* »
3. Litt. : « *La fleur, — parfumée — de plus en plus, — laissait voir clairement — sa couleur — rose.* »
4. Litt. : « *Il semblait que — dans — (sa) mélancolie — il avait le fait d' — incliner à — être inconvenant.* »
5. Litt. : « *Doucement! — donnez-moi la faculté de — vous dire respectueusement — en tout — un (seul) — mot — d'abord — donc!* »

« *Nao* » est pour « *nào* », qui, placé ainsi, équivaut au « *mà! — mais!* » ou « *donc!* » exclamatif. L'accent est supprimé, parce que les règles de la prosodie exigent ici un caractère affecté du ton *bình*.

6. Litt. : « *A de l'importance — en quoi — un délicat — pêcher ?* »

« *Vĩ* » signifie proprement « *queue* ». Pour comprendre comment ce mot peut prendre dans l'idiotisme par lequel ce vers commence le sens d'« im-

«qui attristent votre cœur, et qui découragent le mien?»

«L'habitude que j'en ai», dit-elle, «en émousse l'effet sur moi.

«S'ils sont joyeux ou s'ils sont tristes, c'est leur nature! Qu'en di-
» rais-je?»

«Je saisis», répond-il, «la haute portée de vos précieuses paroles [1], 495

«et je veux modérer quelque peu l'essor (de ma passion) [2]! mais cela
» me sera-t-il possible?»

La jeune fille devenait de plus en plus séduisante [3],

et se rendait maîtresse absolue du cœur (du jeune lettré).

Il sembla qu'il commençait à céder à son enivrement,

et l'on eût dit que dans sa mélancolie se glissait quelque inconve- 500
nance [4].

«Oh! ne faites point un jeu (de tout cela)!» dit-elle.

«Attendez! permettez d'abord que je vous dise quelques mots [5].

«Quelle valeur peut avoir une faible enfant comme moi [6],

*portance»* ou de «*valeur*», il faut savoir qu'en chinois l'on dit «跟尾 *căn vĭ*», ce qui signifie littéralement «*suivre la queue (de la robe de quelqu'un en marchant) derrière (ses) talons*», à peu près comme le fait chez nous un laquais qui suit sa maîtresse dans la rue. Ceux dont on suit ainsi «*la queue*» sont naturellement des personnages de marque. De là vient qu'on en arrive à prendre la figure représentée par le mot «尾 *vĭ — queue*» pour l'idée primordiale qui a donné naissance à l'idiotisme dont il est tiré.

«*Đóa*» est la numérale des fleurs. Les mots «*Yêu đào*» viennent encore d'une expression chinoise; ou plutôt ils ne sont autres que cette expression elle-même rendue plus concise et assujettie à la règle de construction du génitif annamite, qui se place après le mot qui le régit. On dit en chinois: «桃之夭夭 *daò chi yêu yêu*, litt.: *pêcher tendre et délicat*» pour désigner «*une jeune fille distinguée*». Le poète a pris les deux caractères constitutifs de cette locution, en a interverti la position, et a ainsi composé avec deux vocables chinois une expression annamite dont le sens est exactement le

«Vườn hồng chi dám ngăn rào chim xanh?

505 «Đã cho vào bực bố kinh;

«Đạo tùng phu lấy chữ «*trinh*» làm đầu!

«Ra tuồng trên *Bộc* trong dâu,

«Thì con người ấy ai cầu? Làm chi?

même que celui du vers du 詩經, dans une des premières odes qui commence ainsi :

桃 之 夭 夭
灼 灼 其 華。
之 子 于 歸
宜 其 室 家。

« *Đào chi yêu yêu!*
« *Chước chước kỳ hoa!*
« *Chi tử vu qui;*
« *Nghi kỳ thất gia.*

«Le pêcher est tendre et délicat!
«Brillante est sa floraison!
«Cette jeune femme se rend chez son époux
«Pour mettre sa maison en ordre.»

(Voy. *Le Livre des vers*, P. I^{re}, Liv. I^{er}, ode VI.)

1. Litt. : « *Dans mon jardin — rose — en quoi — oserais-je, — (en) leur faisant obstacle, — arrêter par une barrière — les oiseaux — bleus?* »
Vouloir empêcher au moyen d'une clôture des oiseaux de pénétrer dans un jardin serait une entreprise impossible; car leurs ailes se jouent de toutes les barrières. De même, faible et délicate jeune fille, *Kiều* est incapable de se défendre par ses propres forces contre les entreprises des galants; aussi est-ce par la persuasion qu'elle va ramener *Kim Trọng* à des visées plus loyales.

Ce vers est susceptible d'un autre sens. « *Chim xanh — les oiseaux bleus* » peut s'entendre des désirs amoureux. Si l'on adopte cette acception, on peut comprendre que la jeune fille dit qu'elle ne peut empêcher sa musique d'éveiller dans le cœur de son amant des sentiments déshonnêtes. Une clôture n'empêche pas les oiseaux de pénétrer dans un jardin, parce qu'ayant

«et comment oserais-je empêcher les oiseaux de pénétrer dans mon
» jardin¹?

«(Mais) vous m'avez donné l'espoir que vous m'élèveriez au rang de 505
» votre femme²!

«Or, la chasteté, chez une épouse, est la première des vertus³!

«Quant à celles qui imitent les baigneuses du fleuve *Bộc,* les pro-
» meneuses des mûriers⁴,

«qui voudrait pour sa compagne d'une fille de cette sorte⁵?

des ailes, ils y entrent *tout naturellement.* De même, l'effet des morceaux que la jeune fille vient de jouer étant aussi la conséquence *naturelle* de la musique qu'ils contiennent, comment l'artiste pourrait-elle y mettre obstacle? J'ai préféré la première interprétation à cause de l'idée de faiblesse aussi bien physique que morale que contiennent les mots « *đóa yêu đào* » du vers précédent; mais cette expression peut fort bien n'être prise que comme une formule poétique désignant « *une simple jeune fille* ». Dans ce cas, le deuxième sens dont je viens de parler devient à peu près aussi acceptable que le premier.

2. Litt. : *(Vous m')aviez donné (d') — entrer dans — le degré — de la toile — et du Kinh.* »

Le *Kinh* est un arbrisseau buissonnant que l'on trouve en grande quantité dans la province chinoise du 湖南. On dit d'une femme pauvre, mais proprement vêtue : « 荊釵布裙 *kinh sai bố quần* — *elle porte une aiguille de tête en buis et un pantalon de coton* ». Une épouse économe est à la fois propre et simple dans sa mise; elle porte une aiguille et un pantalon faits des matières indiquées plus haut, ou tout au moins de matières aussi peu coûteuses. De là vient que les mots *bố kinh* sont pris couramment dans le sens de « *bonne ménagère* ».

3. Litt. : « *(Dans la) règle — de « suivre le mari », — on prend — le caractère — « chasteté » — (et on en) fait — la tête.* »

On sait que les « 三從 *tam tùng — les trois obéissances* » constituent dans la morale chinoise les trois vertus principales de la femme. « 從夫 *Tùng phu — l'obéissance au mari* » en est la seconde.

4. Litt. : « *(Si une jeune fille) joue le rôle de — (celles qui se promenaient) — (sur le bord du fleuve) Bộc — dans les mûriers,* »

Le *Bộc* est une rivière qui arrose la partie sud-ouest de la province de 山東 ou 山左.

L'auteur fait allusion à certaines jeunes filles éhontées qui donnaient rendez-vous à leurs amants dans les mûriers dont était bordée la rive de ce fleuve.

5. Litt. : « *Alors — cette personne méprisable, — qui la demanderait? — (Pour) faire — quoi (la demanderait-on)?* »

«Phải đều ăn xổi, ở thì,

510 «Tiết trăm năm nữa bỏ đi một ngày!

«Gẫm duyên kỳ ngộ xưa nay!

«Lứa đôi ai lại đẹp tày *Thôi Trương?*

«Mây mưa đánh đổ đá vàng!

«Quá chìu, nên đã chén trình én anh!

515 «Trong khi phơi cánh trên nhành,

«Mà lòng rẻ rúng đã trình một bên!

« *Con người ấy* » ne signifie pas ici « *l'enfant de cette personne* ». « *Con ấy* » veut dire en annamite « *cette femme* » ou « *cette fille* ». On emploie ce terme lorsqu'on parle d'une personne de basse condition ou méprisable. Si l'on se rend bien compte que c'est le mot « *Con* » qui apporte dans cette locution une nuance de mépris ou tout au moins d'absence d'égards, on comprendra facilement qu'en l'accolant aux mots « *người ấy — cette personne* », le poète compose une expression de même nature que « *con ấy* », mais avec quelque chose de plus vague et de plus général.

1. Litt. : « *(Si) c'était une chose — de manger — à la hâte — et de demeurer — temporairement,* »

« *Xổi* », qui ne s'emploie qu'en composition avec certains verbes, tels que, par exemple, « 濫 *làm* » ou « 咹 *ăn* », signifie « *à la hâte, en passant* ». — *Thì* reçoit ici de sa position dans la phrase un sens qui n'est pas commun, celui d'adverbe de manière.

Dans l'interprétation littérale ci-dessus, je suis forcé de traduire séparément les deux verbes « *ăn* » et « *ở* », pour faire bien comprendre le sens des adverbes qui leur répondent, et, par suite, l'idée qu'exprime le vers pris dans son entier; mais il ne faut pas perdre de vue que ces deux verbes, lorsqu'ils se suivent, constituent une locution tout à fait spéciale qui signifie « *se comporter, se conduire, agir* ». « *Ăn xổi ở thì* » signifie donc en réalité « *se comporter, en passant, suivant les circonstances* », et, dans l'espèce, « *profiter d'une occasion passagère* ».

2. *Trương Cung* et *Thôi Oanh Oanh*, s'étant vus et n'ayant pu résister à la passion qui les entraînait, s'étaient livrés ensemble aux plaisirs de l'amour. Le jeune homme demanda ensuite la jeune fille en mariage; mais la mère

« Si nous faisions de notre amour un court passe-temps d'occasion [1],

« je serais en un seul jour déshonorée pour toute ma vie !     510

« Je pense à l'étrange rencontre de deux amants du temps passé [2] !

« Qui consentirait à s'unir comme le firent *Thôi* et *Trương?*

« La pluie en tombant des nuages peut dissoudre la pierre et l'or [3] !

« Pour m'être trop laissée aller, la coupe penche, et vous allez abuser
» de moi [4] !

« A parler ainsi des choses d'amour [5],     515

« mon cœur trop aisément s'est laissé séduire [6] !

de cette dernière n'ayant pas voulu consentir à cette union, les deux amants se séparèrent.

3. « *Vos belles paroles finiraient par triompher de ma fermeté.* » Il y a ici une nuance fort délicate. Les nuages sont situés très haut. En les faisant intervenir dans la métaphore qu'elle emploie, la jeune fille donne à entendre à *Kim Trọng* qu'il est très haut placé dans son estime, et que, par suite, malgré la ferme résolution qu'elle a prise de rester vertueuse, elle n'a que trop à craindre de se laisser aller s'il ne cesse pas de la presser. C'est en grande partie à ces nuances, parfois si fines qu'il est presque impossible de les rendre exactement en français, que le poème de *Túy Kiều* doit d'être placé si haut dans l'estime des lettrés annamites.

4. Litt. : « *J'ai excédé — (le fait de) m'incliner (vers vous); — c'est pourquoi — (voilà qu')il y a eu — (le fait que) la tasse — penche — (d'une façon trompeuse).* »

« *Ến anh* » qui signifie le plus souvent « *des personnes mondaines* » ou « *des libertins* » devient ici un adjectif et prend ici le sens de « *trompeur* ». La transition est assez facile à saisir. De plus, par sa position dans la phrase, cet adjectif revêt la forme adverbiale.

5. Litt. : « *Pendant que — nous séchons au soleil — nos ailes — sur — la branche,* »

*Kiều* se compare avec *Kim Trọng* à deux oiseaux qui, perchés à côté l'un de l'autre sur la même branche, étendent leurs ailes au soleil. Cette habitude s'observe surtout chez ceux qui appartiennent aux genres *Columba* et *Turtur*.

6. Litt. : « *(Mon) cœur — trop aisément — s'est incliné — d'un côté!* »

« Mái tây để lạnh hương nguyền,

« Cho duyên đằm thắm ra duyên bỉ bàng!

« Gieo thoi trước, chẳng giữ giàng,

520 « Để sau nên thẹn cùng chàng, bởi ai?

« Vội chi liễu ép hoa nài?

« Còn thân còn một đền bồi; có khi! »

Thấy lời đoan chánh dễ nghe,

Chàng càng thêm nể, thêm vì mười phân.

525 Bóng tàu vừa lợt vẻ ngân,

Tin đâu đã dẫn cửa ngăn gọi vào.

Nàng thì vội trở buồng đào,

---

1. Litt. : « *(Si sous le) toit — occidental — vous laissez — refroidir — le parfum — de vos promesses,* »

« *Ce qui se trouve sous le toit occidental* », c'est *le cœur*. En effet, ce viscère est placé à gauche, comme l'est l'occident, lorsqu'on regarde vers le nord. Dans cette singulière métaphore, *le toit* représente la poitrine, qui est considérée comme un édifice.

Il y a ici un triple sens. En effet, outre celui que je viens d'indiquer, 1° on peut comprendre « *mái tây* », comme désignant la salle de littérature (*hiên lãm túy*), où les amoureux ont échangé leurs serments, et traduire ainsi : « *Si vous oubliez les promesses qu'en brûlant des parfums nous échangeâmes dans le salon de l'occident.* »

2° On peut encore admettre que « *mái tây* » est synonyme du « *mái tây thiên* » dont il est parlé au vers 195. Dans ce dernier cas Kiều parlerait d'elle-même, et ferait allusion au tombeau de Đạm tiên, sur lequel elle a offert un sacrifice, et où elle a réfléchi à la triste destinée que la vie désordonnée de la chanteuse lui a faite, en se promettant d'éviter les écueils contre lesquels elle se brisa.

2. Lorsqu'un tisserand lance sa navette au hasard sans veiller à ce qu'il

« Si le vôtre oublie ses serments [1],

« un amour avouable et pur va devenir une honteuse liaison!

« Si je lance tout d'abord la navette à l'aventure [2]

« et qu'il me faille plus tard rougir devant vous, qui l'aura voulu ? 520

« A quoi bon me presser ainsi [3]?

« Tant que je vis (vous êtes sûr) qu'un jour vous serez dédommagé [4]!»

A ces paroles loyales autant que persuasives,

la réserve, le respect du jeune homme allaient croissant de plus en plus.

A peine les rayons de la lune avaient-ils fait pâlir l'éclat de la Voie 525 lactée [5]

qu'à la porte tout à coup se présenta un porteur de nouvelles.

La jeune fille sans retard gagna ses appartements;

fait, l'étoffe qu'il tisse est perdue. Si *Kiều* se laissait séduire et se donnait imprudemment à *Kim Trọng*, l'union projetée serait compromise.

3. Litt. : «*(En fait de) hâte — que (doit-il y avoir à) — le saule — presser, — (à) la fleur — importuner?*»

4. Litt. : «*(Tant qu')il y aura encore — (mon) corps, — il y aura encore — un — (fait de vous) dédommager; — il y aura — des fois (des occasions)!*»

5. Litt. : «*L'ombre — du vaisseau — à peine — avait pâli — la couleur — (du fleuve d')argent,*»

Lorsque la lune brille au firmament, les étoiles ordinaires pâlissent. A plus forte raison en est-il ainsi de celles qui composent la Voie lactée (en chinois 銀河 *Ngân hà — le fleuve d'argent*), dont l'éloignement fait paraître l'éclat beaucoup moindre.

De même que la Voie lactée est assimilée à un fleuve, de même la lune est comparée à un navire. L'une des comparaisons appelle l'autre. La lune produit une telle lumière qu'elle éteint par opposition la clarté qui vient des étoiles; mais l'auteur du poème attribue cet effet à l'ombre que cet astre est censé projeter dans l'espace.

8

*Sanh* thì rảo bước, sân đào vội ra.

Cửa ngoài vừa ngỏ then hoa,

530 Gia đồng vào gởi thơ nhà mới sang.

Đem tin thúc phụ từ đường,

Bơ vơ lữ thấn tha hương đề huê.

*Liêu dương* cách trở sơn khê,

Xuân đường kíp gọi sanh về hộ tang.

535 Mắng tin, xiết nỗi kinh hoàng?

Băng mình lén trước đài trang tự tình.

Gót đầu mọi nỗi đinh ninh;

Nỗi nhà tang tóc, nỗi mình xa xuôi.

« Sự đâu chưa kịp đôi hồi,

540 « Duyên đâu chưa kịp một lời trao tơ!

---

1. Litt. : « . . . . . *avait abandonné la maison.* »
2. Litt. : « . . . . . *quant à (par) des montagnes — et des torrents,* »
Il est bon de noter les différences de sens qu'amène dans la langue annamite un changement dans la position des mots. « 隔阻 *Cách trở* » veut dire « *être éloigné* »; mais si l'on intervertit les caractères, « 阻隔 *Trở cách* » signifiera « *changer de manières* » ou « *d'habitudes* ».
3. Litt. : « *(Lorsqu')il entendit annoncer — la nouvelle, — (qui) aurait compté — les circonstances — de (son fait d')être terrifié ?* »
4. Litt. : « *(Quant au) talon — (et quant à) la tête . . . .* »
5. Litt. : « *Le motif — (du fait de) — sa famille — être en deuil — (quant à) la chevelure . . . .* »
Cette expression « *tang tóc* » vient de ce que dans l'Annam les rites du

sans retard le jeune homme, sortant, se rendit dans la cour.

Dès qu'il eût poussé le verrou de la porte extérieure,

un serviteur de sa famille lui transmit une lettre des siens, tout ré- 530
cemment arrivée.
On lui apprenait que le frère cadet de son père avait quitté ce monde¹;

qu'on l'avait, pendant un voyage, mis au cercueil en toute hâte, et
que des pays étrangers (on allait) rapporter son corps
(au lieu de) *Liêu dương*, situé à une grande distance ²,

son père le pressait de se rendre pour procéder aux funérailles.

Qui pourra dire à quel point cette nouvelle le renversa³? 535

Il s'empressa de se glisser dans la demeure (de *Kiều*) afin de la lui
apprendre.
De point en point ⁴ il lui raconta tout;

et le deuil qui frappait sa famille ⁵, et le voyage lointain (pour lequel
il allait partir).
« Le loisir nous a manqué pour nous expliquer ensemble », dit-il ⁶

« et nous n'avons point eu le temps de dire un mot du mariage ⁷! 540

deuil défendent aux personnes qui le portent de prendre soin de leurs
cheveux.
6. Litt. : *« (Quant à) la chose, — où (que ce soit) — pas encore — nous
avons atteint — une paire de — moments. »*
7. Litt. : *« (Quant au) mariage, — où (que ce soit) — pas encore — nous
avons atteint — une parole — de — nous passer — le fil de soie. »*
Dans certaines provinces de la Chine, les nouveaux mariés sont dans
l'habitude de porter un fil de soie enroulé autour d'un de leurs doigts en
signe de la promesse qui les lie. Cette coutume tire son origine d'une légende dont je vais avoir à parler bientôt. (Voy. la note sous le vers 549
et celle de la transcription du *Lục Vân Tiên* par JEANNEAUX.) *« Se passer le
fil de soie »* signifie donc *« prendre l'un envers l'autre un engagement de mariage »*.

8*

« Trăng thề còn đó sờ sờ!

« Dám xa xuôi mặt mà thưa thớt lòng?

« Ngoài ngàn dặm, chốc ba đông,

« Mối sầu khi gở chưa xong. Còn chầy!

545 « Gìn vàng giữ ngọc cho hay,

« Cho đành lòng kẻ chơn mây cuối trời!»

1. Litt. : « *En dehors de — (ces) mille — dặm, — à l'expiration de — trois hivers,* »

« *Ngàn dặm* » et « *ba đông* » représentent ici des quantités considérables, mais indéterminées.

2. Litt. : « *Le bout de fil — triste, — quand il sera démêlé, — pas encore — (tout) sera terminé. — Il y aura encore — du tard!*»

Les accidents malheureux qui viennent se jeter à la traverse du bonheur des deux amants sont comparés par *Kim Trọng* à un bout de fil embrouillé qu'il s'agit simplement de démêler; après quoi tout ira bien. — «*Chầy — tard*», devient ici substantif par position.

3. Litt. : « *Veillez sur — l'or, — veillez sur — la pierre précieuse — d'une manière — convenable,* »

Le verbe «*gìn giữ*» est dédoublé par élégance.

4. Ce vers est assez difficile à comprendre au premier abord. Ce n'est que par une sévère application de la règle de position qu'il est possible d'en dégager la signification précise.

«*Đành*» est un verbe d'une nature toute particulière. Il ne se trouve guère que dans certaines locutions où sa signification varie suivant les mots dont il est précédé ou suivi. Il précède ici le mot «*lòng — cœur*», et forme avec lui une expression dont le sens est bien défini par l'usage, et qui signifie «*content, satisfait*», ou, étymologiquement, «*fixé — (quant au) cœur*». Mais cet adjectif composé, se trouvant précédé du mot «*cho*» qui veut dire «*pour*» ou «*de manière à*», devient par position un verbe actif qui a évidemment pour régime le pronom relatif «*kẻ*» suivi de ses compléments. Or, ce verbe ne peut avoir qu'un sens, celui de «*tenir pour satisfaisant, avoir pour agréable*»; ce qui, étant donné l'enchaînement d'idées qu'exprime le présent vers et ceux qui l'accompagnent, équivaut à «*garder son cœur à (quelqu'un)*».

D'un autre côté, après le pronom relatif «*kẻ*» qui appelle nécessairement un verbe, on ne trouve au premier abord que quatre substantifs qui se suivent sans aucun intermédiaire. Cependant il faut nécessairement trouver

«La lune du serment est encore là (haut), visible à nos yeux!

«Si mon corps s'éloigne d'ici, mon cœur oserait-il changer?

«Après ce grand voyage et les longs jours (de la séparation) [1],

«cette tristesse dissipée [2], tout ne sera pas fini. De longs jours nous
» resteront encore!

«Sur vos sentiments veillez avec sollicitude [3], 545

«afin de garder votre cœur à celui qui sera si loin [4]!»

le verbe quelque part; et comme il n'y a pas de raison pour attribuer ce rôle à l'un de ces noms plutôt qu'à l'autre, il faut en conclure que c'est l'association entière de ces quatre substantifs qui reçoit du pronom relatif le rôle de verbe que ce dernier suppose nécessairement.

Mais y a-t-il un, deux, ou plusieurs verbes? Pour déterminer ce point, il faut d'abord bien préciser dans quel rapport les éléments dont se compose le régime de «*kẻ*» sont les uns vis-à-vis des autres. Or on sait qu'en annamite, lorsque deux substantifs se suivent, le second se trouve le plus souvent au génitif par rapport au premier, à l'inverse de ce qui se passe dans la langue chinoise. Mais il existe encore une autre différence entre cette dernière langue et l'annamite; c'est que si, dans le style écrit chinois, on rencontre parfois un grand nombre de substantifs qui, en raison de leur position, se mettent au génitif les uns par rapport aux autres, il est rare en annamite d'en trouver plus de deux, à moins que l'on ne fasse intervenir dans la série quelque pronom personnel.

Nous rencontrons ici quatre substantifs accolés. Il faut donc en conclure que cette association doit se diviser en deux groupes placés entre eux dans un simple rapport de conjonction; et qu'il faut traduire «*chơn mây cuối trời*» par «*le pied des nuages et l'extrémité du ciel*». Ces deux idiotismes expriment du reste une idée sensiblement identique. Le *pied* ou la *base* des nuages paraît à nos yeux se trouver à l'horizon; il en est de même de l'extrémité de la voûte céleste, qui semble y reposer sur la terre. Mais, à mesure que l'on s'avance, cette base des nuages, cette extrémité du ciel reculent indéfiniment. De là suit que dire d'une personne qu'elle se trouve là où les nuages reposent sur la terre, là où le ciel se termine, c'est dire qu'elle est extrêmement éloignée de nous.

Les choses étant ainsi, on en concluera naturellement que chacun des groupes de deux mots qui terminent le vers constitue une locution verbale, et que la traduction littérale devra être celle-ci:

«*Pour — tenir pour fixé — (quant au) cœur — celui qui — sera au pied des nuages, — sera à l'extrémité du ciel!*»

Tai nghe, ruột rối bời bời;

« Ngần ngờ nàng mới giải lời trước sau:

« *Ông Tơ* ghét bỏ chi nhau?

550 « Chưa vui sum hiệp, đã sầu chia phui!

« Cùng nhau trót đã nặng lời;

« Dẫu thay mái tóc, dám dời lòng tơ?

« Quản bao tháng đợi năm chờ?

« Nghĩ người ăn gió nằm mưa xót thầm!

---

1. Litt. : « *Ses oreilles — entendant (cela), — ses entrailles — sont troublées — confusément.* »

2. Litt. : « *Ông Tơ — (nous hait) — à (nous) faire abandonner — en quoi — l'un l'autre ?* »

翁絲 *Ông Tơ*, qu'on appelle aussi en chinois « 月老 *Nguyệt lão* » ou 月下老 *Nguyệt hạ lão* », est un personnage qui joue dans la mythologie des Chinois et des Annamites un rôle analogue à celui des Parques dans la fable romaine. Je dis *analogue*, parce que si les terribles divinités chargées de tordre le fil de la vie humaine le tranchaient ensuite, celui que fabrique le génie dont il est question ici ne concerne que le mariage et n'a rien de commun avec le trépas. Voici la légende qu'on raconte à son sujet, et que je traduis du 幼學, où je la trouve mentionnée :

« Sous la dynastie des 唐 *Đàng*, un nommé 韋固 *Vi Cố*, envoyé pour
» mettre l'ordre dans la ville de 宋城 *Tống thành*, rencontra un vieillard
» qui composait des livres au clair de la lune, et qui lui apprit que ces
» livres étaient les registres (où sont inscrits) les mariages des hommes.
» Les liens rouges que j'ai là dans mon sac », ajouta le vieillard, « sont
» destinés à attacher les pieds des maris et des femmes. Une fois ces cordes
» fixées, il devient à jamais impossible de les changer. » *Cố* lui demanda
» alors en quel lieu se trouvait sa future épouse. « (Ta future épouse) », lui
» fut-il répondu, « est la fille d'une pauvre femme qui vend des légumes au
» marché. » Le lendemain, *Cố* alla voir. Il aperçut la pauvre femme qui por-

A ces paroles, en son sein la jeune fille sent une vague émotion [1],

et, d'une voix douce, elle s'exprime ainsi :

« *Ông Tơ* nous hait-il donc [2] ! Veut-il nous enlever l'un à l'autre?

« Nous n'avons pas encore goûté le bonheur d'être réunis, que déjà 550
 » voilà qu'il nous faut subir les chagrins d'une séparation !
« Nous avons entre nous échangé tous les serments !

« Quand même la boucle de cheveux (coupée) aurait repoussé (sur
 » ma tête) [3], oserais-je aliéner mon cœur?
« Que m'importe d'attendre et des mois et des jours ?

« (Toujours) je penserai avec une émotion secrète à l'ami exposé aux
 » vicissitudes du voyage [4] !

---

» tait dans ses bras une petite fille âgée de deux ans. C'était une créature
» des plus rustiques. Il ordonna aussitôt à un de ses hommes de percer de
» son arme l'enfant, qui fut atteinte au sourcil.
   « Quatorze ans après, l'intendant 王泰 *Vương Thái* donna sa fille pour
» épouse à *Vi Cô*. Elle était très belle de corps et de visage ; mais elle por-
» tait constamment entre les sourcils certain ornement de métal fleuronné
» qui faisait partie de sa coiffure. Son mari la pressant de questions à ce
» sujet, la jeune femme lui répondit : « Mon véritable père était le gou-
» verneur de la province. Comme il était mort dans la ville de *Tống thành*
» alors que j'étais encore au maillot, ma nourrice se mit a vendre des lé-
» gumes pour se procurer ma subsistance, et elle avait coutume de me
» porter dans ses bras sur le marché. C'est là qu'un bandit me fit une
» blessure dont je porte encore la cicatrice. » (幼學、二卷, *page 11,
recto.)*

3. « *Quand bien même vous seriez assez longtemps absent pour que la boucle
de cheveux que vous m'avez coupée lorsque nous échangeâmes nos serments ait
le temps d'être remplacée par une autre aussi longue,* »
   « *Tơ* » fait le pendant de « *tóc* », comme « *dời* » fait celui de « *thay* ». C'est
une véritable cheville, dont la signification rappelle toutefois le mariage
convenu entre les deux amants, mariage symbolisé par le fil de soie rouge
dont il a été déjà parlé.

4. Litt. : « *En pensant à — la personne — (qui) mange — le vent — et
couche — à la pluie . . . . .* »

555 «Đã nguyền đôi chữ «đồng tâm»;

«Trăm năm thề chẳng ôm cầm thuyền ai!

«Còn non, còn nước, còn dài,

«Còn về! Còn nhớ đến ngày hôm nay!»

Dùng dằng, chưa nỡ rời tay,

560 Vầng đông trông đã đứng ngay nóc nhà.

Ngại ngùng, một bước một xa,

Một lời trân trọng; châu sa mấy hàng?

Buộc yên quẩy gánh vội vàng;

Mối sầu sẻ nửa, bước đàng chia hai.

565 Buồn muôn phong cảnh quê người!

Tiếng cây quyên nhặt; bóng trời nhạn thưa.

1. Litt. : « *Nous promîmes — (quant aux) deux — caractères* — 同心 (*un même cœur*) ! »

2. Litt. : « *(Pendant) cent — ans — je jure de — ne pas porter au bras — mon cầm — dans le bateau — de qui (que ce soit).* »
On dit aussi en chinois pour exprimer la même idée : « 琵琶別抱 *Tì ba biệt bảo — changer son tì ba de bras.* »

3. Litt. : «*(S'il) y a encore — des montagnes, — (s'il) y a encore — des eaux, — (si) encore — c'est long, — il y aura encore — le fait de revenir! — Encore — nous reporterons nos souvenirs — vers — le jour — d'aujourd'hui!* »

4. Litt. : « *La brassée (le cercle) — de l'Occident.* »

5. « *Sẻ* » signifie «*une cheville*» et, par position, «*cheviller*». La douleur des amants est comparée à une cheville plantée dans leur cœur. Au moment de la séparation, elle y pénètre plus avant encore.

«Nous nous promîmes de n'avoir (à nous deux) qu'un même cœur[1]! 555

«Jamais en cette vie, je le jure! je ne serai l'épouse d'un autre[2]!

«Plus sera grande la distance,

«plus au retour (avec douceur) nous penserons au jour présent[3]!»

Indécis, ils n'ont pu encore se résoudre à désunir leurs mains,

que déjà ils voient l'astre du jour[4] planant sur le faîte du toit. 560

*(Trọng)*, à chacun des pas hésitants qui l'éloignent,

fait quelque importante récommandation, et répand des ruisseaux de larmes.

Il selle son cheval; à la hâte il prend son bagage.

Leur peine redouble[5]! Il se met en chemin, et les deux (amants) se séparent.

Tristement le (jeune homme) contemple les innombrables beautés 565 des paysages étrangers!

Dans les arbres résonne le cri répété du coucou; au ciel l'ombre de quelques rares *Nhạn* (se projette sur les nuages)[6].

6. Litt. : «*(En fait de) bruit — d'arbres, — le coucou — est serré; — en fait d'ombre — du ciel, — les nhạn — sont clairsemés.*

Il est facile de voir que chaque mot du second hémistiche est dans un parallélisme parfait avec chacun de ceux du premier, tant au point de vue de la valeur grammaticale qu'en ce qui concerne l'analogie de signification.

Dans une autre édition qui me vient directement du Tonquin, et qui porte comme date d'impression «la 24ᵉ année de *Tự Đức*», ce vers est modifié comme il suit : «*Đầu nhành quyên nhặt, cuối trời nhạn thưa. — A l'extrémité des branches nombreux (chantent) les coucous; à l'horizon (volent) quelques rares nhạn*»; ou littéralement : «*Au bout — des branches — les coucous — sont serrés; — au bout — du ciel — les Nhạn — sont clairsemés.*»

Comme j'ai déjà eu occasion de le dire dans la préface de ma traduction du *Lục Vân Tiên*, ces divergences entre les diverses éditions des poèmes cochinchinois se rencontrent pour ainsi dire à chaque pas. Il serait fasti-

Não người chải gió dầm mưa!

Một ngày nặng gánh; tương tư một ngày.

. . . . . . . . . . . . . . . . . . . .

Nàng thì đứng rũ hiên tây;

570 Chín hồi vấn vít như vầy mối tơ.

Trông chừng; khói ngớt song thưa!

Hoa trôi chác thắm; liễu xơ xác vàng!

Chân ngần rảo gót lầu trang;

Một đoàn mừng thọ ngoại hương mới về.

575 Hàn huyên chưa kịp tả đề,

dieux pour le lecteur de les lui signaler toutes. Si je fais remarquer celle-ci, c'est qu'il me semble que la comparaison des deux versions peut donner une idée nette de la facture du vers annamite au point de vue du parallélisme. On peut y voir que, si le lettré qui a publié la seconde édition a jugé à propos de modifier les deux caractères du premier hémistiche en remplaçant «*tiếng cây — le bruit des arbres*» par 頭梗 *đầu nhành — l'extrémité des branches*», il n'a pu le faire sans modifier *dans le même sens* les deux premiers caractères du second. En effet, dans la première rédaction le caractère «*bóng — ombre*» qui désigne un phénomène affectant le sens de la vue, contrastait parfaitement avec «*tiếng — bruit*» qui désigne un phénomène affectant le sens de l'ouie; mais il ne remplirait plus ce rôle en face de 頭 *đầu — extrémité*»; aussi le correcteur l'a-t-il remplacé par «*cuối*», qui, signifiant «*fin, bout d'un espace*», cadre au contraire parfaitement avec ce dernier mot. Quant au caractère «*trời*» qui suit, il a dû le conserver, parce qu'il est aussi bien à sa place dans la nouvelle version que dans l'ancienne. — Le *Nhạn* est une espèce d'oie sauvage.

1. Litt. : «. . . . *l'homme — qui est peigné — quant au (par le) vent — (et qui) est baigné — quant à (par) la pluie!*»
2. Litt. : «*Par neuf — tours — elle enroulait — ainsi — le bout — de soie.*»

Plaignons le voyageur exposé au vent, à la pluie¹!

Chaque jour son fardeau lui semble plus lourd, chaque jour à elle il pense davantage!

. . . . . . . . . . . . . . . . . . . . . . . . . . . . . . . . . . . . . . . . . . . .

La jeune fille se tenait mélancoliquement retirée dans le pavillon occidental,

et son amour dans son cœur poussait de profondes racines ². 570

De temps en temps elle jetait un regard (du côté de la maison; mais) à travers la jalousie la fumée (des parfums) s'était dissipée ³!
Décolorées, les fleurs flottaient sur l'eau; les saules se dépouillaient ⁴!

Elle errait autour de sa chambre, marchant d'un pas automatique ⁵,

lorsque ses parents revinrent tous ensemble de leur visite de félicitations ⁶.
Les premières paroles d'accueil n'étaient pas encore échangées ⁷ 575

---

3. La maison était déserte.
4. Litt. : « *Les fleurs — surnageant — étaient détruites — quant (à leur) couleur — rouge; — les saules — étaient — arrachés par le vent — quant à (leurs feuilles) jaunes* ».
Ce vers a deux sens. Le premier est le sens propre. Les arbres ont laissé tomber leurs dernières fleurs, qui flottent sur l'eau du vivier, flétries et décolorées. Le saule a jauni, et le vent, en le dépouillant de ses feuilles, lui donne un aspect comme *lacéré (xơ xác)*. A ces signes on reconnaît que l'automne est venu.
Le second sens est figuré. La jeune fille, triste et isolée, se compare à une fleur flétrie qui flotte sur l'eau dans laquelle elle est tombée, à un saule auquel le vent arrache ses dernières feuilles jaunies.
Il ne faut pas oublier que la scène se passe en Chine, où le climat et les saisons sont tout autres que ceux de l'Annam.
5. Litt. : « *Raide, elle promenait çà et là — ses talons — dans le palais — de la toilette.* »
6. Litt. : « *L'unique — troupe — qui avait (été) féliciter — au sujet de la longue vie — dans l'extérieure — région — enfin — revint au logis.* »
7. Litt. : « *(Les caractères) Hàn — et Huyên, — pas encore — on avait atteint — (le fait d') en écrivant — (les) inscrire comme argument.* »

Sai nha bỗng thấy bốn bề xặn xao!

Người nách thước, kẻ tay đao;

Đầu trâu, mặt ngựa; ào ào như sôi.

Vơ quàng một lão một trai;

580 Một dây vô lại buộc hai thâm tình.

Đầy nhà vang tiếng ruồi xanh!

Rụng rời không dệt, tan tành gói may!

Đồ tế nhuyễn, của riêng tây

Sạch sành sanh; quét cho đầy túi tham.

585 Đều đâu bay bốc ai làm?

Nầy ai đơn huyễn, trặt hàm bồng nhưng?

Hỏi ra, sau mới biết rằng;

Phải tên xưng xuất; là thằng bán tơ.

Il y a ici une inversion. Les mots « *Hàn huyên* », dont j'ai donné l'explication sous le vers 394, forment le régime du verbe qui termine le vers. L'auteur compare la jeune fille et ses parents à des lettrés qui commencent une composition de style, et les compliments de bienvenue à l'argument de cette composition; parce que, de même qu'avant de commencer cette dernière on en reçoit le thème, de même toute conversation entre gens qui se revoient commence par ces questions réciproques que l'on s'adresse au sujet de la santé, et que l'auteur désigne ici par les deux mots « *Hàn huyên* ».

1. Litt. : «(Ils avaient) des têtes — de buffle, — des visages — de chevaux. — Ils produisaient un bruit confus — comme — (quelque chose qui) bout. »

« *Tiếng ào ào* » est une expression employée pour exprimer le bruit produit par une cohue de gens qui s'agitent en désordre.

que, tout à coup, l'on vit des satellites en tumulte envahir (la maison).

Les uns portaient un bâton sous le bras; d'autres avaient un sabre à la main.
Leur visage était rébarbatif, ils s'agitaient avec un bruit confus ¹.

Ils arrêtèrent à la fois et le vieillard et le jeune homme,

et, d'un lien impitoyable, garottèrent le père et le fils. 580

La maison était pleine de ces sbires importuns; leur voix retentissait partout²!
Ils brisaient les métiers à tisser, bouleversaient l'ouvrage des femmes³!

Sur les ornements de leur toilette, sur les objets à leur usage

ils faisaient main basse partout, et remplissaient avidement leurs poches⁴.
De qui venait ce malheur qui surgissait à l'improviste? 585

Qui donc avait lancé la fausse accusation, la calomnie qui tombait sur ces têtes?
On s'informa et l'on apprit,

d'après le nom déclaré, que c'était un marchand de soieries.

---

2. Litt. : « *Remplissant — la maison — ils faisaient retentir — leur voix — de mouches — vertes.* »

« *Ruồi xanh — mouches vertes* », traduction *approximative* du chinois « 蒼蠮 *thương nhăng — sauterelles vertes* », est un sobriquet que l'on donne aux satellites du tribunal tant à cause de leur importunité que par allusion à la couleur de leurs vêtements. C'est un enchaînement d'idées semblable qui a fait donner aux gendarmes, par les Annamites de notre colonie, le nom de « 另綠衣 *lính lục y.* »

3. Litt. : « *les paquets à coudre* ».

4. Litt. : « *étaient nettoyés — en faisant table rase; — ils balayaient — de façon à — remplir — leurs poches — avides* ».

Một nhà hoảng hốt ngẩn ngơ;

590 Tiếng «oan!» dậy đất; «án ngờ!» dậy mây.

Hạ từ, van vái trót ngày;

Điếc tai lân truất, phụ tay tồi tàn!

Rường cao rút ngược dây oan;

Dẫu vàng đá, cũng nát gan lựa người!

595 Mặt trông, đau đớn rụng rời;

Oan nẩy còn một kêu trời những xa!

Một ngày là thói sai nha;

Làm cho khốc hại, chẳng qua vì tiền!

«Sao cho cốt nhục vẹn tuyền?

600 «Trong khi ngộ biến, tùng quyền! Biết sao?

«Duyên hội ngộ, đức cù lao,

---

1. Litt. : «*Les voix (criant)* : — «*Injustice!*» — *remplissaient* — *la terre;* (*Les voix criant :*) «*Jugement* — *suborné!*» — *remplissaient* — *les nuages.*»
2. Litt. : «*(C'était,) sur une poutre* — *élevée,* — *tirer* — *à rebours* — *la corde* — *de l'injustice;*»
3. Litt. : «*Quand même (on aurait été)* — *l'or* — *(ou) la pierre,* — *tout aussi bien* — *on aurait été broyé* — *quant au foie (au cœur);* — *à plus forte raison* — *(étant) un homme!*»
4. Litt. : «*(Devant) cette injustice* — *il y avait encore* — *l'unique (ressource d')* — *appeler* — *le Ciel* — *(qui n'est) absolument que* — *loin!*»
5. Litt. : «*Comment* — *faire que* — *les os* — *et la chair* — *soient intacts* — *et entiers?*»

Tout le monde, dans la maison, troublé, comme en délire,

criait sans trève à l'injustice, sans trève protestait contre la calomnie ¹. 590

Pendant la journée entière l'on s'humilia, l'on supplia;

mais les oreilles (de ces gens) étaient sourdes à la pitié; leurs mains ne cessaient d'exercer leurs cruelles sévices!
Tant de brutalités injustes, impitoyables ²,

eussent attendri une pierre; pouvaient-elles ne point briser des cœurs d'homme ³?
L'on était, en les voyant, saisi de douleur et d'effroi, 595

et devant un pareil malheur on ne pouvait qu'en appeler au Ciel, à ce Ciel inaccessible ⁴!
Mais la coutume des satellites est de poursuivre une journée entière

toutes ces persécutions dans le but d'extorquer de l'argent.

«Comment puis-je», (se dit *Kiều,*) «ne point manquer au devoir que » réclame la voix du sang ⁵ ?
«Dans une occurrence pareille, il faut se conformer aux circonstan- 600
» ces ⁶! Pourrait-on faire autrement?
«D'une liaison due à un heureux hasard ou des fatigues de mes » parents ⁷,

---

Les mots «*cốt nhục — os et chair*» sont entendus figurativement, soit de l'affection qui règne entre personnes réputées «*de mêmes os et de même chair*», ou, comme nous disons en français, «*de même sang*», soit des devoirs qui incombent à ces personnes par suite de leur parenté. Cette expression est plus fréquemment employée lorsqu'il s'agit des frères; mais elle exprime ici les obligations des enfants envers leurs parents.

6. Litt. : «*Lorsque — l'on rencontre — un malheur inattendu, — on suit — les circonstances; — on saurait — comment (faire autrement)?*»

7. Litt. : «*L'union — d'une heureuse rencontre, — la vertu — cù lao,*» «*Hội ngộ*», litt. : «*en se réunissant — rencontrer par hasard*» signifie «*faire une heureuse rencontre*».

«Chữ «*tình*» chữ «*hiếu*», bên nào nặng hơn?

«Để lời thệ hải minh sơn!

«Làm con, trước phải đền ơn sinh thành!»

605 «Quyết tình! nàng mới hạ tình!

«Giẽ cho để thiếp bán mình chuộc cha!»

Họ *Chung* có kẻ lại già,

Cũng trong nha dịch, lại là từ tâm.

Thấy nàng hiếu trọng tình thâm,

610 Vì nàng nghỉ: «Cũng thương thầm xót vay!»

«Tính bài lót đó, trọn đây!

«Có ba trăm lượng, việc nầy mới xuôi!

«Hãy cầu tạm phú giam ngoài,

«Nhủ rằng qui liệu trong đôi ba ngày!

615 Thương nàng con trẻ thơ ngây!

«Gặp cơn hoạ gió tai bay bất kỳ!

L'expression «*Cù lao — travail et fatigue*» désigne à la fois les angoisses de l'enfantement et les soins de toute nature dont les enfants sont l'objet de la part du père et de la mère.

    1. Litt. : «*Du caractère — «amour» — (ou) du caractère — «piété filiale*», *— le côté — quel — est lourd — «plus ?*»

    2. Litt. : «. . . . *les paroles — de jurer — la mer, — de jurer — les montagnes !*»

«de l'amour ou de la piété filiale, qui l'emportera dans la balance¹? 

«Laissons de côté les solennels serments²!

«Une fille dabord doit payer de retour les bienfaits de la naissance
» et de l'éducation!
«Ma résolution est prise! Je sacrifierai mon amour!   605

«Ah! laissez-moi me vendre afin de racheter mon père³!»

Un nommé *Chung*, un vieillard,

bien qu'employé du tribunal, possédait un cœur charitable.

A la vue de cette jeune fille douée d'une si haute piété filiale, brûlant d'un si profond amour,
il réfléchit sur son sort. «Oh!» se dit-il, «combien elle est digne de   610
» pitié!
«Cherchons quelque moyen de compenser (cette dette)⁴!

«Si l'on avait trois cents onces d'argent, cette affaire s'arrangerait!

«Demandez (que le débiteur) soit provisoirement confié à quelqu'un
» et détenu au dehors;
«dites que dans quelques jours toutes choses seront réglées!

J'ai compassion de cette pauvre fille   615

sur laquelle inopinément vient souffler le vent du malheur⁵!

---

3. Litt. : «*Je vous prie — pour que — vous laissiez — la concubine — vendre
— elle-même — et racheter — son père!*»
4. Litt. : «*Calculons — un biais — pour couvrir — là — et compléter —
ici!*»
5. Litt. : «*qui rencontre — une crise — de malheur — qui vente — et de
calamité — qui vole — inopinément!*»

«*Gió — vent*» est verbe par position.

«Đau lòng tử biệt sanh ly!

«Thân còn chưa tiếc; tiếc gì đến duyên?

«Hạt mưa sá nghĩ phận hèn,

620 «Liều đem tấc cỏ, quyết đền ba xuân!»

Sự lòng ngỏ với băng nhân;

Tin sương đồn đãi xa gần xăn xao.

Gần miền có một mụ nào

Đưa người viễn khách, tâm vào vấn danh.

625 Hỏi tên, rằng : «*Mã giám sanh*»;

Hỏi quê, rằng : «Huyện *Lâm thanh*. Cũng gần!»

---

1. Litt. «. . . . (de ce que quant à) la mort — je me sépare, — (quant à) la vie — je me sépare!»
Les termes de l'expression «*li biệt* — se séparer» sont intervertis à cause des nécessités de la prosodie, et dissociés par élégance.

2. Litt. : «(Si, quant à) une goutte — de pluie, — y ayant égard — vous réfléchissez à — ma condition — vile,»
La bienveillance est comparée par l'auteur à la pluie, parce que, de même que cette dernière ravive une plante qui languit sous l'influence de la sécheresse, de même la bienveillance ranime en quelque sorte un cœur qui fléchit sous les coups de l'infortune.

3. Litt. : «En m'exposant — j'apporterai — (mon) pouce — d'herbe — (et) je suis résolue à (vous) — payer de retour — (pendant) trois — printemps!»
*Kiều* se compare par humilité à un minime brin d'herbe. Cette métaphore entraîne naturellement comme contrepartie l'expression «*ba xuân — trois printemps*» qui est une figure empruntée au même ordre d'idées. Ces deux mots sont l'équivalent annamite du chinois «三生 *tam sanh — trois vies*» et signifient comme lui «*pour toujours*». (Voy. aussi la note sous le vers 257.)

4. L'auteur ayant besoin d'une expression dissyllabique, adapte au mot *tin*

« Mon cœur souffre » (dit *Kiều*) « de me voir pour toujours séparée
» des miens ¹!

« Je n'ai point souci de ma propre personne; comment hésiterais-je
» à sacrifier mon amour?

« Si pour une humble créature vous avez quelque bienveillance ²,

« je veux consacrer ma chétive existence à payer de retour (ce bien- 620
» fait) ³! »

On fit connaître à une entremetteuse le dessein (de la jeune fille).

La nouvelle ⁴ se répandit partout et fit grand bruit.

Une matrone du voisinage

amenant un étranger, fit des ouvertures de mariage ⁵.

On lui demanda son nom; elle dit qu'il s'appelait *Mã giám sanh*. 625

On l'interrogea sur son pays; elle répondit qu'il était de *Lâm Thanh* ⁶.
C'était, au surplus, un district voisin!

— *nouvelle* » l'épithète de « *sương — rosée* ». Au premier abord cette métaphore semble quelque peu étrange. Cependant, en l'examinant de près, on ne peut s'empêcher de la trouver assez juste. En effet, lorsque la rosée est tombée pendant la nuit, on la trouve le matin répandue partout. Or c'est aussi le propre des nouvelles à sensation, de se répandre à des distances fort éloignées avec une rapidité presque incompréhensible.

5. Litt. : « . . . . . *et chercha — à s'introduire — pour demander — le petit nom* ».

6. J'affirmais dans plusieurs notes précédentes déjà livrées à l'impression que, d'après les détails du poème, les héros en sont évidemment Chinois. Les recherches auxquelles je me suis livré, et qui ont abouti aujourd'hui seulement, m'ont prouvé ce fait d'une façon irréfragable. Je suis en effet parvenu à déterminer exactement le théâtre de l'action. Elle se passe dans la province du 山東 *Chān tōng*; et les diverses localités dont il est question dans le poème y existent bien en réalité. 臨清 *Lâm Thanh (Lin Tsin)*, dont il est question ici, ainsi que 遼陽, ou mieux 遼陽城 *Liêu Dương thành (Leâo Yâng tch'ing)* dont il est parlé au vers 533, sont deux villes situées dans le ressort de la préfecture de 東昌府 *Tōng Tchāng foû*.

Quá niên giạc ngoại bốn tuần;

Râu mày nhẵn nhụi, áo quần bảnh bao.

Trước thầy, sau tớ lao xao.

630 Nhà băng đưa mối; rước vào lầu trang.

Ghé lên, ngồi tốt sẵn sàng;

Phòng trong mối đã đưa nàng kíp ra.

Nỗi mình, thêm tức nỗi nhà;

Thềm hoa một bước, giọt hoa mấy hàng!

635 Ngại ngùng thẹn gió, e sương,

Nghĩ hoa bóng thẹn; trông gương mặt dầy!

---

1. Litt. : « *En passant — les années — il avait mis de côté — au-delà de — quatre — décades* ».
2. Litt. : « *En avant — (marchait) le maître, — (et) en arrière — des serviteurs — menant grand bruit.* »
L'expression « *lao xao* » renferme à la fois l'idée de *bruit* et celle de *multitude*.
3. Litt. : « *L'intermédiaire — conduisit — le (premier) contractant. — On le reçut — à entrer — dans le palais — des ajustements.* »
« *Nhà — maison* » est ici un terme vague qui s'applique, entre autres, à des personnes dont on ne dit pas le nom et qui, dans une affaire, jouent en opposition avec d'autres quelque rôle important. Dans le cas présent, il répond assez bien à notre mot « *partie* ».
« *Môi* » est une expression générale qui, s'appliquant, dans une transaction, tantôt à une partie et tantôt à l'autre, désigne le sujet des obligations ou conventions. Il s'agit ici de *Mã Giám Sanh*.
4. Litt. : « *(Dans la) chambre — intérieure — (l'autre) contractant — déjà (immédiatement) — conduisait — la jeune fille — à rapidement — sortir.* »
5. Litt. : « *(Quant aux) choses qui concernaient — elle même, — en ajoutant (davantage) — elle était oppressée — (au sujet des) choses qui concernaient — (sa) famille.* »

(Cet homme) semblait avoir passé quelque peu la quarantaine [1].

Il avait la barbe et les sourcils fins; sa mise était élégante,

et de nombreux serviteurs le suivaient en menant grand bruit [2].

L'entremetteuse amena son client. On l'introduisit dans le cabinet de toilette [3]. 630

Il s'approcha; il s'assit avec grâce, prêt à (entrer en pourparlers),

et la matrone [4] s'empressa d'aller quérir la jeune fille dans sa chambre.

La pensée de son infortune (serrait le cœur de *Kiêu*); mais celle du malheur des siens l'oppressait davantage encore [5]!

A chaque pas qu'elle faisait sous la vérandah fleurie, de ses yeux coulaient des ruisseaux de précieuses larmes [6]!

Interdite, elle s'arrêta pleine de confusion et de crainte [7]. 635

Pressentant quelque impureté, elle était accablée. Cette pensée lui faisait monter le rouge au visage [8]!

---

6. Litt. : «*(Pour sous) la vérandah — fleurie — un pas, — de gouttes — de fleurs (de larmes) — combien — de lignes!*»
Le second «*hoa*» n'a guère d'autre emploi que de faire le pendant du premier.

7. Litt. : «*Interdite — elle avait honte de — le vent, — elle craignait — la rosée!*» — Tout la couvrait de confusion, tout la remplissait de crainte!

8. Litt. : «*Soupçonnant — des fleurs, — (quant à) l'ombre — elle était honteuse. — Regardant — le miroir (la lune) — quant au visage — elle était épaisse.*»
Ce vers est fort difficile à comprendre, à cause des nombreuses figures qu'il renferme. Je vais essayer de les expliquer le plus clairement qu'il me sera possible.

Les *fleurs* et la *lune* jouent un grand rôle dans la phraséologie licencieuse des Annamites et des Chinois. On sait ce qu'on entend en Chine par un «bateau de fleurs». Pour exprimer l'idée que deux personnes ont entre elles des rapports intimes et irréguliers, on dit souvent, surtout en vers, qu'elles *vont regarder la lune et l'ombre des fleurs;* ce qui signifie qu'on suppose qu'elles se promènent la nuit dans un jardin solitaire, avec la lune pour seul témoin. Quant au rôle de l'*ombre*, la décence ne permet pas de

Mõi càng vén tóc bắt tay,

Nét buồn như cúc, điệu gầy như mai!

Đắn đo cân sắc cân tài;

640 Ép cung cầm nguyệt, thử bài quạt thơ.

l'expliquer; on comprend d'ailleurs de reste ce que cela signifie. En disant que *Kiều est honteuse parce qu'elle soupçonne les fleurs*, qu'elle *rougit parce qu'elle aperçoit la lune*, le poète veut faire entendre que cette chaste jeune fille a une intuition instinctive de la souillure qui l'attend, et qu'à cette pensée la honte lui fait monter le rouge au visage. — J'ai déjà eu l'occasion de parler du mot «*gương — miroir*» employé métaphoriquement pour désigner la lune. — «*Mặt dày — un visage épais*» a figurativement le sens «*d'un visage qui rougit*». C'est qu'en effet, lorsque le rouge monte à la figure de quelqu'un, les traits sont quelque peu gonflés par l'effet du sang qui afflue, et le visage semble réellement subir un certain épaississement.

1. Litt.: «*(Ses) traits — s'attristèrent — comme — le chrysanthème; — l'ensemble de sa personne — maigrit — comme le Mai!*»

Voir, sur le *Mai*, ma traduction du *Lục Vân Tiên*, vers 230, en note.

Les mots «*điệu gầy như mai*» qui terminent ce vers font opposition comme idée aux mots «*trông gương mặt dày*» qui forment le dernier hémistiche du vers 636.

2. Litt.: «*On la contraignit — quant aux notes — du Cầm — lune, — on l'essaya — quant aux compositions — des éventails — (ornés) de vers.*»

Les mots «*nguyệt — lune*» n'est en réalité qu'une cheville destinée à donner au substantif qui termine cet hémistiche le même nombre de monosyllabes qu'à l'expression «*quạt thơ*» par laquelle finit le second. Il existe, il est vrai, un instrument de musique particulier qui s'appelle en chinois «月琴 *Nguyệt cầm*» et en annamite vulgaire «琴腰 *Cầm trăng*», deux mots qui signifient également «*cầm — lune* (en forme de lune)». Il en a été parlé plus haut. C'est une espèce de guitare à quatre cordes, appelée ainsi à cause de la forme de sa boîte, qui est ronde; mais il faut se garder de se laisser induire en erreur par la ressemblance des mots sans tenir compte de la règle de position. Les écrivains de l'Annam ont le plus grand respect pour les expressions chinoises, et se permettent très rarement d'y intervertir l'ordre des termes. Si le poète avait voulu parler spécialement du 月琴, il aurait conservé l'ordre des caractères qui forment le nom de cet instrument, ou bien il aurait remplacé ce nom par son équivalent annamite. Or, il n'en a rien fait; d'où il faut conclure que, si le choix de l'épithète «*nguyệt*» a pu, comme c'est très probable, être amené par l'idée de l'instrument dont je viens de parler, ce mot n'en est pas moins en lui-même un simple mono-

Mais à mesure que l'étranger soulevait ses cheveux, lorsque sa main par lui était saisie,

son visage prenait une expression d'amère tristesse. Elle sembla maigrir soudain ¹!

On évalua sa beauté, on soupesa son talent ;

on la contraignit à jouer du *Cầm*, à composer des poésies ².    640

syllabe additionnel destiné avant tout à conserver le parallélisme, cette arche sainte des poètes cochinchinois.

L'expression «*quạt thơ*», litt. : «*éventail à vers (orné de vers)*» doit être, à mon sens, interprété d'une manière analogue. On sait que, dans tout l'Extrême orient, hommes et femmes font le plus grand usage de l'éventail. Dans l'Annam, comme en Chine et au Japon, pays où les maximes et les vers sont, s'il m'est permis de m'exprimer ainsi, considérés comme un ornement *architectural,* il est naturel que l'on ait contracté l'habitude d'orner ce petit meuble d'inscriptions diverses ; et il est de bon goût, chez les femmes lettrées, de montrer leur talent en y traçant elles-mêmes des poésies courantes. Cette coutume si répandue a influé naturellement sur la phraséologie, et il en est résulté que l'expression «*Quạt thơ*» constitue souvent, notamment en poésie, un idiotisme employé pour désigner l'action même de *faire des vers*. La traduction littérale en est, dans ce cas : «*tracer sur un éventail — des vers*». Il faudrait même, pour être absolument exact, forger avec le mot «*quạt — éventail*» un verbe spécial qui n'existe pas dans notre langue, et dire : «*éventailler des vers*». Je ne pense pas, cependant, que ce soit ici le rôle de ce mot. Pour l'apprécier exactement, il faut examiner le vers au point de vue de la règle du parallélisme, et on verra bientôt que l'auteur a voulu s'y conformer aussi strictement que possible. Si, en effet, l'on compare chacun des mots qui composent le premier hémistiche avec ceux qui leur répondent dans le second :

      *ép    cung    cầm    nguyệt,*
      *thử    bài    quạt    thơ,*

on verra du premier coup d'œil que ces mots se correspondent parfaitement au point de vue de la forme grammaticale, et même, à peu de chose près, en ce qui concerne l'analogie de signification. Le verbe «*ép — contraindre*» répond à un autre verbe, «*thử — essayer*» ; le substantif «*cung — notes de musique*» répond au substantif «*bài — composition littéraire*». Il en est de même de «*nguyệt — lune*» et de «*thơ — vers*». Il faut bien en conclure que «*quạt*», qui correspond à «*cầm*», devra être aussi un substantif comme lui ; et cela d'autant plus que cette acception est celle qu'il a originairement, et qu'il faut l'en détourner pour lui donner le rôle de verbe. Quant à ce qui est du cas présent, soit qu'on adopte l'interprétation que je viens de donner,

Mặn nồng, một vẻ một ưa,

Bằng lòng khách mới tùy cơ dặt dìu.

Rằng : «Mua ngọc đến *Lam kiều,*

«Sính nghi xin dạy bao nhiêu đấy chường!»

645 Mối rằng : «Đáng giá ngàn vàng!

Rấp nhà nhờ lượng người thương! Dám nài?»

Cò kè bớt một, thêm hai;

Giờ lâu ngã giá; vưng ngoài bốn trăm.

«Một lời thuyền đã êm dằm.

650 «Hãy đưa canh thiếp trước cầm làm ghi!»

---

soit qu'admettant ici une infraction invraisemblable à la règle du parallélisme, on donne à «*quạt thơ*» le sens littéral de l'idiotisme poétique que j'ai signalé plus haut, le résultat final sera à peu près le même au point de la traduction générale du vers en français; mais il n'en serait pas toujours ainsi; loin de là! Aussi ne crains-je pas de m'exposer au reproche d'être trop diffus en signalant à diverses reprises l'importance de cette étude du parallélisme qui, avec la règle de position, donne la clef de poèmes dont, sans elles, l'interprétation exacte serait absolument impossible dans une multitude de cas.

1. Litt. : «*(Comme) elle était piquante,* — *(et que, pour) une manière d'être,* — *(il y avait) un* — *(fait de la) goûter,*»

«*Vẻ* — trait, nuance» est souvent pris en poésie dans le sens plus général de «*manière d'être* ou *de faire*», qu'il comporte d'ailleurs quelquefois dans la langue familière elle-même; comme, par exemple, dans l'expression «*trở vẻ*» qui signifie «*changer de façon d'agir*».

2. Litt. : «*Il dit : «(pour) acheter — (cette) pierre précieuse — et la faire venir à — Lam Kiều,*»

(Voir la note sous le vers 457).

Comme il lui trouvait de grands charmes, que tout en elle était de son goût¹,
l'étranger, enchanté, lui témoigna tous les égards que comportait la situation.

« Pour acheter cette perle dont je veux faire ma compagne ² », dit-il,

« veuillez m'apprendre quel prix je dois verser au juste pour les pré-
» sents du mariage ³! »

« Le prix », lui dit la matrone, « se monte à mille onces d'or!  645

« mais je m'en rapporte à votre bienveillante générosité! Oserais-je
» réclamer quelque chose ⁴ ? »

Le marché fut très pénible; pour une once que l'un rabattait, l'autre en (voulait) ajouter deux.

Après une heure de débats, le prix définitif dépassa quatre cents (taëls).

Un (dernier) mot fut dit, et l'affaire fut conclue ⁵.

« Avant de toucher », dit l'époux, « il vous faut me faire un écrit qui 650
» puisse me servir de preuve! »

3. Litt. : « *(Quant à) — de fiançailles — les présents, — je vous prie — de m'enseigner — (ils sont) combien — là — nettement!* »

*Mã giám sanh* joue ici un double rôle. Dans ses rapports avec *Túy Kiều*, il feint de l'épouser et parle de présents de fiançailles. Vis-à-vis du public, au contraire, il simule l'achat d'une simple 侯 *hầu*, dont il feint de discuter le prix avec sa complice *Tú bà*.

4. Litt. : « *Le rebut — de la maison — s'appuie sur — la générosité — de l'homme — (qui) a de la bienveillance! — Oserais (je) réclamer?* »

« *Nài thêm* » signifie proprement : « *demander une augmentation* ».

5. Litt. : « *(Encore) un — mot, — (et) la barque — définitivement — fut à l'aise — quant au courant.* »

« *Đã* » ne joue ici qu'au figuré le rôle de marque du passé; c'est pourquoi je le traduis par le mot « *définitivement* », qui me paraît bien rendre l'influence exercée par cette particule sur l'adjectif « *êm — doux, à l'aise* » qu'elle transforme d'ailleurs en verbe. Lorsqu'une chose *a eu lieu*, rien ne peut plus l'empêcher d'être, l'existence en est *définitive*.

Nous avons en français une métaphore familière très analogue : « *L'affaire va sur des roulettes* ».

Định thì nạp thể vu qui,

Tiên lưng đã thấy, việc gì chẳng xong?

Một lời cậy với *Chung* công;

Khất tờ tạm lãnh *Vương* ông về nhà.

655 Thương nàng con trẻ cha già!

Nhìn nàng, óng đã máu sa ruột xàu!

« Nuôi con, những ước về sau

« Trao tơ phải lứa, gieo cầu đáng nơi!

« Trời làm chi cực bấy, Trời!

660 « Nầy ai vu thác cho người hiệp tan?

1. Litt. : « *On fixa — le temps (du mariage, — on livra — les (présents) choisis — (et l'épouse) se rendit chez son époux.*» — Tout fut expédié en un clin d'œil. L'expression 定時 *định thì* » équivaut ici à « 請期 *thỉnh kỳ* », qui est le nom de la cinquième cérémonie du mariage. « 納采 *Nạp thể* » est celui de la première: enfin « 于歸 *vu qui* », singulière locution tirée de l'ode 桃夭 du *Livre des vers* que j'ai eu occasion de citer plus haut, et dont j'ai donné l'explication dans les notes de ma traduction du 三字經, répond à « 親迎 *thân nghinh* », le nom de la sixième. Ces trois cérémonies, avec celle du « 問姓 *vấn tánh* » ou « 問名 *vấn danh* » dont il a déjà été question au vers 624, sont les seules qui soient encore usitées aujourd'hui. Elles ont ordinairement lieu à des intervalles notables, et avant qu'elles aient été toutes accomplies, un temps assez long s'écoule d'ordinaire. En les énonçant l'une après l'autre dans le même vers, l'auteur donne à entendre qu'elles furent au contraire, dans le cas présent, expédiées séance tenante; et il explique cette infraction aux usages ordinaires par la réflexion satirique que renferme le vers suivant.

2. Litt. : « *(Comme) il regarde — la jeune fille, — l'homme respectable — a éprouvé cette souffrance (que) — (son) sang — s'écoule peu à peu — (et que ses) entrailles — se flétrissent.* »

On fixa l'époque du mariage; les présents furent offerts et l'épouse fut livrée ¹.

Lorsque l'argent est sur table, quelle affaire n'aboutit point?

Un seul mot fut suffisant pour s'arranger avec *Chung công*.

Il demanda une caution écrite, et *Vương ông* put retourner chez lui.

Plaignons cette jeune enfant! plaignons aussi ce vieux père! 655

En regardant sa fille, il sent son cœur qui saigne et se déchire ²!

« Je l'avais », dit-il, « élevée dans l'espérance que plus tard

« elle choisirait un époux d'un âge convenable, d'une position as- » sortie ³!

« Ô Ciel! Pourquoi nous accabler ainsi?

« Qui nous calomnie auprès de toi, que tu ne nous aies réunis que 660 » pour nous séparer ensuite?

La particule «*đã*», qui fait un verbe composé de la phrase qui la suit, joue ici un rôle analogue à celui qu'elle a dans le vers 649. Elle équivaut à peu près à la formule française : «*voilà que . . . .*» suivie du prétérit.

3. Litt. : «*elle transmettrait — un fil de soie — convenable — quant à l'âge; — elle — jetterait — une balle — digne du lien!*»

Il y a là deux allusions.

La première a trait à la façon dont 李林甫 *Lý lâm phủ*, premier ministre de l'empereur 玄宗 *Huyên tông* des «唐 *Đàng*» choisit des maris pour ses filles. Il convoqua, dit-on, devant son palais tous les jeunes mandarins du pays et, ayant fait passer par une fenêtre un certain nombre de fils de soie rouge, il invita chacun d'eux à saisir le bout d'un de ces fils. L'autre bout était tenu pour une des filles du ministre, qui échut pour femme au jeune homme auquel ce fil la reliait.

La seconde allusion concerne un autre personnage dont la fille imagina, pour se procurer un époux, un moyen qui ne le cédait pas en singularité au premier. Elle confectionna une pelote ronde brodée et, l'ayant lancée par la fenêtre, elle donna sa main à un jeune homme qui s'en était emparé.

«Búa đao bao quản thân tàn?

«Nỡ đày đọa trẻ, càng oan khốc già?

«Một lời sau trước, cũng ra!

«Thôi! thì mặt khuất chẳng thì lòng đau!»

665 Theo lời như chảy dòng châu;

Liều mình ông đã gieo đầu tường vôi!

Vội vàng kẻ giữ người coi!

Nhỏ to nàng lại tìm lời khuyên can.

«Vì chi một mảnh hồng nhan,

670 «Tóc tơ chưa chút đền ơn sinh thành?

«Dâng thơ, đã thẹn *Nàng oanh!*

«Lại thua gả *Lý* bán mình hay sao?

«Xuân huyên tuổi hạc càng cao;

---

1. Litt. : «*Assez! — d'une part — (si) mon visage — est caché, — ne pas — d'autre part — mon cœur — souffrira!*»
«*Khuất mặt*», litt. : «*être caché — (quant au) visage*», est un idiotisme qui signifie «*être trépassé*».
2. Litt. : «*Suivant (à la suite de) — (ses) paroles — (c'est) comme (s') — il faisait couler — un courant — de perles.*»
3. «*Vôi — chaux*» n'est ici qu'une cheville destinée à terminer le vers.
4. Litt. : «*Petites — (ou) grosses, — la jeune fille, — venant, — cherche — des paroles — d'en exhortant — empêcher.*»
5. Litt. : «. . . . . *une — numérale — de rose — visage*».
Le mot «*Mảnh*», dont le sens propre est «*mince, délié*», est employé comme numérale des choses minces et fragiles.

« Que m'importerait de mourir par la hache ou bien par le glaive?

« Pourquoi maltraiter mon enfant, augmentant (ainsi) sans motif la
» douleur de son vieux père?
« J'en ai dit assez; je pars!

« C'en est fait! en cessant de vivre ¹, mon cœur du moins cessera
» de souffrir! »
Cela dit, il répand un torrent de larmes ², 665

et se précipite contre la muraille ³, afin de s'y briser la tête!

Bien vite on le surveille, on le garde!

*Kiều* arrive et s'efforce de trouver des paroles pour le détourner de
son dessein ⁴.
« Qu'importe le sort d'une pauvre fille ⁵

« qui n'a rien fait encore pour reconnaître le bienfait de l'existence 670
» qu'elle vous doit ⁶?
« Je rougis de ne pouvoir, comme le fit la jeune *Oanh*, présenter une
» supplique au Prince ⁷!
« mais le céderai-je à *Lý* qui se vendit (comme esclave)?

« Les années de mes vieux parents s'accumulent sur leur tête ⁸!

---

6. Litt. : « *(Qui, quant à) un cheveu — (ou à) un fil de soie, — pas encore
— un peu — a payé de retour — le bienfait — de créer?* »

7. Litt. : « *(Quant à) offrir — une lettre, — j'ai honte — (au sujet de) Nàng
Oanh!* »

On trouve dans le 三字經 l'histoire de cette héroïque jeune fille.

8. Litt. : « *Le Xuân — et le Huyên, — (quant à leurs) années — de Hạc,
de plus en plus — sont hauts!* »

Ce vers a été reproduit presque mot pour mot par l'auteur du *Lục Vân
Tiên* (v. 55), et j'en ai donné l'explication dans une note annexée à ma
traduction. Je saisis ici l'occasion de réparer une erreur que j'ai commise
dans cet ouvrage en ce qui concerne la prononciation du caractère 椿.

« Một cây gánh vác biết bao nhiêu nhành?

675 « Lòng thơ dầu chẳng dứt tình,

« Gió mây âu hẳn tan tành nước non!

« Thà rằng : « Liễu một thân con!

« Hoa dầu rã cánh, lá còn xanh cây!

« Phận sao, đành vậy, cũng vậy!

680 « Cầm như chẳng đỗ những ngày còn xanh.

« Cũng đừng tính quất tính quanh!

« Tan nhà là một; thiệt mình là hai!»

Phải lời ông cũng êm tai;

Il se lit « *Xuân* » et non « *Thung* ». « 上古有大椿者、以八千歲爲春、八千歲爲秋 *Thượng cổ hữu đại Xuân giả dĩ bát thiên tuế vi xuân, bát thiên tuế vi thu.* — Dans les temps reculés il y avait le grand Xuân, qui pendant huit mille ans voyait le printemps, pendant huit mille ans voyait l'automne ».

Cette erreur, dans laquelle tombent la plupart des Annamites, avait été commise par Mgr. Taberd dans son dictionnaire annamite-latin, et c'est en suivant les errements de ce savant missionnaire que j'y suis tombé moi-même. J'en dois la correction à un jeune et savant lettré, M. *Trương Minh Ký*, professeur au collége Chasseloup Laubat, à Saigon, qui me l'a signalée dans une lettre où il me remerciait de l'envoi de mon livre. C'est dire qu'il était trop tard pour la faire disparaître. Je m'empresse de l'indiquer ici.

1. Litt. : « *Le vent et les nuages — sans aucun doute — anéantiraient — les eaux — et les montagnes!* »

Les mots « *Gió mây* » peuvent encore être entendus dans le sens figuré d'événements suscités par le Ciel pour mettre à néant des serments désormais impies.

2. Litt. : « *Il vaut mieux — disant : — « Exposons — la seule — personne — de (votre) fille!* »

« (Chacun d'eux semble) un arbre chargé, qui dira de combien de
» rameaux?

« Si je ne rompais pas les liens de mon amour, 675

« contre mes serments la nature se révolterait elle-même ¹!

« Il vaut mieux que seule je me dévoue ²!

« Pour une fleur dont tombent les pétales, l'arbre ne perd point sa
» verte parure de feuilles!

« Puisque c'est là mon sort, je l'accepte tel qu'il est ³!

« Les beaux jours de ma jeunesse ne pouvaient durer toujours ⁴! 680

« Que votre esprit ne s'égare pas à former tel ou tel dessein ⁵!

« La ruine est un malheur; le suicide en vaut deux ⁶! »

Ces conseils pleins de raison résonnent doucement à l'oreille (du
vieux père) ⁷.

3. Litt. : « *(Que mon) sort — (soit) comment (que ce soit), — (si) c'est arrêté — ainsi, — tout aussi bien — (que ce soit) ainsi!* »

Le poète a modifié l'intonation du second 不, parce que la prosodie ne permet pas de terminer le vers par un mot affecté du ton 景.

4. Litt. « *Je tiens — comme — (une chose qui) ne pas — demeure — les jours — encore — verts!* »

5. Litt. : « *Tout aussi bien — gardez-vous de — calculer — d'un côté, — aviser — de l'autre!* »

L'expression «*quanh quất*», qui signifie «*de côté et d'autre*», est dissociée par élégance.

6. Litt. : « *Être détruit — (quant à) la maison — est — un; — nuire à — soi-même — est — deux!* »

7. Litt. : « *(Ces) convenables — paroles — l'homme respectable — tout aussi bien — tint pour douces — (quant à) l'oreille.* »

Il y a inversion. En rétablissant la succession naturelle des mots, on a la phrase :

« *Ông cũng êm tai phải lời.* »

On voit alors que, placée après *cũng*, l'expression «*êm tai*» devient verbale, et que le régime direct en est «*phải lời*»; que de plus, «*phải — il*

Nhìn nhau, giọt vắn giọt dài ngổn ngang!

685   Mái ngoài họ *Mã* vừa sang;

Tờ hoa đã ký; cân vàng mới trao.

Trăng già độc địa làm sao?

Cầm dây chẳng lựa, buộc vào tự nhiên!

Trong tay đã sẵn đồng tiền,

690   Dầu lòng đổi trắng thay đen, khó gì?

Họ *Chung* ra sức giúp vì;

Lễ tâm đã đặt, tụng kỳ cũng xong!

Một nhà đã tiệm thong dong.

Tinh kỳ giục giã; đã mong độ về!

---

*faut, il convient* », placé devant un substantif *(lời)* et formant avec lui un régime direct, perd nécessairement sa nature verbale pour devenir un adjectif.

1. Litt. : « *Ils regardent — l'un l'autre; — les gouttes — courtes — et les gouttes — longues — sont récalcitrantes (ne peuvent être retenues).* »

2. Litt. : « . . . . . *les livres d'or* ».

« *Hoa* » n'est là que pour faire un pendant à « *vàng* ».

3. « *Trăng già* » est la traduction annamite (avec conservation de la construction chinoise) des mots « 月老 *Nguyệt lão* », dont on retrouve le signe idéographique à gauche de la phonétique qui en détermine la prononciation et les transforme en *chữ nôm* cochinchinois.

4. « *Tinh kỳ — le terme des étoiles* » est le nom poétique de l'époque réputée propice pour la célébration des mariages. Les Chinois ont de toute antiquité regardé comme tel le temps auquel le groupe d'étoiles qu'ils nomment « 參 *sâm* » et qui fait partie de la constellation d'*Orion* est visible le soir à l'horizon; ce qui a lieu pendant le dixième mois. Or, cette constellation chinoise portait autrefois le nom de « 三星 *tam tinh — les*

Ils se regardent, et leurs yeux ne cessent de verser des pleurs [1]!

Le seigneur *Mã*, sur ces entrefaites, était sorti de la maison. 685

Le contrat était signé; il paya le prix (de la vente) [2].

Oh! que tu es cruel, vieillard (assis au clair) de la lune [3],

toi qui prends les fils au hasard, sans les choisir!

Qu'on ait l'argent à la main,

et l'on peut, sans difficulté, changer en noir le blanc à sa guise! 690

*Họ Chung* s'efforça de protéger *(Kiều)*;

mais les présents étaient faits, le différend était réglé,

la famille à peu près libre et déchargée de sa dette.

Le terme était imminent; (l'épousée) allait partir [4]!

*trois étoiles* ». On la trouve désignée ainsi à trois reprises différentes, dans l'ode du 詩經 intitulée : « 綢繆 *Trù sâm* », qui fait allusion à la joie ressentie par deux jeunes époux de s'être mariés au temps convenable, et dont voici la première strophe :

綢繆束薪。
三星在天。
今夕何夕。
見此良人。
子兮子兮。
如此良人何。

« *Trù sâm thứ tân!*
« *Tam tinh tại thiên!*
« *Kim tịch hà tịch!*

695 Một mình nương ngọn đèn khuya,

Áo dầm giọt lụy, tóc xe mối sầu.

«Phận dầu, dầu vậy cũng dầu!

«Xót lòng đeo đứng, bấy lâu một lời.

«Công trình kẻ biết mấy mươi

700 «Vì ta khăng khít cho người dở dang?

«Thề lòng chưa ráo chén vàng,

« *Kiến thử lương nhơn!*
« *Tử hề! Tử hề!*
« *Như thử lương nhơn hả!* »

«Tout autour des fagots sont les liens qui les assujettissent!
«Les Trois étoiles sont au ciel!
«Quel soir que le soir d'aujourd'hui,
«(Où je puis) voir ce bon époux!
«Ô femme! ô femme!
«Comment (as-tu fait) pour avoir un si bon époux?»

On sait l'influence considérable qu'ont exercée sur le langage des lettrés de la Chine les anciennes poésies nationales dont le recueil porte le nom de « 詩經 *Thi kinh* » ou « *Livre des Vers* ». Il n'y a donc pas lieu de s'étonner qu'on ait pris l'habitude d'appeler élégamment le temps considéré comme propice pour les mariages « 三星期 *tam tinh kỳ* — *le terme des Trois étoiles (où les Trois étoiles apparaissent sur l'horizon)* », et, par abréviation, simplement « 星期 *le terme des étoiles* ».

1. Litt. : «*(Ses) vêtements — étaient trempés — (quant aux) gouttes — de larmes, — (ses) cheveux — étaient tordus — (quant aux) bouts (de fil) — de la tristesse.*»

Pour exprimer à quel degré son héroïne est *pénétrée* de tristesse, le poëte compare ce sentiment à de la soie, et suppose cette soie tordue avec chacun des cheveux de *Kiều* pour former avec eux des fils.

2. Litt. : «*(Si) la condition — est d'huile, — quoi qu'il en soit — tout aussi bien — que ce soit de l'huile!*»

L'huile est une substance lubréfiante. Si l'on se trouvait placé debout

Seule, dans la nuit profonde, appuyée contre la table sur laquelle 695
  brûlait sa lampe,
sa robe trempée de ses larmes, elle demeurait éplorée ¹.

« Quoi qu'on fasse », disait-elle, « il faut subir les caprices du sort ² !

« Je regrette ce cœur qui s'était attaché à moi; (je regrette) l'unique
  » pensée qui depuis lors (nous anima) ³ !
« Je me serai donné des peines infinies ⁴

« pour me lier à un homme qui devait manquer son but ! 700

« La tasse du serment n'est point encore séchée ⁵,

---

sur une surface qui en est frottée, il serait difficile de se tenir immobile; on se trouverait dans une *condition instable*. De là cette expression : « *phận dầu — une situation d'huile* ».

Il y a d'ailleurs ici un jeu de mots basé à la fois sur le son et sur le caractère. Le mot « *dầu — huile* », qui forme le second et le sixième pied du vers, se prononce exactement comme « *dầu — quoique* », qui en forme le troisième, et qui fait partie de l'idiotisme « *dầu vậy — quoi qu'il en soit* », litt. : « *quoique — (ce soit) — ainsi* »; et le caractère 油 qui représente ces deux mots est le même.

Ce vers est presque exactement construit sur le modèle du vers 679.

3. Litt. : « *Je suis émue de tristesse — (quant à ce) cœur — attaché, — (et sur) depuis lors — l'unique — parole !* »

Le mot « *lời* » signifie ici, à proprement parler, non-seulement *une parole*, mais un but. Deux personnes honorablement éprises l'une de l'autre n'ont qu'une pensée, celle de s'épouser, et elles en parlent sans cesse. De là l'emploi du mot « *lời* » dans ce vers. Nous disons à peu près dans le même sens « *n'avoir qu'une chose à la bouche* ».

4. Litt. : « *(En fait de) travaux, — en les comptant — on les sait — de combien — (de fois) dix?* »

Ces travaux, ces peines étaient sans prix.

*Mười phần — dix parties* », ou simplement « *mười* », étant l'expression de la perfection, plusieurs fois « *mười* » exprime, s'il est permis de parler ainsi, quelque chose de plus parfait que la perfection elle-même.

5. Allusion à la cérémonie par laquelle deux futurs époux cimentent une promesse solennelle de mariage en mêlant au contenu d'une tasse quelques gouttes de leur sang, et en buvant tous deux ce mélange.

«Lỗi thề thôi đã phụ phàng với hoa!

«Trời *Liêu* non nước bao xa?

«Nghĩ đâu rẽ cửa, chia nhà từ tôi?

705 «Biết bao duyên nợ, thề bồi?

«Kiếp nầy, thôi thế thời thôi! còn gì?

«Tái sanh chưa dứt nhang thề;

«Làm thân trâu ngựa, đến nghì trước mai!

«Nợ tình chưa trả cho ai!

710 «Khối tình mang xuống; tuyền đài chưa tan!»

 1. «*Hoa*» n'est pas pris ici en mauvaise part; il répond simplement à l'expression française «*mon bien aimé*».
 2. Litt. : «*(Sous le) ciel — de Liêu, — (quant aux) montagnes — (et aux) eaux, — combien — (est-il) loin?*»
 La formule interrogative doit être ici, comme dans beaucoup de cas, traduite par l'affirmative, qu'elle ne remplace dans le texte que pour donner plus d'énergie à l'énonciation du fait. Cette manière de s'exprimer existe aussi dans notre langue, mais elle y est moins fréquente.
 3. Litt. : «*On aurait pensé — où cela — (que le fait de) diviser — la porte, — (et) diviser la maison — (proviendrait) de — moi?*»
 «*Cửa nhà*» signifie *famille, ménage*. Ici l'expression est scindée, et les mots qui la composent sont unis à deux verbes qui diffèrent de forme, mais dont la signification est la même.
 4. Litt. : «*(Qui) sait — combien — d'amour — dette, (et) de serments — paiement?*»
 5. Litt. : «*(Quant à) cette vie-ci, — soit! — Il y a encore — (il reste à faire) — quoi?*»
 «*Thôi thế thì thôi — soit!*», litt. : «*(si cela) finit — de cette manière — (thế est pour thế ấy) — eh bien! — il suffit!*», est un idiotisme très usité et qui jure quelque peu dans ce vers; car il est à peu près exclusivement employé dans le style de la conversation familière. L'auteur a sans doute voulu tirer de son emploi un double sens. En effet, la position permet de donner au

«et ce serment prêté à l'ami de mon cœur [1], voilà que je l'ai violé
» déjà!

«Il est bien loin, au pays de *Liêu!* Des montagnes, des eaux nous
» séparent [2]!

«Qui eût pensé que j'allais moi-même rompre les liens qui devaient
» nous unir [3]?

«(Pourtant) que de marques d'amour payées de solennelles pro-
» messes [4]!

«Cette vie doit être telle! il n'y a plus à y compter [5]!

«mais dans ma future existence, je n'oublierai point ce que nous
» nous jurâmes [6]!

«Dussé-je mener la vie d'une bête de somme, je lui prouverai ma
» reconnaissance pour l'amour dont il m'honora!

«Envers mon ami [7] je n'ai point encore acquitté ma dette d'amour!

» Je l'emporterai là-bas, et aux bords de la Source jaune, elle sub-
» sistera toute entière [8]! »

premier «*thôi*» le mot «*kiêp*» pour sujet, et de traduire littéralement : «*(Si)
celle vie-ci — finit — de cette manière, — soit (c'est assez)! — il y a encore (il
reste à faire) quoi?* »

J'ai cherché pour la traduction française de ce vers une formule qui
répondît à la fois à ces deux interprétations, qui ne diffèrent d'ailleurs, au
fond, qu'au point de vue du développement de l'idée.

6. Litt. : «*(Lorsque) — de nouveau — je vivrai, — pas encore — sera coupé
— le bâton d'encens — du serment!* »

Le bâton d'encens allumé en témoignage de leurs fiançailles sera censé,
pour *Kiêu*, brûler jusque dans l'autre vie.

7. Voir, pour le sens que présente ici le mot «*ai*», ma traduction du
*Lục Vân Tiên*, p. 32, *en note*.

8. Litt. : «*La masse — d'amour — je porterai — en bas; — au palais des
(Neuf) sources — pas encore — elle sera détruite!* »

Ce vers fait allusion à un de ces contes véritablement insensés que l'on
rencontre parfois dans la collection des légendes chinoises.

Une jeune fille aimait un étudiant qui la payait de retour. Il se trouva
qu'elle fut violentée par un étranger et qu'elle mourut. Sa passion, qui ne
s'était pas éteinte avec sa vie, prit une forme matérielle, et devint un petit
être ayant l'apparence d'un homme, qui demeurait étendu sur les reins de
la jeune fille. Le mandarin du lieu eut connaissance de l'événement et fit
exhumer le corps pour procéder à une enquête judiciaire. L'étudiant dut

Niệm riêng riêng những bàn hoàn;

Dầu chong trắng dĩa, lụy tràn thấm khăn.

*Túy vân* chợt tỉnh giấc xuân;

Dưới đèn ghé đến, ân cần hỏi han :

715 « Cơ trời dâu bể đa đoan!

« Một nhà, để chị riêng oan một mình!

« Một mình ngồi nhẫn canh tàn!

« Nỗi riêng còn mắc mưới tình chi đây? »

Rằng : « Lòng đương thổn thức đầy;

720 « Tơ duyên còn vướng mối nầy chưa xong!

« Hở môi ra, cũng thẹn thùng;

« Để lòng, thì phụ tấm lòng với ai!

se présenter. Lorsqu'il vit apparaître le cadavre de celle qu'il avait aimée, il poussa un cri et fondit en larmes; mais sa voix ne se fut pas plutôt fait entendre que le « *Khối ảnh* » ou « *masse d'amour* » (sic) que la jeune fille portait sur elle disparut.

*Túy Kiều* déclare qu'il n'en sera pas ainsi pour elle, et qu'elle portera son « *Khối ảnh* » jusque dans le monde des morts.

« *Tuyền đài — palais des sources* » est la même chose que « 九泉 *cửu tuyền — les Neuf sources* » ou 黃泉 *huỳnh tuyền — la Source jaune* ».

1. Litt. : « *Dans sa pensée — particulière, — particulièrement — (elle ne fait) absolument que — se souvenir sans cesse.* »

2. Litt. : « *L'huile, — ayant été allumée toute la nuit, — a blanchi — quant à la soucoupe; — les larmes — en débordant — ont imbibé — (son) mouchoir.* »

3. Litt. : « *(Dans les) ressorts — du Ciel, — (quant aux) mûriers — (et à) la mer — (il y a) beaucoup de mystères!* »

Elle est là, rappelant sans cesse à sa pensée (tous les malheurs qui l'accablent) [1].

La soucoupe de la lampe est à sec; mais son mouchoir est trempé de larmes [2].

*Tuý Vân* se réveille en sursaut;

elle vient près de la lampe, et presse *(Kiều)* de questions.

«Les desseins mystérieux du Ciel changent bien souvent toutes 715
» choses [3]!» (dit-elle),

«mais, parmi toute la famille, sur vous seule, ô ma sœur! il fait
» tomber cette infortune!

«Vous restez assise ici, jusqu'à la fin des veilles de la nuit!

«Pourquoi dans la situation où vous êtes, vous attacher encore à des
» pensées d'amour?»

«Mon cœur», lui répond *Kiều*, «est rempli d'anxiété!

«Que deviendra ce projet de mariage? Cette affaire n'est point ré- 720
» glée encore [4]!

«Si j'ouvre la bouche, il me faudra rougir de honte,

«et si je garde le silence, je serai ingrate envers lui [5]!

---

Voir sur «*dâu bề*» la phrase du 幼學 que j'ai citée dans la note sous le vers 3.

4. Litt. : «*La soie — du mariage — encore — est déliée; — ce bout (de fil) — pas encore — est — dégagé.*»

Un fil délié n'est pas solide. En lui comparant l'union projetée avec *Kim Trọng*, *Túy Kiều* veut dire que rien n'est assuré de ce côté. En effet, pour ce qui la concerne, il lui est désormais impossible d'être l'épouse du jeune homme, puisqu'elle se croit mariée à *Mã Giám Sanh*; et d'autre part elle ne sait pas encore si sa sœur *Túy Vân* consentira à se substituer à elle dans l'exécution de ses engagements.

«*Mối*» est ici l'extrémité de ce fil qui représente la tristesse, le souci. Ce fil est toujours emmêlé avec le reste; ce qui veut dire que le cœur de la jeune fille n'est pas encore délivré du souci qui le ronge.

5. Litt. : «*(Si) je laisse — (cela dans mon) cœur, — alors — je suis ingrate — (quant au) cœur — avec — quelqu'un!*»

«Cậy em! Em có chịu lời,

«Ngồi lên cho chị! lạy rồi sẽ thưa!

725 «Giữa đàng dứt gánh tương tư;

«Keo loan chắp mối tơ thừa mặc em!

«Kể từ khi gặp chàng *Kim,*

«Khi ngày quạt ước, khi đêm chén thề.

«Sự đâu sóng gió bất kỳ?

730 «Hiếu tình có nhẽ hai bề vẹn hai!

«*Để lòng*», litt. : «*laisser — (quant au) cœur (dans le cœur)*» est un idiotisme qui signifie «*retenir quelque chose dans son esprit*».

L'auteur joue sur le mot «*lòng*»; mais pour indiquer la différence du rôle qu'il joue dans chacun des deux hémistiches, il le fait précéder dans le second de la numérale «*tấm*». C'est que «*lòng*» seul signifie aussi bien «*esprit*» que «*cœur*», tandis que lorsqu'il est accompagné de sa numérale il n'a exclusivement que le dernier de ces deux sens.

1. Litt. : «*Assieds-toi — en montant — pour — ta sœur aînée! — (Quand de) se prosterner — elle aura fini, — elle exposera — (son désir)!* »
Le mot «*lên*» indique ici l'invitation que fait *Kiều* à sa sœur cadette de se placer par rapport à elle dans une position moralement supérieure, afin de lui permettre à son aînée de remplir vis-à-vis d'elle le rôle de suppliante; et aussi la situation matérielle plus élevée où elle va se trouver en prenant place sur un siège au fond de la salle, tandis que sa sœur sera prosternée à ses pieds. Voir, pour plus de détails sur cette particularité de mœurs, ma traduction du *Lục Vân Tiên*, p. 25, en note.

2. Litt. : «*Au milieu de — le chemin — a été coupé — le balancier — de l'un à l'autre — penser;* »
Ce vers contient une figure extrêmement originale, mais inacceptable dans notre langue. Les pensées amoureuses de *Túy Kiều* et de *Kim Trọng* sont comparées à ces deux fardeaux que les porte-faix chinois et annamites ont coutume d'assujettir aux deux bouts d'un balancier ou fléau qu'ils placent en équilibre sur leurs épaules. Le porteur de ce fardeau amoureux le transportait le long du chemin qui devait aboutir au mariage des deux amants;

« Ô ma sœur, j'ai recours à toi! accéderas-tu à ma demande?

« Assieds-toi, laisse-moi me prosterner à tes pieds! Après cela je
» parlerai¹!

« Le lien de notre amour s'est rompu à moitié chemin²;   725

« (mais) tu pourras, si tu le veux, heureusement le renouer³!

« Depuis le jour où je connus le jeune *Kim*,

« nous échangions jour et nuit nos promesses et nos serments⁴.

« Qui eût prévu qu'un malheur subit allait soudain tout détruire⁵?

« Il est (cependant) un moyen de respecter tout ensemble et les   730
» droits de la piété filiale et l'affection des époux⁶!

mais au milieu de la route, le fléau s'est trouvé rompu, et les voilà désormais devenus étrangers l'un à l'autre!

3. Litt. : « *Le fait de coller — le Loan — (et) de nouer — les bouts — de soie — qui restent — est à la volonté de — (toi, ma) sœur cadette!* »

« *Loan* » est le nom d'une espèce de fil de soie avec lequel on confectionne des cordes d'instruments.

4. Litt. : « *Lorsque — (c'était) le jour — nous éventions — les promesses; — lorsque — (c'était la nuit) — nous accompagnions de tasses — les serments.* »

« *Quạt — éventail* » et « *chén — tasse* » deviennent des verbes par position. Au contraire, « *thề — jurer* » devient, pour la même raison, un substantif.

Ces deux figures sont extrêmement cherchées. Lorsque deux Annamites causent ensemble pendant la chaleur du jour, ils font naturellement grand usage de l'éventail. Le soir, au contraire, en causant l'on boit du vin. De là ces expressions qui, comme on le voit, ne manquent pas de couleur locale. « *Chén* » fait encore allusion à l'ivresse du vin, en tant que comparable à celle de l'amour, qui est l'objet des serments dont il est parlé ici.

5. Litt. : « *L'affaire — où (était-elle) — de vagues — (et) vent — inopinés?* »

On peut aussi admettre une connexion entre ce vers et le suivant, et traduire ainsi :

« *A présent qu'un malheur inattendu a soudainement tout détruit,*
« *il est (cependant) un moyen . . . . .* »

En ce cas la traduction littérale serait :

« *(Quant à) l'affaire — où (pouvait-on la prévoir?) — de vagues, etc. . . . .* »

6. Litt. : « *(Quant à) la piété filiale — (et à) l'amour, — il y a — (un) moyen que — les deux — côtés — soient intacts — tous deux!* »

« Ngày xuân em hãy còn dài!

« Xót tình máu mủ! thay lời nước non!

« Chị dầu thịt nát xương mòn,

« Ngậm cười! Chín suối cũng còn thơm lây!

735 « Chiếc vành với bức tờ mây,

« Duyên nầy thì giữ, vật nầy của chung!

« Dầu em nên vợ nên chồng,

« Xót người mạng bạc; ắt lòng chớ quên!

« Mất người, còn chút của tin;

740 « Phím đờn với mảnh hương nguyên ngày xưa.

« Mai sau, dầu có bao giờ

« Đốt lò hương ấy, dở dây phím nầy,

« Trông ra ngọn cỏ lá cây,

« Thấy hiu hiu gió, thời hay chị về!

745 « Hồn còn mang nặng lời thề!

« Nát thân bồ liễu, còn nghì trước mai!

---

1. Litt. : « *Sois émue — (quant aux) sentiments — du sang! — Remplace (moi) — (quant aux) paroles — d'eaux — et de montagnes!* »
2. Litt. : « *('Ta) sœur aînée, — si sa chair — est broyée, — (si) ses os — sont usés,* »

«Ton printemps, ô ma sœur, durera longtemps encore!

«Prends pitié de ta sœur aînée! Charge-toi de ses serments ¹!

«Quand ma chair et mes os seront anéantis ²,

«J'en sourirai! et la bonne odeur de votre union viendra, dans le
» monde d'en bas, se faire sentir jusqu'à moi!
«Voici son bracelet et sa lettre! 735

«Remplis l'obligation du mariage! et, quant à ces souvenirs, qu'ils
» soient communs (entre nous)!
«Si tu contractes cette alliance,

«tu auras eu pitié de mon infortune. Mon cœur, certes! ne l'oubliera
» pas!
«Quand je n'y serai plus, ces quelques souvenirs te resteront de moi;

«ce *phím* de sa guitare le brûle-parfums du serment. 740

«Et si quelque jour il arrive

«que, brûlant de l'encens dans cette cassolette, tendant avec ce *phím*
» les cordes de ton instrument,
«tu viennes à regarder l'extrémité des herbes ou bien les feuilles
» des arbres,
«et que tu les voies agitées par une brise murmurante, sache alors
» que c'est ta sœur qui revient (pour te visiter) ³!
«Mes serments lourdement sur mon âme pèseront encore! 745

«Lorsque mon corps sera détruit, mon amour (pour celui qui devait
» être mon époux) n'aura pas cessé d'exister ⁴!

    3. Litt. : «*Tu perçoives — le «hiu hiu» — du vent....*» «*Hiu hiu*» est
une des onomatopées dont la langue annamite est si riche.
    4. Litt. : «*(Lorsque) sera — détruit — le corps — du jonc — (et) du saule,
— il y aura encore — l'affection — du bambou — (et) du Mai!*»

«Dạ đài cách mặt, khuất lời,

«Rưới chan giọt nước cho người thác oan!

«Bây giờ trâm gãy gương tan,

750 «Kể làm sao xiết muôn vàn ái ân?

«Trăm ngàn gởi lạy tình quân!

«Tóc tơ vắn vỏi có ngần ấy! Thôi!

«Phận sao phận bạc như vôi?

«Đã đành nước chảy, bèo trôi lỡ làng!

755 «Ôi *Kim lang!* Hỡi *Kim lang!*

«Thôi! Thôi! Thiếp đã phụ chàng từ đây!»

Cạn lời, hồn ngất, máu say!

Một hơi lặng ngắt, đôi tay lạnh đồng.

Xuân huyên chợt tỉnh giấc nồng;

---

Voir, sur l'expression « *bồ liễu* », ma traduction du *Lục Vân Tiên*, p. 60, en note. Cette figure a surtout trait aux jeunes filles. « *Trước mai* », au contraire, se dit spécialement du mari et de la femme. Le premier est assimilé au bambou à cause de sa force et de sa taille supérieure, et la seconde au *Mai* à cause de sa faiblesse, de sa grâce, ainsi que du charme qu'elle répand dans son intérieur et que l'on compare au parfum qui émane des fleurs de cet arbre.

1. Litt. : « *(Lorsque dans) de la nuit — le palais — je serai éloignée — (quant au) visage, — je serai couverte — (quant aux) paroles,* »

2. Cette figure se trouve déjà dans le vers 70.

3. Litt. : « *En comptant — comment — énumérer — les dix mille — dix milliers de — d'amour — tendresses?* »

«Quand j'aurai disparu dans la demeure ténébreuse [1], et que ma
» voix ne se fera plus entendre,
«Tu verseras des larmes sur la fin malheureuse de ta sœur!

«Maintenant que l'aiguille de tête est rompue, que le vase est mis
» en morceaux [2],
«qui pourra dire à quel point l'un l'autre nous nous aimions [3]! 750

«Ô mon ami! pour toi je forme mille vœux [4]!

«Il devait en être ainsi! à notre courte union ce terme était assigné!

«Ô mon destin! pourquoi te montrer si cruel [5]?

«C'en est fait! Le fleuve coule, et la lentille d'eau flotte à l'aventure,
» emportée par le courant!
«Ô *Kim!* ô mon bien-aimé! 755

«Plus d'espoir! Je te perds à compter de ce jour!»

Elle dit, et ses esprits l'abandonnent; elle tombe évanouie [6]!

Sa respiration est oppressée, ses mains froides comme le bronze.

Ses parents brusquement sont arrachés à leur sommeil,

---

4. Litt. : «*(Au nombre de) cent — mille — j'envoie — (des actions de) — me prosterner devant — de l'amour — le prince!*»

«*T'inh quân*» est une désignation passionnée que les femmes annamites appliquent à celui qu'elles aiment lorsqu'elles lui adressent la parole.

5. Litt. : «*(Ma) destinée — pourquoi — (est-elle une) destinée — blanche — comme — la chaux?*»

L'expression «*bạc nhu vôi*», qui est consacrée par l'usage et signifie «*très ingrat*», renferme un jeu de mots sur le sens du mot «*bạc*», qui signifie à la fois «*blanc*» et «*ingrat*».

6. Litt. : «*Étant à sec — de paroles, — (quant à) l'âme — elle s'évanouit, — quant au sang — elle est ivre!*»

760 Một nhà chật ních kẻ trong người ngoài.

Kẻ thang, người thuốc bài bài!

Mới dầu cơn vậng; chửa phai giọt hồng!

Hỏi sao ra sự lạ lùng;

*Kiều* càng nức nở, mở không ra lời.

765 Nỗi nàng *Vân* mới dỉ tai :

«Chiếc vành đây với tờ bồi ở đây!

«May, cha làm lỗi duyên mầy,

«Thôi! thời nỗi ấy, sau nầy, đã em!»

1. «*Chặt ních*» se dit d'une foule tellement compacte qu'il est impossible de s'y glisser.
2. Litt. « *(Il y a des gens qui) apportent un bouillon; — (il y a des personnes qui) apportent un médicament — simultanément!* »
«*Thang — bouillon*» et «*thuốc — médicament*» deviennent vèrbes par position. Il faut observer en outre qu'il ne s'agit pas ici réellement du bouillon apporté d'un côté, et de remèdes apportés d'un autre. Ces deux mots ne sont séparés que par élégance et proviennent du dédoublement de l'expression «*thang thuốc*» qui signifie «*une potion*», litt. : «*un bouillon — de médicament*». Ce dédoublement permet à l'auteur l'emploi des deux mots «*kẻ*» et «*người*» qui se font opposition l'un à l'autre, et répondent au français : «*celui-ci ..... celui-là ....*»
3. Litt. : «*Alors seulement — elle est colorée — quant à l'accès — d'étourdissement; — (mais) pas encore — sont décolorées (dissipées) — les gouttes — roses.*»
«*Dầu*» est synonyme de «*dậm*», et se dit d'une teinte qui se ravive. Le mot «*hồng*» est appliqué aux larmes par le poète parce qu'elles coulent sur un jeune et beau visage, qualifié poétiquement de «*má hồng*». Cet adjectif permet, en outre, à l'auteur l'emploi du verbe «*phai*», litt. : «*se décolorer*», qui lui était nécessaire pour faire une opposition de sens au verbe «*dầu*».
4. Litt. : «*(Si) par bonheur — (notre) père — fait manquer l'union — de toi,*»
«*Lỗi — faute, erreur*» devient ici un verbe, et prend le sens de «*man-*

et dans la maison se pressent [1] habitants et gens du dehors.

Tous à la fois lui apportent qui une potion, qui une autre [2]!

Enfin (la jeune fille) commence à revenir à elle; mais ses larmes ne sont point taries [3]!
Interrogée sur la cause de cet étrange accident,

*Kiều*, accablée encore, ouvrait en vain la bouche, et ne pouvait articuler un mot.
Mais alors *Vân*, tout bas à l'oreille, lui parla de ce qui intéressait son cœur.
« J'ai ici », lui dit-elle, « le bracelet et la lettre ! »

« Par bonheur, si, à cause de notre père, ton union est rompue [4],

« ta sœur est là, et pour cette affaire désormais tu peux compter sur
» elle [5]!

*quer, faire fausse route* ». L'expression « *lam lỗi* » correspond assez bien à la locution française « *mettre à mal* ».

5. Litt. : « *Il suffit! — Eh bien! — (dans) cette circonstance-là, — pour cet avenir-ci, — désormais — il y a ta sœur!* »
L'intelligence de ce vers dépend toute entière d'une judicieuse application de la règle de position.

« *Sau* » est adverbe; mais l'adjonction du pronom démonstratif « *nây* » qui le suit le transforme en un substantif qu'il faut traduire par « *cet après-ci* », ou pour parler français « *cet avenir-ci* ». « *Sau nây* » fait le pendant « *nỗi ấy* » qui le précède; et le pronom démonstratif « *nây — ce....ci* » qui qualifie « *sau* » fait opposition au pronom démonstratif « *ấy — ce....là* » qui qualifie « *nỗi* ». Le choix de ces deux pronoms est fort bien motivé. « *Nỗi ấy* », en effet, représente des malheurs qui sont *dès à présent* arrivés; tandis que « *sau nây* » se rapporte aux faits qui vont désormais se produire.

« *Em — sœur cadette* », sous l'influence de *dã*, marque du passé, devient un véritable verbe impersonnel, qu'on pourrait traduire par « *il y a (ta) sœur cadette* »; et en tenant compte de la valeur de la particule qui lui imprime son caractère verbal, par « *il y a eu (ta) sœur* », c'est-à-dire : « *ce fait qu'il y a ta sœur est désormais arrivé, acquis, tu peux donc faire fond sur lui* ».

Cette valeur verbale de « *em* » étant bien établie, on voit que les expressions « *nỗi ấy* » et « *sau nây* » deviennent, par leur position, des expressions circonstancielles de lieu et de temps, et qu'on doit les traduire ainsi : « DANS *cette circonstance* », « POUR *l'avenir* qui s'ouvre devant nous ».

«Vì ai rụng cải rơi kim,

770 «Để con bèo nổi mây chìm vì ai?

«Lời con nhủ lại một hai!

«Dầu mòn ngân đá, dám sai tấc vàng?»

Lạy thôi, nàng lại thưa trình :

«Nhờ cha giả được nghĩa chàng cho xuôi!

775 «Sá chi thân phận tôi đòi?

«Dẫu rằng xương trắng quê người, quản đâu?»

Xiết đâu trong nỗi thảm sầu?

Khắc canh lại giục nam lầu mấy hồi.

Kiệu hoa đâu đã đến ngoài;

780 Quản huyền đâu đã giục người sanh ly!

1. « *Rụng rơi* » signifie « *tomber* », et « *kim cải* » signifie « *changer* ». Le poète a dissocié et enchevêtré les uns dans les autres les termes de ces deux expressions. Pour en effectuer la traduction littérale et trouver par suite le sens du vers, il faut rétablir l'ordre naturel : « *Vì ai rụng rơi cải kim* ». On verra facilement alors que les deux expressions verbales sont impersonnelles, et qu'il faut traduire :

*Par le fait de — qui — a (eu lieu l'action de) tomber, — a (eu lieu l'action de) changer ?* »

L'inversion d'une formule semblable et parallèle qui a lieu dans le vers suivant, montre clairement, que c'est bien là le sens littéral qu'il faut attribuer à celle-ci.

2. Litt. : « *(L'action de) — laisser surnager — la lentille d'eau — et être submergé — le nuage — (a eu lieu) par le fait de — qui ?* »

*Túy vân*, dans sa modestie, s'assimile à cet infime végétal qu'on appelle une lentille d'eau, tandis qu'elle compare sa sœur aux nuages, c'est-à-dire

« (Mais) qui donc a produit un (pareil) changement [1],

« et laissé surnager la lentille d'eau, tandis que le nuage était sub- 770
» mergé [2]?
« (Ô mon père! écoutez) ce que votre fille solennellement vous dé-
» clare!
« Avant que mon cœur lui devienne infidèle, les pierres, l'argent
» s'useront [3]! »
Puis, après s'être prosternée, *(Kiêu)* reprend comme il suit :

« Je pourrai (ainsi), autorisée de vous, récompenser dignement l'af-
» fection de ce jeune homme, ô mon père !
« (Pour moi,) que m'importe d'être réduite à la condition d'une ser- 775
» vante,
« et que l'on dise de moi que mes os ont blanchi sur une terre étran-
» gère? »
Qui pourrait peindre la tristesse dans laquelle (tous étaient plongés) [4]?

Au pavillon du midi les quarts et les veilles avaient sonné maintes
fois
quand un palanquin vint s'arrêter à la porte.

Une musique se fit entendre, donnant le signal d'une séparation plus 780
douloureuse que la mort [5]!

à ce qu'il y a de plus élevé. Elle se demande sous cette figure, comment elle, qui a si peu de valeur, se trouve épargnée par la mauvaise fortune, tandis que *Thúy Kiêu*, dont les qualités sont si éminentes, est accablée par le malheur.

3. Litt. : « *Quand bien même — s'useraient — l'argent — et la pierre, — (est-ce que) j'oserais — errer — (quant à son) pouce (de cœur) — d'or?* »

Le signe d'interrogation est assez souvent supprimé dans la poésie annamite quand la structure du vers indique suffisamment qu'il doit être sous-entendu.

« *Vàng — or* » est bien un qualificatif honorifique appliqué au cœur de *Kim Trọng*; mais son rôle principal est de faire pendant au mot « *đá — pierre* » qui termine le premier hémistiche comme il termine le second.

4. Litt. : « *(Le fait d'énumérer — où (serait-il) — dans (la série de) — (ces) circonstances — profondes — (et) tristes?* »

5. Litt. : « *Les quản — et les instruments à corde, — (d')où (venaient-ils?), — déjà — pressaient — les gens — (qui) vivants — se séparaient!* »

Đau lòng kẻ ở người đi!

Lụy rơi thấm đá, tơ chia rã tằm!

Trời hôm mây kéo; tối đầm;

Dầu dầu ngọn khói; đăm đăm nhành sương.

785 Rước dâu về đến trú phòng.

Bốn bê xuân tỏa; một nàng ở trong.

Ngập ngừng thẹn lộc, e hồng;

Le *quản* est proprement une sorte de flageolet à six trous; mais il désigne ici les instruments à vent en général, comme «*huyền*» désigne les instruments à corde; et les mots «*quản huyền*» forment en réalité une expression consacrée par l'usage dont le sens est : «*toutes sortes d'instruments de musique*».

«*Sinh ly — se séparer vivants*» est une sorte de condensation sous forme d'adjectif composé, de la maxime cochinchinoise : «*Thà liù chết, chẳng thà liù sống — Il vaut mieux se séparer morts que de se séparer vivants* (la séparation amenée par la mort est moins douloureuse que celle qui a lieu entre personnes encore vivantes).»

Il n'y a pas, que je sache, de maxime semblable en français; mais existât-elle, il ne serait pas possible de rendre l'idée qu'elle exprime par les simples mots «*séparés vivants*» auxquels répond exactement, dans ce vers annamite, l'expression chinoise « 生離 *sinh ly*». Ce serait, au moins dans le cas présent, une expression absolument vide de sens. C'est que la langue française ne permet pas, comme le chinois et l'annamite, de rappeler toute une maxime par un ou deux mots appliqués, sous forme d'épithète ou d'adjectif qualificatif, à une personne ou à une chose.

L'auteur du poème s'est peut-être inspiré aussi de ce passage du roman chinois 二度梅 *les pruniers qui fleurissent deux fois* :

自古道。世上萬般愁苦事無如死別與生離。

— Les anciens disaient : «*Parmi les innombrables misères de ce monde, il n'en* »*est point de comparable à la séparation qu'amène la mort et à celle qui a lieu* »*entre vivants.*» (二度梅 chap. II, p. 3, verso.)

1. Litt. : «*Les larmes — tombèrent — (de manière) à imbiber — des pierres;* — *(car) la soie, — se divisant, — se désunissait (d'avec) — le ver.*»

Ceux qui restaient, celle qui partait, sentirent leur cœur se déchirer!

Abondantes coulèrent les larmes! (car) les parents voyaient d'eux-mêmes se séparer leur propre chair [1]!
(Ainsi) le ciel du soir se voile (parfois) de nuages; la nuit se fait et la pluie tombe [2].
La fumée s'élève en mélancoliques flocons; ruisselants, les arbres (étendent) leurs branches [3].
On conduisit la jeune épouse dans une retraite provisoire,                                    785

et on la laissa seule dans une chambre soigneusement fermée [4].

Incertaine de son sort, honteuse de s'être vendue et craignant (d'être victime de) sa beauté,

Ces figures ne seraient pas compréhensibles en français; je les ai rendues par des équivalents. — « *Thẩm đã* », après un verbe neutre, est adverbe par position.

2. Litt. : « *Dans le ciel — du crépuscule du soir — les nuages se répandent; — les ténèbres — sont trempées d'eau.* »

3. Litt. : « *Mélancoliques — (sont) les flocons — de fumée; — ruisselantes — (sont) les branches — de rosée (mouillées comme si elles étaient baignées par la rosée)!* »
Ces qualificatifs à effet, formés par la répétition d'un adjectif au commencement d'un vers ou d'un hémistiche, sont très fréquents chez les poètes annamites, qui semblent avoir emprunté ce procédé à la poésie chinoise, et particulièrement au *Livre des vers* dans lequel on en rencontre des exemples pour ainsi dire à chaque page.
Ce vers et le précédent sont, à mon sens, pris au figuré, et expriment la tristesse de la situation; mais on peut également leur conserver leur acception naturelle, et les regarder comme exprimant simplement la venue d'une nuit pluvieuse.

4. Litt. : « *(Des) quatre — côtés — c'était soigneusement fermé; — la seule — jeune femme — se trouvait — dedans.* »
« *Xuân tỏa* » est une expression qu'il serait bien difficile de traduire littéralement, tant elle est alambiquée. « *Xuân* » dont le sens naturel est « *printemps* », a pour signification secondaire « *les plaisirs de l'amour* », et, en forçant la dérivation, « *une personne dont la possession est précieuse à ce point de vue, une femme douée de grands charmes* ». Le sens de « *Xuân tỏa* » est donc « *bien enfermé, comme on enfermerait une jolie femme qu'on veut absolument garder auprès de soi* »; on pourrait dire peut-être en employant un style quelque peu plaisant : « *amoureusement tenue sous clef* ».

Nghĩ lòng lại xót xa lòng đòi phen!

« Phẩm tiên rơi đến tay hèn,

790 « Hoài công nắng giữ mưa gìn với ai!

« Biết thân đến bước lạc loài;

« Nhụy đào đã bẻ cho người tình chung!

« Vì ai ngăn đoạn gió đông!

« Thiệt lòng khi ở; đau lòng khi đi!

795 « Trùng phùng dầu họa có khi,

« Thân nầy thôi có còn gì mà mong?

« Đã sanh ra số long đong,

« Còn ôm lấy kiếp má hồng được sao? »

Trên án phút thấy thanh dao,

800 Giâu cầm nàng đã gói vào chéo khăn.

« Phòng khi nước đã đến chơn,

« Dao nầy thì liệu với thân phận nầy! »

---

1. Litt. : *« (Personne du) rang des Immortels. »*
2. Litt. : *« Je regrette — ma peine de — de la chaleur — me préserver — (et) de la pluie — me garder — avec — quelqu'un (Kim Trọng) ! »*
Par « *nắng mưa — la chaleur et la pluie* », Kiều entend les mille circonstances susceptibles de porter atteinte à la fidélité qu'elle gardait à son futur époux.

elle pensait à son amour, et ces pensées étaient bien amères!

« Jeune fille distinguée ¹, tombée en de viles mains,

« c'est bien en vain », se disait-elle, « que j'étais, avec tant de soin, 790
» restée fidèle à mes serments ²!
« Me voici (désormais) abandonnée à l'aventure,

« et la fleur du Đào aura été cueillie pour tout le monde!

« Pour lui, j'ai arrêté le souffle de l'orient ³!

« Si je restais, il souffrirait; il souffrira parce que je pars!

« Si quelque jour, par hasard, je le rencontrais de nouveau, 795

« désormais que pourrait-il encore espérer de moi?

« Née pour une existence errante et malheureuse,

« pourrais-je (plus tard) vivre encore en femme élégante et distinguée ⁴? »
Tout à coup elle voit un couteau sur la table;

elle s'en saisit et le dissimule dans un coin de son mouchoir. 800

« Au cas », dit-elle, « où le flot (du déshonneur) monterait jusqu'à mes
» pieds,
« ce couteau-ci tranchera les difficultés de ma vie ⁵! »

---

3. « J'ai créé des embarras dans sa vie. »

4. Litt. : « Encore — embrasser — l'existence — (d'une personne aux) joues — roses — pourrais-je — comment? »

5. Litt. : « Ce couteau-ci — alors — règlera — avec — cette condition — ci (la situation qui m'est faite)! »

Điểm sầu một khắc một chầy!

Bâng khuâng như tỉnh như say một mình!

805 Chẳng là gã *Mã Giám sanh*,

Vẫn là một đứa phong tình đã quen.

Quá chơi, lại gặp hồi đen,

Quen vùng lại kiếm ăn miền nguyệt hoa.

Lầu xanh có mụ *Tú bà*,

810 Làng chơi, đã trở về già; hết duyên.

Tình cờ chẳng hẹn mà nên;

Mạt cưa mướp đắng đôi bên một phường.

Chung lưng mở một cửa hàng,

Quanh năm buôn phấn bán hương đã lề.

815 Dạo tìm khắp chợ thì quê,

---

1. Litt. : « *Les coups — tristes — (pour) un — quart — (ont) un (fait de) — se prolonger!* »
2. « *Chẳng là — ce n'était pas* » est une expression elliptique dont le développement est : « *ce n'était pas autre chose que* ..... »
3. « *Hồi đen* » signifie « *une occasion favorable pour se livrer à la débauche* ».
4. Litt. : « *Habitué, — il venait — chercher à — manger — (dans) la région — de la lune — (et) des fleurs.* »
5. Litt. : « *La sciure — et le concombre sauvage, — des deux — parts — (formèrent) une — association.* »
La sciure de bois est chose vile; le concombre sauvage n'a pas plus de valeur, et qui plus est, il blesse le goût par son amertume. De là l'emploi de cette comparaison pour désigner une créature infâme et un vaurien nuisible.

Les quarts de ces douloureuses veilles tardent toujours plus à sonner¹!

Elle ne sait, dans son triste isolement, si elle rêve ou si elle est éveillée!

Or² *Mã Giám sanh* 805

n'était autre qu'un libertin adonné aux plaisirs de l'amour.

Lorsqu'en passant par là il rencontrait une occasion favorable³,

habitué qu'il était des lieux, il se livrait à sa passion⁴.

Dans la maison de plaisir se trouvait la vieille *Tú bà*.

Après une vie de débauche, les années étaient venues, et ses charmes 810
avaient disparu.

La chose eut lieu par hasard, sans qu'on eût rien fixé d'avance.

Cette infime coquine et ce fieffé vaurien⁵ se mirent en société.

Ils s'associèrent tous deux, et ouvrirent une boutique

(dans laquelle), tout le long de l'année, ils vendaient les faveurs des courtisanes⁶.

La vieille, pour en chercher, courait la campagne et la ville, 815

---

Le *mướp dắng*, en chinois 苦瓜 *khổ qua*, que j'appelle «*concombre sauvage*» faute de désignation plus exacte, n'est pas la plante que nous nommons ainsi en français, et dont le nom latin est «*Momordica elaterium*». C'est une autre espèce du même genre, le *Momordica charantia*. Bien que le fruit en soit amer, on ne l'en associe pas moins à d'autres ingrédients pour confectionner une sorte d'achard ou condiment au vinaigre. Cuit, il perd son amertume, et passe pour être un légume sain, rafraîchissant et stomachique. (Voy. TABERD, *Dictionarium anamitico-latinum*.)

6. Litt. : «*Tout à l'entour de — l'année — faire le commerce — du fard — et vendre — les parfums — étaient leur coutume.*»

Par «*phấn hương*» on désigne les filles publiques.

Giả danh hầu hạ dạy nghề ăn chơi.

Rủi may âu cũng sự Trời!

Đoạn trường lại chọn mặt người vô duyên!

Xót nàng, chút phận thuyền quyên,

820  Nhành hoa đi bán vào thuyền lái buôn!

Mẹo lừa đã mắc vào khuôn!

Sính nghi, nạp giá, nghinh hôn sẵn ngày!

Mừng thầm : « Cờ đã đến tay!

« Càng nhìn vẻ ngọc, càng say khúc hoàng!

825  « Đã nên quốc sắc thiên hương!

---

1. Litt. : « La malheureuse — venait — choisir (tomber sur) — un visage — de personne — sans — grâce (de manières rebutantes)!»
2. Litt. : « Je plains — la jeune femme, — petite quantité — de condition — de personne belle et distinguée!»
3. L'auteur, par cette métaphore, compare son héroïne à une chose précieuse tombée dans les mains d'une personne incapable d'en tirer avantage. Il y a aussi là une allusion aux lieux infâmes appelés 花艇 hoā t'ing — bateaux de fleurs » qui sont si communs à Canton et dans les autres villes du littoral de la Chine.
4. Litt. : « (Par) des artifices — choisis (bien combinés) — elle avait été prise — à entrer dans — le moule!»
5. On comprend facilement ce que l'auteur entend par ces expressions ironiques.
6. Litt. : «.... Le drapeau m'est venu à la main!»
7. Litt. : « Plus — on regardera — son teint — de pierre précieuse, — plus — on sera ivre — du morceau de — Hoàng (cầu)!»

Ce morceau de « Hoàng cầu » dont il a déjà été question au vers 475 fut composé par 司馬相如 Tư Mã Tương Như. Ce célèbre lettré étant venu dans une famille où se trouvait une jeune veuve fort instruite, apprit qu'elle désirait se remarier, et qu'elle attendait pour cela qu'un savant se

et, se donnant pour une suivante, elle enseignait un honteux métier.

La bonne et la mauvaise fortune sont choses dépendant du Ciel!

Le destin malheureux (de *Kiều*) l'avait jetée entre les mains d'une rebutante créature [1]!
Je te plains, ô pauvre et noble fille [2],

rameau fleuri qu'on mène vendre sur le bateau d'un trafiquant vulgaire [3]! 820
La ruse avait réussi, elle était tombée dans le piège [4]!

Le temps était venu d'offrir les cadeaux de noces; on pouvait livrer la fille et la conduire à son époux [5].
(La vieille) en son cœur se réjouit : «La bonne aubaine!» (se dit-elle) [6].
»Plus on va contempler ses charmes, et plus on va se passionner [7]!»

«La voilà devenue une brillante courtisane [8]!» 825

présentât pour l'épouser. *Tư mã* composa alors le morceau de musique dont il est parlé ici, et la jeune femme, séduite par ces accents mélodieux, s'enfuit avec le lettré dont elle fit son époux.

*Tú bà* se dit ici qu'en contemplant les charmes de *Kiều* les hommes en deviendront épris comme le fit la jeune veuve lorsqu'elle entendit la musique séductrice que *Tư mã* faisait résonner à son oreille.

8. Litt. : «*Elle est devenue — une royale — beauté, — un céleste — parfum.*» La clef de cette métaphore se trouve dans le passage suivant du 幼學 (四卷, p. 15) : 國色天香乃牡丹之富貴 *Quốc sắc thiên hương nãi mẫu đơn chi phú qúi* — Par «beauté royale» et «parfum du ciel», «on entend l'opulente beauté des *Mẫu đơn*»; ce que le commentaire explique ainsi:

«玄宗 (*Huyền tông*) des 唐 (*Đàng*), prenant plaisir aux fleurs dans son »palais, fit à 陳修巳 (*Trần Tu kỷ*) cette question : «Parmi les (lettrés) »de la capitale qui ont reçu l'ordre de chanter en vers la fleur 牡丹, qui »a obtenu le premier rang?» — «李正封 (*Lê chánh Phong*), lui fut-il »répondu, s'est exprimé ainsi :

«*Les* «Beautés célèbres», *le matin, puisent dans le vin leur gaîté;*
«*La nuit, les* «Célestes parfums» *donnent à leurs vêtements leur teinte (brillante).*»

«Một cười nầy hẳn ngàn vàng chẳng ngoa!

«Về đây; nước trước bẻ hoa!

«Vương tôn, qúi khách, ắt là đua nhau!

«Ba bốn trăm lượng thử đâu;

830 «Cũng đã vừa vốn; còn sau thì lời!»

«Miếng ngon kề đến tận nơi,

«Vốn nhà cũng tiếc; của trời cũng tham!

«Đào tiên đã bén tay phàm,

«Thời vin nhành quít cho cam sự đời.

835 «Dưới trần mấy mặt làng chơi?

---

«Quoique ces deux vers célébrassent (la fleur) 牡丹, ils faisaient en réalité allusion aux concubines impériales (du titre de) 貴妃 (qui phi). L'Empereur s'adressant (alors) à ces dernières, leur dit : « Avant de vous mettre à votre toilette, vous commencerez par boire un rouge bord!» (Je traduis ainsi 紫金 tử kim — or pourpre, qui est évidemment un nom de vin coloré en rouge.)

1. Litt. : « Étant de retour — ici, — pour la fois — d'avant — on cueillera — la fleur!»

«Nước — eau», signifie par dérivation «un bain de teinture», «une teinte». La mégère compare en quelque sorte l'infâme exploitation à laquelle elle se propose de se livrer à l'action du teinturier qui trempe à diverses reprises une étoffe dans le bain de teinture d'abord pour la colorer, puis ensuite pour lui rendre sa nuance primitive et la faire paraître comme neuve.

On pourrait traduire aussi, en prenant «đây» dans son acception très fréquente de pronom personnel de la première personne :

«C'est à moi à cueillir cette fleur la première. (Lorsque cette fleur sera cueillie pour la première fois, c'est à moi qu'en reviendra le bénéfice.)»

2. Litt. : «(Alors que ce) morceau — savoureux, — s'approchant,— vient — près de — l'endroit (où il doit naturellement entrer, la bouche).»

«Auprès d'un de ses sourires, mille onces d'or ne sont rien!

«Nous voici de retour ici, et pour la première fois on va cueillir cette
» fleur ¹!

«Grands personnages, nobles étrangers assurément se la disputeront!

«Essayons d'en demander trois ou quatre cent taëls!

«J'aurai recouvré ma mise; après, (tout) sera bénéfice!»     830

Ce beau morceau lui tombe dans la bouche ²,

mais elle n'en regrette pas moins son capital, et voudrait que tout
fût aubaine ³!

Quand une figue vient à la main d'un être méprisable,

il tire à lui la branche de mandarine pour améliorer (encore) sa situation ⁴.

«Bien peu de gens, en ce monde, cherchent des plaisirs avouables ⁵! 835

---

3. Litt. : « *Le capital — de sa maison — tout aussi bien — elle regrette;
— les choses — du Ciel — tout aussi bien — elle convoite!*»
Les deux hémistiches renferment chacun une inversion. — «*Của Trời —
les choses du Ciel (envoyées par le Ciel)*», ce sont les choses qui nous arrivent
inopinément, *les aubaines*.

4. Lorsque ces gens méprisables et vils font par hasard quelque bénéfice inattendu, ils deviennent insatiables et cherchent sans mesure à grossir
leur avoir.

«*Đào tiên*» est le renversement annamite de l'expression chinoise «仙桃
*tiên đào — la pêche des Immortels*», qui est un des noms de la *figue*.

5. Litt. : «*(Dans la) située en dessous — poussière — combien de — visages
— de gens qui se livrent décemment aux plaisirs de l'amour?*»

«*Trần*» est pour «*phòng trần*» ou «*chốn phong trần — le séjour du vent
et de la poussière, ce bas monde*». «*Dưới trần*» ne doit pas se traduire littéralement par «*sous la poussière*», ce qui, du reste, n'aurait aucun sens. Les Annamites emploient fort souvent les mots «*trên*», «*dưới*» et «外 *ngoài*» dans
un sens bien différent de celui que comportent nos prépositions «*sur*», «*sous*»
et «*en dehors de*». Ces vocables forment alors avec le mot qu'ils régissent
des idiotismes fort embarrassants pour les personnes qui ne sont pas suffisamment familiarisées avec la langue. Ainsi «*trên trời, dưới đất, ngoài chợ*»

«Chơi hoa, chớ dễ! Mấy người biết hoa?

«Nước vỏ lựu, máu mồng gà,

«Mượn màu chiêu tập; lại là còn nguyên!

«Mập mờ đánh lận con đen!

ne signifient pas « *au-dessus du ciel, sous la terre, en dehors du marché* », comme ils le sembleraient au premier abord, mais bien « *dans le ciel*, qui est placé au-dessus de la personne qui parle; *sur la terre*, qui se trouve au-dessous d'elle; *au marché*, qui est situé en dehors du lieu où elle se tient ». Souvent même le point de comparaison est pris en dehors de la personne qui parle. Cela a lieu surtout dans les expressions figurées comme celle qui nous occupe. Ici le point de comparaison n'est pas la situation occupée par *Tú bà*, mais bien le ciel, en tant qu'opposé à la terre. Il ne faut cependant pas conclure de là que « *trên, dưới* et *ngoại* » perdent dans ces idiotismes leur caractère de préposition (car leur position par rapport au mot qu'ils régissent indique clairement qu'ils la conservent), mais bien que la langue française ne possède pas les prépositions correspondantes. C'est principalement par suite de cette lacune, qui provient de l'absence dans notre esprit de l'idée elle-même, en tant que spontanée du moins, que vient la difficulté que nous éprouvons à saisir immédiatement le véritable sens de ces trois mots lorsqu'ils sont employés ainsi, particulièrement celui du dernier, 外. Aussi pensé-je qu'il n'est pas inutile d'indiquer ici un artifice au moyen duquel on pourra, je crois, éviter toute erreur. Il consiste à considérer dans ce cas les mots dont il s'agit comme des adjectifs, et la locution qu'ils contribuent à former comme une expression locative. On traduira alors littéralement : « *(dans le) situé en dessus — ciel; (sur la) située en dessous — terre; (dans le) situé en dehors — marché* ». On pourra éviter ainsi des erreurs de traduction qui pourraient, dans certains cas, aboutir à de fâcheux contresens.

Le mot « *mặt* » est ici une espèce de numérale amenée par « *mấy* » et s'appliquant à l'expression « *làng chơi* » à laquelle elle fait perdre son sens verbal pour le transformer en substantif. Ce mot « *làng chơi* » signifie « *être un habitué de mauvais lieux* »; mais il entraîne en même temps l'idée de l'absence d'un scandale extérieur.

1. Litt. : « *S'amuser de — les fleurs — sans doute — est facile; — (mais) combien d' — hommes — s'entendent à — les fleurs ?* »

2. *Amaranthus crista galli.*

3. Litt. : « *(De manière à les) aveugler — je tromperai — les enfants — noirs.* » L'adverbe « *mập mờ* » est placé par inversion au commencement du vers. Les mots « *đánh lận* » signifient quelque chose de plus que notre verbe « *tromper* », qui se rendrait par le monosyllabe « *lận* », soit isolé, soit uni à

«Ils ont des amours, c'est aisé! mais, combien en est-il parmi eux
» qui se connaissent en maîtresses [1]?

«Avec de l'eau d'écorce de grenade, avec le jus de la Crête de coq [2],

«on refait la couleur primitive, et tout se retrouve au complet!

«Le bon public aveuglément viendra donner dans mon piège [3]!

un mot autre que *đánh*. Les Annamites adjoignent ce dernier verbe, qui signifie proprement «*frapper*», à un autre lorsqu'ils veulent exprimer une action qui se répète toujours de la même manière et qui peut être assimilée à une série de coups semblables et frappés successivement. C'est ainsi qu'ils disent : « 打泊 *đánh bạc — jouer de l'argent*», « 打魛 *đánh cá — pêcher* », « 打賊 *đánh giặc — faire la guerre*», etc. etc. Ici « 打睿 *đánh lận* » signifiera donc non-seulement «*tromper*», mais «*tromper plusieurs personnes successivement et de la même manière*». Cette expression, comme malheureusement une foule d'autres, ne se trouve pas dans les dictionnaires annamites; c'est pourquoi il est utile d'en expliquer le mécanisme.

L'emploi que je viens de signaler du verbe *đánh* correspond tout à fait à celui que les Chinois font du verbe «*tà*» qui signifie également «*frapper*». C'est ainsi qu'ils disent « 打魚 *tà yû — pêcher*», « 打水 *tà choùi — tirer de l'eau* » etc. Il est à remarquer que le caractère est le même dans les deux langues; mais il semble au premier abord qu'il y diffère complètement au point de vue de la prononciation. Dans l'annamite elle procède très régulièrement de la phonétique 丁 *đinh*, dont l'*i* s'est changé en *a* en composition, ce qui n'a rien d'anormal; tandis que dans le chinois cette phonétique, qu'on y prononce «*tinh*», ne pourrait en aucune façon donner en se combinant le son «*ta*». On pourrait en conclure qu'il y a là une adaptation irrégulière faite par les Annamites à un mot de leur langue d'un caractère chinois qui, tout en répondant absolument à l'idée qu'exprime ce mot, en diffère absolument au point de vue du son. Ces cas d'adaptation irrégulière sont fort rares, mais ils se présentent cependant quelquefois. C'est ainsi que le signe 敢, qui se prononce en 官話 «*kàm*», et en sinico-annamite «*cảm*», est à peu près universellement adopté dans l'écriture vulgaire de la Cochinchine pour représenter le mot «*dám*», qui signifie comme lui «oser», mais dont la prononciation n'a aucun rapport de parenté proche ou éloignée avec la phonétique chinoise 敢. La représentation de ce mot en écriture «*chữ nôm*» devrait être quelque chose comme 惏. Il en est de même de «*thừa — saisir l'occasion*», et de «*thừa — recevoir*» qui sont représentés par les caractères 乘 et 承, qu'on prononce en 官話 «*chîng*» et «*tchîng*», ainsi que de quelques autres.

Je ne crois pas, cependant, que le caractère 打 ait été admis comme un des caractères les plus fixes de l'écriture vulgaire annamite seulement

840 «Bao nhiêu cũng bấy nhiêu tiền! Mắt chi?

«Mụ già hoặc có đều gì,

«Liêu công mất một buổi quì mà thôi!

«Đến đây, đường sá xa xuôi;

«Mà ta bất động nữa, người sanh nghi!»

845 Tiếc thay một đoá *Trà mi!*

Con ong đã mở đàng đi lối về!

Một cơn mưa gió nặng nề,

Thương gì đến ngọc? Tiếc gì đến hương?

en raison de la parité de signification, comme cela paraît être le cas pour 敢. Je suis disposé tout au contraire à croire que la prononciation annamite vulgaire «*đánh*» dérive d'une prononciation similaire adoptée autrefois en Chine pour ce caractère, concurremment avec «*da*», qui a été conservé pour la prononciation sinico-annamite du même signe. M. Wells Williams donne en effet les sons «*da*», «*dap*» et «*tăng*» comme correspondant anciennement au son actuel chinois «*tà*». «*Da*» a été conservé sans altération dans la prononciation sinico-annamite *(đã)* du caractère dont nous nous occupons. Quant à «*tăng*», affecté d'une brève, il présente la plus grande analogie avec le «*đánh*» vulgaire annamite; il est probable même qu'à part la transformation du *t* en *đ* qui est commune et n'a pas d'importance, le son que M. Wells Williams représente par «*ăng*» *(affecté d'une brève)* est identique avec «*anh*». C'est une pure question de transcription.

De même, bien que le savant sinologue que je viens de citer n'indique pas d'ancienne prononciation chinoise correspondant au «*thừa*» annamite pour les caractères 乘 et 承, je suis convaincu qu'il a dû en exister une; ce qui le prouve, c'est qu'à à Soua t'eôn, au son «*ching*» du 官話 correspondent «*seng*» et «*sⁿia*»; et à «*tching*» correspondent «*cheng*», «*teng*», «*chín*», «*chⁿia*» et «*t'é*». Or ceux de ces sons qui sont reproduits ici en italique ont un rapport de parenté visible avec «*thừa*». Il faut donc en

« Autant il en viendra, autant paieront de même, et je n'y perdrai 840
» rien [1] !
« S'il arrive quelque chose à la vieille,

« Elle fera si bien qu'elle en sera quitte pour perdre quelques instants
» passés à genoux devant le tribunal [2] !
« Pour arriver jusqu'ici, nous avons fait beaucoup de chemin,

« et si nous restions inactifs, on pourrait bien concevoir des soupçons ! »

Ô pauvre tige de *Trà mi!* 845

L'abeille a trouvé le chemin (de tes fleurs), et (désormais) son va et
vient commence [3] !
En de si terribles assauts [4]

qui aura compassion de cette perle ? Qui ménagera ce parfum ?

conclure que pour qu'un caractère soit prononcé chez des populations tout
à fait distinctes d'une manière sensiblement analogue, il faut que les vocables adoptés par elles proviennent d'une origine commune. C'est dans
les indications qui nous restent des anciennes prononciations chinoises que
l'on devra chercher la clef des contradictions qui existent entre celle qui
a été adoptée pour certains caractères soit annamites, soit sinico-annamites,
et la phonétique chinoise qui devrait lui servir de base.
L'expression « con đen — *les enfants-noirs* », comme celle de « dân đen — *le
peuple-noir* », est la traduction en annamite vulgaire des mots chinois « 黎民
lê dân » qui signifient elliptiquement « *le peuple aux cheveux noirs* », c'est-à-dire
« *les Chinois* », et par extension « *la masse du peuple considérée en général, le
vulgaire* ».

1. Litt. : « *Autant (il en viendra), — tout aussi bien — autant (il y aura)
— d'argent ; — je perdrai — quoi ?* »

2. Elle s'arrangera pour être renvoyée absoute par le tribunal en corrompant les juges de quelque manière. Devant les tribunaux chinois les
accusés se tiennent à genoux.

3. Litt. : « *L'abeille — a ouvert — le chemin — d'aller — (et) le sentier —
de revenir !* »

4. Litt. : « *(Dans) un — accès — de vent — (et) de pluie — grave,* »

Tiệc xuân một giấc mơ màng,

850 Đuốc hoa để đó; một nàng ngồi trơ!

Giọt riêng tầm tã tuôn mưa,

Phần e nỗi khách, phần lo nỗi mình!

« Tuồng chi là giống hôi tanh?

« Thân ngàn vàng để ô danh má hồng!

855 « Thôi! Còn chi nữa mà mong?

« Đời người thôi thế, là xong một đời! »

Giận duyên tủi phận bời bời,

Cầm dao, nàng đã toan bài quyên sinh!

Nghĩ đi nghĩ lại một mình :

860 « Một mình thời chớ! Hai tình thời sao?

« Sau dầu sanh sự thế nào,

« Truy nguyên, chẳng kẻo lụy vào song thân!

« Đánh liệu! Âu hãy thả dần!

---

1. Litt. : « *Un festin — de printemps — dans un — sommeil — elle ne distingue pas bien.* »
Le régime est placé par inversion au commencement du vers.
2. Litt. : « *Les gouttes — particulières — en abondance — coulent à flots — (comme une) pluie.* »
Le mot « *mưa — pluie* » est adverbe par position.
3. Litt. : « *(En fait de) comédie — quoi — est — (cette) espèce — puante?* »

Voyant dans son sommeil confusément des choses immondes [1],

Kiều est là, seule, accablée, près de sa lampe solitaire ! 850

Elle laisse de ses yeux s'échapper un torrent de larmes [2].

Elle a peur de cet étranger ; elle s'inquiète de ce qui l'attend !

« A quoi doit aboutir », se dit-elle, « cette comédie suspecte [3] ?

« Je laisse, en livrant ce corps précieux, souiller ma réputation de
» jeune fille distinguée [4] !
« C'en est assez, hélas ! que pourrais-je espérer encore ? 855

« Puisque ma vie doit être telle, il ne me reste plus qu'à en trancher
» le fil ! »
Irritée contre son destin, exhalant contre lui de vives plaintes,

la jeune fille saisit son couteau ; elle va s'en servir pour terminer ses
jours !
(Mais) dans son cœur perplexe les réflexions se succèdent :

« Ah ! s'il s'agissait de moi seule ! » dit-elle. « Mais que deviendront 860
» (les objets de mes) deux amours [5] ?
« S'il s'ensuivait plus tard quelque affaire,

« et qu'on remontât à la source, infailliblement on s'en prendrait à mes
» parents ! »
« Je me dévoue à tous risques ! provisoirement laissons aller les
» choses [6] !

---

4. Litt. : « *(Ma) personne — de mille — (lingots) d'or — laisse — souiller
— ma réputation — de joues — roses !*»

5. Litt. : « *(Quant à) l'unique — moi-même, — d'un côté — peu importe ! —
(Quant à mes) deux — amours, — de l'autre côté — comment ?* »

6. Litt. : « *Je frappe — (un fait de) m'exposer ! — Définitivement — relâchons
— peu à peu !*»

« Đành liễu » signifie « s'exposer à ses risques et périls ». Le verbe « đánh »

«Kíp chầy, thôi! cũng một lần là thôi!»

865 Những là đo đắn ngược xuôi,

Tiếng gà nghe đã gáy thôi mái tường.

Lầu mai vừa lúc ngui sương,

*Mã sanh* giục giã vội vàng ra đi.

Đoạn trường thay, lúc phân kỳ!

870 Vó cu khấp khỉnh; bánh xe gập ghình.

Bề ngoài lên dặm trường đình;

*Vương ông* gánh tiệc tiễn hành đưa theo.

joue dans cette expression le même rôle que dans celles qui désignent les diverses sortes de jeu, comme « 打毬 *đánh cù* — *jouer au disque* », « 打牌 *đánh bài* — *jouer aux cartes* », « 打棋 *đánh cờ* — *jouer aux échecs* », etc. etc. Cela vient que dans le fait de quelqu'un qui s'expose ainsi il y a un aléa; il ne sait s'il doit succomber, ou s'il échappera au malheur qu'il redoute.

1. Litt. : «. . . . *le contraire et le favorable,* »
2. Litt. : «*(Sur) le palais — du Mai, — dès le moment de — se calmer (commencer à se dissiper) — la rosée,* »

L'auberge est appelée le palais du *Mai* parce qu'elle renferme sous son toit la jeune femme, poétiquement comparée à cet arbre.

3. Litt. : «. . . . *le moment — de diviser — la divergence!* »

Le mot «*kỳ*» désigne le point où aboutissent des chemins divergents; et «*phân kỳ*» se dit de l'action de gens qui, après avoir suivi d'abord le même chemin, se séparent à cette bifurcation.

4. « *Khấp khỉnh, gập ghình* » sont des onomatopées très expressives.
5. Litt. : «*A l'extérieur — on monte — le dặm — de la située à une longue distance — station.* »

La poste se fait en Cochinchine par l'intermédiaire de cavaliers qui, à des intervalles déterminés, partent chargés de tubes de bambou cachetés qui renferment les correspondances. Ces cavaliers, qui peuvent faire de seize à dix-huit lieues par jour, se reposent de distance en distance dans une

«Que ce soit tôt ou tard, il me suffira d'un moment!»

Pendant qu'elle reste ainsi, pesant le pour et le contre [1],  865

sur la crête de la muraille voilà que le coq a chanté.

Dès que la rosée (de la nuit) a séché sur (le toit de) l'auberge [2],

le seigneur *Mã* en toute hâte la presse de se mettre en route.

Hélas! qu'il est douloureux, le moment où l'on se sépare [3]!

Le sabot du cheval résonne, la voiture cahote [4],  870

et l'on arrive ainsi jusqu'à la station du *trạm* [5].

Le vieux *Vương* venait derrière, portant le repas des adieux [6].

sorte de gare située au bord de la route et que l'on appelle un *trạm*. C'est là qu'ils se relaient ou changent de chevaux.

6. Les Chinois donnent un dîner d'adieu à leurs amis ou parents qui partent pour un voyage. Cette coutume, qui s'appelle 餞行, est extrêmement ancienne. Dès avant l'époque de Confucius, nous voyons les amis du voyageur l'escorter à une assez longue distance; puis après que ce dernier avait offert un sacrifice au génie du chemin, ils buvaient avec lui et lui offraient un festin sur le lieu même de la séparation (飮餞). On trouve dans le 詩經 (ode 韓奕) une description assez complète et fort curieuse de cette cérémonie.

| 侯 | 籩 | 乘 | 其 | 維 | 其 | 炮 | 其 | 清 | 顯 | 出 | 韓 |
|---|---|---|---|---|---|---|---|---|---|---|---|
| 氏 | 豆 | 馬 | 贈 | 筍 | 殽 | 鼈 | 殽 | 酒 | 父 | 宿 | 侯 |
| 燕 | 有 | 路 | 維 | 及 | 維 | 鮮 | 維 | 百 | 餞 | 于 | 出 |
| 胥 | 且 | 車 | 何 | 蒲 | 何 | 魚 | 何 | 壺 | 之 | 屠 | 祖 |

*Hàn hầu xuất tổ;*
*Xuất túc vu Đồ.*
*Hiển Phụ tiễn chi*

Ngoài thì chủ khách dập dều;

Một nhà huyên với một *Kiều* ở trong.

875 Nhìn càng lã chã giọt hồng!

Dỉ tai, nàng mới giãi lòng thấp cao.

« Vả sanh ra phận thơ đào!

« Công cha nghĩa mẹ kiếp nào trả xong?

« Lỡ làng, nước đục pha trong;

880 « Trăm năm để một tấm lòng từ đây!

« Xem gương trong bấy nhiêu ngày,

« Thân con chẳng kẻo mắc tay bợm già!

*Than tửu bá hồ.*
*Kỳ hào duy hà?*
*Bào biết, tiền ngư.*
*Kỳ tốc duy hà?*
*Duy tuân cập bồ.*
*Kỳ tặng duy hà?*
*Thừa mã, lộ xa.*
*Biên đậu hữu thả.*
*Hầu thị yên tư!*

Le *Hầu* de *Hàn* quitta la cour.
Il partit et passa la nuit à *Đồ*.
*Hiển Phụ* lui offrit, au festin des adieux,
cent *hồ* d'un vin clair et limpide.
Or les viandes, que furent-elles?
De la tortue rôtie, du poisson frais.
Et les légumes, que furent-ils?
Des pousses de bambou, des racines de jonc.
Que furent aussi les présents?
Un char de dignitaire avec son attelage.

Au dehors hôte et convives en tumulte (s'agitèrent)

(tandis que) *Kiều* et sa mère se tenaient seules au dedans.

Plus elles se regardaient, plus leurs yeux se baignaient de larmes! 875

Parlant à l'oreille (de *Vương bà*), la jeune femme ouvrit complétement son cœur [1].

«(Le Ciel) en me créant de moi fit une (faible) fille [2]!

«Dans quelle vie me sera-t-il donné de m'acquitter envers mon père
» et vous?

«J'ai manqué le but (de mon existence)! mais je veux laver ma souil-
» lure [3],

« et jusqu'à la fin de mes jours mon cœur ne vous quittera pas [4]! 880

«En réfléchissant [5] à ce qui s'est passé ces jours ci,

« il n'en faut point douter [6]! votre enfant se trouve aux mains d'un
» misérable!

Corbeilles et plats étaient en grand nombre,<br>
(car les autres) *Hầu* s'associaient au festin!

Ici les choses se passent autrement, et ce n'est pas sans intention que le poète nous montre le pauvre *Vương ông* portant tout le repas aux deux bouts de son balancier.

1. Litt. : «. . . . . . délia — son cœur — d'une manière basse — et d'une manière haute.»

2. Litt. : «Or — je suis née — dans une condition — de tendre — *Đào;*»

3. Litt. : «(Si) j'ai manqué mon but, — à l'eau — trouble — je mélangerai — (de l'eau) limpide!»

4. Litt. : «(Pendant) cent — ans — je laisserai — (mon) unique — cœur — à partir d' — ici!»

5. Litt. : «En regardant — à la manière d'un miroir (comme on regarde dans un miroir) — dans — tous ces — jours,»

«*Gương*» est adverbe par position. La jeune femme suppose poétiquement que devant ses yeux se trouve placé un miroir dans lequel se voient les événements qui se sont passés récemment.

6. «*Chẳng kéo*», qui signifie «*sans aucun doute*», est une expression dont l'étymologie a besoin d'être mise en lumière.

«Khi về, bỏ vắng trong nhà;

«Khi vào, dùi thẳng; khi ra, vội vàng!

885 «Khi ăn, khi nói, lỡ làng!

«Khi thầy, khi tớ, xem thường xem khinh.

«Khác màu kẻ qúi người thanh!

«Gẫm ra cho kỉ, như hình con buôn.

«Thôi! Con còn nói chi con?

890 «Sống, nhờ đất khách; thác, chôn quê người!»

*Vương bà* nghe bấy nhiêu lời,

Tiếng «oan!» đã muốn vạch trời kêu lên!

Vài tuần chửa cạn chén khuyên,

Mái ngoài nghỉ đã giục liên ruổi xe.

895 Xót con, lòng nặng bè bè,

Trước yên ông lại nằn nề thấp cao.

---

« *Kẻo* » veut dire « *de peur que* ». Associé à « *chẳng* », négation d'existence qui suppose nécessairement la présence d'un verbe sous-entendu, il constitue une formule dont la traduction littérale serait : « ne pas (il y a un) — de peur que ». « Il n'y a pas de *de peur que* » revient à dire qu'on se trouve dans une situation où un fait inspirant une crainte exprimée par l'expression « *de peur que* » (suivie d'un verbe) est certain ou inévitable. On ne peut plus dire : « *de peur que (cela n'arrive)* », puisque la chose est arrivée. — On rencontre une association d'idées analogue dans certaines locutions de notre langage familier, telles par exemple que celle-ci : « *Il n'y a pas à dire non!* »

1. Litt. : «..... *il laisse — (le fait d'être) solitaire — dans — la maison.* »
2. Litt. : « *Tantôt — les maîtres, — tantôt — les serviteurs — le regardent*

« Il laisse, lorsqu'il s'en va, la maison vide et déserte [1];

« lorsqu'il rentre, il hésite; lorsqu'il sort, c'est à la hâte!

« Tout sonne faux dans ses façons d'agir! 885

« Tant les maîtres que les valets le traitent sans considération [2].

« Ses manières ne sont point celles des personnes honorables!

« En y regardant de près, il semble qu'il fait un trafic.

« C'en est fait de votre fille! Elle n'existe plus pour vous [3]!

« Vivante, elle habitera une terre étrangère; un autre sol gardera sa 890
» dépouille! »
A ces paroles, *Vương bà*

voudrait jusques au ciel crier à l'injustice [4]!

A peine avait-on, à quelques reprises, puisé le courage dans la tasse des adieux
que *(Mã)* sortit de la maison et pressa le départ du chariot.

A la vue de sa malheureuse enfant le père sent son cœur lourdement 895
oppressé!
Il se tient devant le cheval [5], et, gémissant, il parle ainsi :

— *(comme on regarde un être) ordinaire,* — *le regardent* — *(comme on regarde un être dont on) fait peu de cas.* »
L'adjectif « *thường — ordinaire* » et le verbe « *khinh — faire peu de cas* » deviennent ici adverbes par position.
3. Litt. : « *Assez! — (Votre) fille encore — est dite — en quoi (votre) fille?* »
4. Litt. : « *(par le) cri :* — « *Injustice!* » — *dès à présent — veut — rayer — le Ciel — (et) appeler — en haut!* »
Une lame qui raie une surface y produit une empreinte. *Vương bà* voudrait agir de cette manière sur le Ciel, afin de produire sur lui une impression plus considérable et en obtenir justice.
5. Litt. : « *la selle* ».

«Xót thân liễu yếu thơ đào,

«Rấp nhà đến nỗi chen vào tôi ngươi!

«Từ đây góc bể ven trời,

900 «Nắng mưa thủi thủi, quê người một thân!

«Ngàn tầm nhờ bóng Tùng quân!

«Tuyết sương che chở cho thân cát đằng!»

Cạn lời, khách mới thưa rằng :

«Buộc chơn thôi cũng xích thằng nhiệm trao!

905 «Mai sau dầu đến thế nào,

«Kìa gương nhựt nguyệt! Nọ dao qủi thân!»

---

1. Litt. : «*Ayez pitié de — la personne — du saule — faible, — du tendre — Đaò,*»
2. Litt. : «*(Loin) à partir d' — ici, — au bout — de la mer, — près de — le ciel,*»
3. Litt. : «*(Par) la chaleur — (et par) la pluie — seule et désolée, — dans la patrie — des hommes (étrangers) — un seul — corps!*»
4. Litt. : «*(Quant à ses) mille — tầm (de hauteur) — je m'appuie sur — l'ombre — du Tùng!*»

Le «*tầm*» est une mesure de longueur qui équivaut à cinq *thước* et demi, c'est-à-dire 2$^m$6785.

5. Litt. : «*(Quant à) la neige — et à la rosée — exercez votre protection — pour — le corps — du Cát đẳng!*»

«Le 葛 *Cát*», dit M. WELLS WILLIAMS, «est une plante rampante et comestible, une espèce de *Dolichos* (probablement *D. trilobus*) dont les fibres servent à faire de la toile et dont on mange quelquefois les tiges. Cette sorte de plante se trouve nommée un grand nombre de fois dans le 詩經; aussi les poètes annamites, qui puisent là une grande partie de leurs inspirations, n'ont-ils garde d'en dédaigner l'emploi en composant leurs métaphores. Quant au mot «籘 *đằng*», c'est le nom générique des plantes qui

« Ayez compassion de ma fille, tendre et délicate enfant ¹,

« que le malheur de notre famille a rangée parmi vos servantes!

« A partir de ce jour, loin, bien loin de ces lieux ²,

« seule et désolée sur une terre étrangère, elle va être exposée aux 900
   » vicissitudes de l'existence ³!
« Ainsi qu'un gigantesque *Tùng*, lui prêtant votre appui tutélaire ⁵,

« protégez cette frêle liane ⁴ contre la neige et la rosée! »

Il se tait, et l'étranger avec respect lui répond :

« Ne craignez rien; les mystérieux fils rouges nous lieront désormais
   » l'un à l'autre ⁶!
« Si dans la suite, (par mon fait) il lui arrivait quelque chose ⁷,   905

« ici (nous sont témoins) le soleil et la lune; le glaive des esprits
   » est là ⁸! »

traînent sur le sol. La réunion des deux caractères prend en chinois une signification méprisante, celle de *« parasite »*; mais en Cochinchine *« căt dăng »* paraît aussi désigner, au propre et sans figure, le *Dolichos trilobus*.

L'auteur du *Túy Kiều* a voulu évidemment jouer sur cette double signification. *Vương bà*, comparant *Mã Giám sanh* à un pin majestueux, lui demande de prêter son soutien à son enfant qu'elle assimile au 葛 *Cát*, plante qui, abandonnée à elle-même, ne saurait s'élever au-dessus du sol où elle se traîne; mais en outre, en ajoutant à ce mot 葛 l'épithète 籐 *dăng*, elle applique par humilité à sa fille une dénomination qui, tout en étant celle du *Dolique à trois lobes*, désigne aussi couramment un être gênant et nécessiteux; lui donnant à entendre que, bien que *Kiều* ne doive être pour lui qu'un parasite désagréable, elle espère néanmoins de sa grandeur d'âme qu'il la protégera contre les accidents fâcheux de la vie, désignés ici métaphoriquement sous les noms de *« neige »* et de *« rosée »*.

6. Litt. : « *(Pour nous) attacher — les pieds, — il suffit! — tout aussi bien — les rouges fils — mystérieusement — sont donnés!* » — Voir la légende de *Vi Cö*.

7. Litt. : « *Demain — (ou) après — si — (quelque chose) arrive — d'une manière — quelle (qu'elle soit),* »

8. *Mã Giám Sanh* prend à témoins le soleil et la lune de l'engagement

Đùng đùng gió giục mây Tần;

Một xe trong cõi hồng trần như bay.

Trông vời; bặt lụy; phân tay!

910 Góc trời thẳm thẳm, ngày ngày đăm đăm.

Nàng thời cõi khách xa xăm;

Bạc phau cầu giá, chơn dầm ngàn mây.

Vi lau sát sát hơi mai;

Một trời thu để riêng tây một người!

915 Dặm khuya ngớt tạnh mù khơi;

Thấy trăng mà thẹn những lời non sông!

---

qu'il contracte d'aimer et de protéger la jeune femme qu'il feint d'épouser; consentant à ce que les esprits lui arrachent la vie, s'il vient à manquer à sa promesse.

1. Les montagnes de 秦 *Tần* ou 秦嶺 *Tần lãnh* se trouvent dans le sud de la province chinoise du 陝西 *Thiểm tây (Chèn sī)*. *Túy Kiều*, voyageant dans le 山西 *Sơn tây (Chān sī)* qui l'avoisine, aperçoit cette chaîne au loin dans le sud-ouest.

2. Litt. : « *Elle regarde l'espace; — elle est supprimée — (quant aux) larmes; — elle est séparée — (quant aux mains)!* »

3. Litt. : « *Le coin (l'extrémité) — du ciel — se fait profond; — de jour en jour — c'est monotone!* »

L'expression « *Góc trời* » peut s'entendre de deux manières; soit de l'horizon, qui paraît s'éloigner sans cesse tant que le but du voyage n'est pas atteint, soit du coin reculé de l'espace où la jeune femme a laissé les siens; coin de l'espace qui semble s'enfoncer dans l'immensité à mesure qu'elle s'en éloigne. J'ai adopté la première de ces deux interprétations comme étant celle qui se présente le plus directement à l'esprit; mais toutes deux sont également naturelles, et font également pendant à l'idée contenue

Bruyant comme le vent qui dissipe les nuées sur le sommet des monts *Tần* [1],
le char semble voler dans un tourbillon de poussière.

*Kiều*, les yeux secs, regarde dans l'espace. Les voilà (donc) séparés [2]!

L'horizon fuit devant elle; monotones s'écoulent les jours [3]! 910

La jeune fille, au sein de régions inconnues et lointaines,

va d'horizon en horizon, parcourant l'espace immense [4].

Les joncs et les cannes sauvages sont imprégnés de la rosée matinale [5].

La voilà, sous ce ciel d'automne, abandonnée aux mains d'un homme seul!

La nuit a chassé la mer des brouillards [6]; 915

mais à la vue de l'astre qui l'éclaire, elle se rappelle avec confusion le serment qu'elle prononça [7].

---

dans le second hémistiche. Le poète a eu très probablement l'intention de donner à entendre l'une et l'autre.

4. Litt. : « *(D'un) blanc — éclatant — (il y a) des ponts — de glace; — ses pieds — se trempent dans — mille — nuages.* »

Cette figure semble indiquer au premier abord que l'héroïne du poème franchit des montagnes couvertes de glace et de neige; mais elle n'est pas ici autre chose qu'une formule poétique employée par l'auteur pour exprimer la longueur du chemin parcouru. Il nous la montre dans le lointain, disparaissant à nos yeux comme le voyageur qui va franchir le col d'une haute montagne semble s'évanouir peu à peu dans l'espace.

5. Litt. : « *Les joncs — et les cannes sauvages — adhèrent à — l'haleine — du matin.* »

Le *Vi* est un jonc creux à l'intérieur. Le *lau* est une espèce de canne sauvage dont la tige, comme structure, est analogue à celle de la canne à sucre.

6. Litt. : « *Sur les dặm — de la nuit avancée (parcourus pendant la nuit avancée) — a cessé — le brouillard — haute mer.* »

« *Khơi — haute mer* », est adjectif par position.

7. Litt. : « *les paroles — de montagnes — et de fleuves* ».

Rừng thu tầng bích, úa hồng;

Nghe chim như nhắc tấm lòng thần hôn!

Những là lạ nước lạ non!

. . . . . . . . . . . . . . . . . . . . . . . .

920 *Lâm tri* vừa một tháng tròn đến nơi.

Xe châu dừng bánh cửa ngoài;

Rèm trong đã thấy một người bước ra.

Thoắt trông lợt lợt màu da!

Ăn chi? Cao lớn đẫy đà làm sao?

925 Trước xe hớn hở han chào;

Vưng lời, nàng mới bước vào, tận nơi.

Bên thời mấy gã mày ngài,

Bên thời ngồi bốn năm người làng chơi.

Giữa thời hương nến hẳn hoi;

930 Treo tranh quan thánh trắng đôi lông mày.

Lầu xanh quen lối xưa nay;

1. Litt. : « *La forêt — d'automne — (quant à ses) étages — bleus — est décolorée — (et) rouge.* »

2. Litt. : « *Absolument — c'est — (le fait d')être étranger — (quant aux) eaux, — d'être étranger — (quant aux) montagnes!* »

3. Le *Ngài* est une sorte de ver dont la forme est très analogue à celle

La forêt montre, étagées, ses nappes de verdure que l'automne et rougit et décolore [1].

Le chant des oiseaux ravive au cœur (de *Kiêu*) le souvenir (des jours passés).

Partout des eau inconnues, des montagnes étrangères [2]!

. . . . . . . . . . . . . . . . . . . . . . . . . . . . . . . . . . . . .

Lorsqu'on parvint à *Lâm tri*, un grand mois s'était écoulé. 920

Devant une porte extérieure le char termina sa course.

A travers la jalousie, quelqu'un se fit voir, puis sortit.

Tout à coup, aux yeux (de la jeune fille) parut un homme au teint blafard.

De quoi se nourrissait-il, pour avoir cette taille énorme?

Devant le char il fit un salut joyeux, et s'informa (de la santé des 925 arrivants).

Invitée à le faire, la jeune fille docilement s'avança dans l'intérieur.

(Elle aperçut) d'un côté des femmes aux sourcils disposés en forme de *Ngài* [3];

de l'autre, elle vit, assis, quatre ou cinq élégants libertins.

Au milieu de la salle étaient placés des parfums et de l'encens,

et, (l'on voyait), accrochée au-dessus, l'image d'un génie aux sourcils 930 entièrement blancs.

Telle fut de tout temps la coutume de ces palais du plaisir [4],

du bombyx qui donne la soie; mais il est plus ondulé et pointu à sa partie postérieure. Les filles de mauvaise vie ont coutume de donner à leurs sourcils une certaine ressemblance avec cet animal.

4. Litt. : « *Dans les palais — verts — on est habitué à — (ces) sentiers — (depuis) autrefois — (jusqu'à) présent.* »

Nghề nầy thì lấy ông nầy tiên sư.

Hương hôm, hoa sớm, phượng thờ.

Cô nào xấu viá cho thưa mối hàng,

935 Cởi xiêm, lột áo chán chường,

Trước thần sẽ nguyện mảnh hương lầm dầm.

Nệm hoa lót xuống, chiếu nằm;

Bướm ong bay lại âm âm tứ vi.

*Kiều* còn liều đất. Biết gì?

940 Cứ lời lạy xuống; mụ thì khấn ngay :

« Cửa hàng buôn bán cho may,

« Đêm đêm hàn thực, ngày ngày nguyên tiêu!

---

1. Litt. : « *(Si une) demoiselle — quelle (qu'elle soit) — est mauvaise — (quant aux) esprits vitaux — de manière qu' — elle soit surpassée (par les autres) — quant aux acheteurs — de (sa) marchandise,* »

Le mot « *cho* » fait des trois mots qui le suivent un adverbe de manière.

2. Ce jeûne consiste à ne manger que des aliments froids préparés d'avance (寒具 *hàn cụ*). Il se pratique dans le même temps que les cérémonies en l'honneur des ancêtres le troisième jour du troisième mois, c'est-à-dire deux jours avant l'époque du 清朋 *thanh minh*. Voici quelle en est l'origine, telle qu'elle se trouve rapportée dans le *Chinese readers manual*. « 介之推 Kíai tchē t'ouÿ (était) un des fidèles adhérents de 重耳 » T'chóng eûlh, prince de 晋 Tsín, dont il partagea l'exil en 654 av. J.-C. » Lorsque, dix-neuf ans après, le prince revint et s'empara du pouvoir, Kíai » tchē t'ouÿ repoussa obstinément toutes les offres de récompense qui lui » furent faites, et, pour se soustraire aux instances de T'chóng eûlh, il quitta » la cour en compagnie de sa mère avec laquelle il disparut au sein des forêts » des monts 綿上山. D'après le 史記 et le 左傳, le prince, après

et ce personnage est l'esprit protecteur des femmes de ce métier.

Le soir on l'adore avec des parfums; le matin c'est avec des fleurs.

Lorsqu'une de ces demoiselles manque d'ardeur et que sa clientèle diminue ¹,
elle se dépouille de ses vêtements, et dans une nudité complète 935

elle adresse tout bas sa prière au génie en brûlant (devant lui) quelques parfums;
puis sur son matelas elle étend une natte et s'y couche.

De tous côtés alors, d'un vol tumultueux, viennent papillons et abeilles.

*Kiều* se tient immobile, comme pétrifiée! Que comprendrait-elle à ces choses?
Obéissant à l'ordre (de *Tú bà*), elle se prosterne; et, sans rien dissi- 940
muler, la vieille fait cette prière :
« (Si tu fais) prospérer le commerce de la boutique,

« toutes les nuits on jeûnera froid; tous les jours on fera *Nguyên*
» *tiêu* ²!

» des recherches infructueuses, tint pour perdu son fidèle partisan, et changea
» pour honorer son dévouement le nom de la chaîne des montagnes en celui
» de 介山; mais, d'après une légende postérieure en date, il voulut forcer
» Kiai tchē t'oûï à sortir de sa retraite, et fit mettre pour cela le feu à la
» forêt. L'obstiné fugitif, plutôt que de sortir, saisit les mains de sa mère;
» ils entourèrent de leurs bras le tronc d'un arbre et périrent dans les flam-
» mes. En souvenir de cet évènement, une singulière coutume s'établit dans
» le Nord-ouest de la Chine. Elle consistait à s'abstenir de l'usage du feu
» pendant toute la durée du troisième mois de chaque année (époque à la-
» quelle, disait-on, avaient été brûlés les fugitifs); et comme, par suite, on ne
» mangeait que des aliments froids, cette pratique prit le nom de « 冷食 »
» ou « 寒食 », et aussi de « 禁烟 — *interdiction de la fumée* ». Pendant
» ce temps-là tout le monde mangeait des œufs teints de diverses couleurs,
» et l'on dressait des branches de saule à l'entrée des maisons. On trouva
» que cet usage de s'abstenir de feu causait un tel préjudice à la santé
» générale que dans le cinquième siècle de l'ère chrétienne l'empereur Wôu

« Muôn ngàn người thấy cũng yêu!

« Xăn xao anh én! dập dều trước mai!

945  « Tin ve vạch lá thơ bài,

» tí des Wéi rendit un édit spécial pour interdire de se livrer désormais à
» cette pratique. » (W. F. Mayers, *Chinese readers manual,* page 80.)

Quant au 元宵 *Nguyên tiêu,* on appelle ainsi la nuit pendant laquelle tombe la pleine lune du premier mois chinois, et, par dérivation, la célèbre *fête des Lanternes,* dont la date est officiellement fixée à cette époque. Cette fête est certainement la plus curieuse et la plus animée de toutes celles que célèbrent les Chinois. Je ne saurais mieux faire, pour en présenter une idée exacte, que de reproduire ici l'excellente description qu'en donne l'abbé Grosier, dans sa description de la Chine :

« Cette fête est fixée au quinzième jour du premier mois; mais elle com-
» mence dès le 13 au soir et ne finit que dans la nuit du 16 au 17. Elle
» est générale dans tout l'empire, et l'on peut dire que, pendant ces trois
» ou quatre nuits, toute la Chine est en feu. Les villes, les villages, les ri-
» vages de la mer, les bords des chemins et des rivières sont garnis d'une
» multitude innombrable de lanternes de toutes les couleurs et de toutes
» les formes. Les villes, les rues, les places publiques, les façades, les cours
» des palais en sont ornées; on en voit aux portes et aux fenêtres des mai-
» sons les plus pauvres. Tous les ports de mer sont illuminés par celles qu'on
» suspend aux mâts et aux agrès des jonques et des sommes chinoises. On
» allume peut-être dans cette fête plus de deux cent millions de lanternes.
» Les Chinois opulents rivalisent de magnificence dans ce genre d'illumina-
» tion et se piquent de suspendre devant leurs maisons les plus belles lan-
» ternes ; celles que font faire les grands mandarins, les vice-rois et l'empereur
» lui-même sont d'un travail si recherché, que chacune d'elles coûte quelque-
» fois jusqu'à quatre et cinq mille francs. On en construit de si vastes, qu'elles
» forment des salles de vingt à trente pieds de diamètre, où l'on pourrait
» manger, coucher, recevoir des visites et représenter des comédies. On y
» donne en effet, par l'artifice de gens qui s'y cachent, plusieurs spectacles
» pour l'amusement du peuple.

« Ils y font paraître », dit le P. Duhalde, « des ombres qui représentent
» des princes et des princesses, des soldats, de bouffons et d'autres person-
» nages, dont les gestes sont si conformes aux paroles de ceux qui les font
» mouvoir, qu'on croirait véritablement les entendre parler. » Quelques-unes
» de ces lanternes reproduisent aussi toutes les merveilles de nos lanternes
» magiques, autre invention joyeuse que nous devons peut-être aux Chinois.

« Outre ces lanternes monstrueuses qui sont en petit nombre, une infinité
» d'autres se font remarquer par leur élégante structure et la richesse de

« Qu'à sa vue des milliers d'hommes se sentent épris d'amour!

« Que la foule des galants se presse et bruisse à nos oreilles [1]!

« Quand se sera répandue la nouvelle de son arrivée [2], 945

» leurs ornements. La plupart sont de forme hexagone, composées de six
» panneaux de quatre pieds de haut sur un pied et demi de large, encadrés
» dans des bois peints, vernis ou dorés. Le panneau est formé d'une toile
» de soie fine et transparente sur laquelle on a peint des fleurs, des rochers,
» des animaux et quelquefois des figures humaines. Les couleurs employées
» dans ces peintures sont d'une vivacité admirable, et reçoivent un nouvel
» éclat par le grand nombre de lampes ou des bougies allumées dans l'in-
» térieur de ces machines. Les six angles sont ordinairement surmontés de
» figures sculptées et dorées, qui forment le couronnement de la lanterne.
» On suspend tout autour des banderolles de satin de toutes les couleurs,
» qui retombent avec grâce le long de ces mêmes angles, sans rien dérober
» de la lumière ni des six tableaux.

« Ces lanternes sont aussi variées par leurs formes que par la matière
» qu'on emploie pour les faire. Les unes sont triangulaires, carrées, cylin-
» driques, en boule, pyramidales; on donne aux autres, suivant un mission-
» naire, la forme de vases, de fleurs, de fruits, de poissons, de barques, etc.
» On en construit de toutes les dimensions, en soie, en gaze, en corne peinte,
» en nacre, en verre, en écailles transparentes d'huîtres, en papier fin. Le
» travail fini et délicat qu'on remarque dans un grand nombre de ces lan-
» ternes contribue surtout à les rendre d'un très grand prix.

« Toutes les merveilles de la pyrotechnie se joignent à celles de l'illumi-
» nation pour donner le plus grand éclat à ces fêtes de nuit. Il n'est pas
» de Chinois aisé qui ne prépare quelque pièce d'artifice; tous tirent au
» moins des fusées; et de toutes parts des gerbes, des flots d'étoiles et des
» pluies de feu éclairent et embrasent l'atmosphère. »

Dans l'ardeur de ses rapaces désirs, la vieille *Tú bà* promet au génie
protecteur de son infâme établissement qu'on s'y livrera en son honneur,
nuit et jour et tout le long de l'année, à des pratiques de mortification et
à des cérémonies qui n'ont régulièrement lieu qu'une fois par an.

1. Litt. : « *Que tumultueux — (soient) les perroquets — (et) les hirondelles!
— (Qu')en foule (arrivent) — les bambous — (et) les Mai!* »

L'expression figurée « *trước mai* », comme je l'ai dit plus haut, signifie
primitivement « *le mari et la femme* ». Par dérivation, elle désigne « *les rapports qui existent entre les époux, le mariage* ». Elle est employée ici dans une
acception ironique.

2. Litt. : « *(Lorsque) la nouvelle — de cigale — aura écarté — les feuilles
— (quant à la) lettre — (de l')exhiber (annonçant son exhibition).* »

«Đưa người cửa trước, rước người cửa sau!»

Lạ tai, nghe chửa biết đâu;

Xem tình ra cũng những màu dở dang.

Lễ xong hương hoả gia đằng,

950 *Tú bà* vắt nhục, lên giường, ngồi ngay.

Dạy rằng : «Con lạy mẹ đây!

«Lạy rồi, thì lạy cậu mấy bên kia!»

Nàng rằng : «Phải bước lưu ly,

«Phận hèn, vưng đã cam bề tiểu tinh.

955 «Điều đâu lấy én làm anh?

---

Les cigales, avec leur cri perçant, semblent proclamer en tous lieux des nouvelles importantes. De là cette épithète que l'on donne en poésie au mot «*tin*».

Le poète s'empare de cette figure, et compare la nouvelle qui se répand partout à des missives que des cigales, écartant le rideau de feuillage derrière lequel elles chantent, présenteraient au public.

1. Litt. : « *En examinant — le sentiment — il ressort — tout aussi bien — comme — une couleur — de manqué.*

Il semble à la jeune fille qu'il y a là une comédie mal jouée. «*Dở dang*» signifie littéralement «*ne faire une chose qu'à demi, manquer son coup*».

2. «*Cậu*» est un appellatif qu'on donne aux jeunes gens.

3. Litt. : « *Subissant le fait préjudiciable que — mes pas — sont égarés, (dans ma) condition — humble, — en obéissant, — j'ai accepté volontiers — (quant au) côté (rôle) — de femme de second rang.* »

Nous nous trouvons encore ici en présence d'une de ces locutions singulièrement elliptiques que permet le génie de la langue annamite comme

KIM VÂN KIỀU TÂN TRUYỆN.   195

« amène-les à la porte de devant! Reconduis-les par celle de derrière! »

*(Kiều)* entend ces paroles nouvelles pour son oreille. Elle n'en comprend rien encore,

mais, en y regardant de plus près, elle pressent dans tout cela quelque chose de mauvais aloi¹.

Quand la cérémonie des parfums dans la maison fut terminée,

*Tú bà* sur son lit remit son matelas, et s'y asseyant sans façon :        950

« Ma fille », dit-elle (à *Kiều*), « devant ta mère, ici, prosterne-toi!

« après quoi, devant ton galant, de l'autre côté, tu feras de même! »

« Pauvre égarée que je suis », lui répondit la jeune fille²,

« J'ai dû, dans mon humble situation, obéir et me contenter du simple
  » rang de concubine³ ;

« mais comment pourrais-je prendre un passant pour un époux⁴?     955

celui de la langue chinoise, et qui sont comme la condensation en un ou deux mots de tout un proverbe ou de toute une longue phrase. En se reportant à ce que j'ai dit sous le vers 695 au sujet de l'expression « 星期 *tinh kỳ* », on pourra comprendre comment les deux mots « 小星 *tiểu tinh* » qui signifient littéralement « *petite étoile* » peuvent constituer une expression d'humilité polie synonyme de « *concubine* » ou de « *femme de second rang* », et dont le complet développement serait : « *La personne qui vous est unie, dans un rang inférieur, sous l'influence des Trois étoiles* (三星 *tam tinh*). » Cette longue succession d'idées s'est condensée en deux simples mots par un même mécanisme absolument semblable à celui qui a donné naissance aux expressions « 波柚 *bễ dậu* » (v. 3), « 聲氣 *thinh khí* » (v. 193), « 刑于 *hình vu* » (grand commentaire du 三字經, n° 31) et à bien d'autres.

4. Litt. : « *(Cette) chose — où (est-elle) — (à savoir que) je prendrais — une hirondelle — (pour en) faire — un perroquet ?* »

Les galants, comme l'hirondelle, vont et viennent sans jamais se fixer. Le perroquet est au contraire un oiseau sédentaire, qui ne quitte guère l'arbre qu'il a choisi pour demeure; image d'un époux fidèle, qui abandonne le moins possible le toit conjugal.

13*

«Ngây thơ chẳng biết mới danh phận gì!

«Đủ điều nạp thể vu qui;

«Đã khi chung chạ, lại khi đứng ngồi.

«Giờ ra, thay bực, đổi ngôi!

960 «Dám xin gởi lại một lời cho minh».

Mụ nghe rằng nói hay tình,

Bấy giờ mới nổi tam *Bành* mụ lên :

«Nây nây! Sự đã quả nhiên!

«Thôi! Đà cướp của chồng min đi rồi!

965 «Bảo thì đi dạo lấy người,

---

1. Litt. : «*Définitivement — (il y avait le) quand — ils vivraient en commun, — et en outre — (le) quand — ils se tiendraient debout — et s'assiéraient (ensemble).*»

Le «*đã*» établit que le fait, la manière de vivre exprimée par tout le reste du vers avait été définitivement arrêté entre eux. «*Đứng ngồi*» est encore une expression elliptique du genre de celles que j'ai rappelées plus haut, et dont le développement est : «*vivre ensemble, toujours à côté l'un de l'autre, que l'on soit* debout, *ou que l'on soit* assis».

2. Litt. : «*Alors — enfin — s'élevèrent — les trois — Bành — de la vieille femme — en haut.*»

Ces trois «彭 *Bành*» sont une conception des adeptes du Taosséisme. Ils prétendent que tout être humain renferme au dedans de lui-même trois esprits de ce nom, qui jouent vis-à-vis de lui le rôle de tentateur. Ils l'excitent à mal faire, dans le but de l'accuser ensuite devant le roi du ciel des fautes qu'il aura commises.

3. Litt. : «*Voici! — Voici! — la chose — dès à présent — (se comporte) d'une manière — patente!*»

«*Quả nhiên*» est un adverbe chinois qui signifie «*réellement, certainement*». «*Đã*» en fait un verbe neutre annamite dont le sens est «*passer à l'état de réalité, devenir patent*».

«Simple et sans expérience, j'ignore et le nom (que je dois prendre)
» et la condition (qui m'est faite)!

«Tout est en règle; on a remis les présents; l'épouse à l'époux s'est
» livrée,

« et ils devaient en commun vivre l'un auprès de l'autre ¹.

«Mais voici que maintenant rangs et personnes sont changés!

«J'ose (donc) vous demander un mot d'éclaircissement.» 960

La matrone, à ces paroles qui font voir que la jeune fille entrevoit
la vérité,

sent en elle-même s'éveiller tous ses mauvais instincts ².

«Bon!» dit-elle, «voilà qu'elle sait tout ³!

«C'est, maintenant, une affaire manquée ⁴!

«Qui m'obligeait ⁵ à m'en aller à la recherche de cette demoiselle, 965

---

4. Litt. : «*C'en est fait! — on a ravi — le bien — du mari — de moi — définitivement!*»

Ce vers ne doit pas être interprété littéralement. Il exprime une idée générale de regret et de dépit. C'est une exclamation équivalente à notre «*tout est perdu!*», comme beaucoup d'autres que l'on rencontre dans la langue familière; et elle tire son origine d'une situation hypothétique dans laquelle se place la personne qui la profère. Rien n'est pénible pour une maîtresse de ménage comme de voir le bien de la famille enlevé par des brigands; et quand ce bien appartient en propre à son mari, la femme s'en désole doublement; car, outre le chagrin personnel que lui cause ce vol, elle a grandement à craindre d'être vertement réprimandée, sinon battue, comme cela se fait assez couramment dans l'Annam. La mégère se place donc en esprit dans la situation d'une femme qui constaterait un pareil vol, et se sert, pour exprimer son désappointement, de l'exclamation qui viendrait naturellement à la bouche de cette dernière.

«*Min*» signifie «*moi*» dans la bouche d'un supérieur qui parle de lui-même. *Tú bà* emploie ce terme parce qu'elle parle avec arrogance, en vertu des droits infâmes qu'elle s'arroge sur *Túy Kiều*.

5. «*Bảo*» est pour «*Ai bảo tôi?*»

«Đam về rước khách, kiếm lời mà ăn!»

«Tuồng vô ngãi! Ở vô nhân!

«Buồn mình trước đã tẳn mẳn thử chơi!

«Màu bồ đã mất đi rồi!

970 «Thôi! Thôi! Vốn liếng đi đời nhà ma!

«Con kia đã bán cho ta;

«Nhập gia, phải cứ phép nhà tao đây!

«Nầy kia! Có dở bài bây!

«Chẳng phang vào mặt, mà mầy đừng nghe!

975 «Cớ sao, chịu trót một bề!

«Gái tơ, mà đã ngứa nghề sớm sao?

«Phải làm cho biết phép tao!»

Giựt bì tiên, rắp sẵn vào ra tay.

Nàng rằng: «Trời thẳm! Đất dày!

980 «Thân nầy đã bỏ những ngày ra đi!

---

1. Litt. : «*Je suis affligée sur — moi-même — (de ce que) d'abord — j'ai fait des bassesses — pour en essayant — m'amuser!*»

2. «*Màu hồ*» est un terme familier de commerce dont le sens est : «*faire ses affaires*». Les deux caractères chinois qui le représentent, et qui signifient, le premier «*s'accrocher*» et le second «*coller*», indiquent clairement l'ordre d'idées duquel cette expression tire son origine.

«et à la ramener ici, pour attirer les gens et faire aller mon com-
   » merce?

«Ô l'ingrate espèce! Le mauvais cœur que voilà!

«Que j'ai de regret de m'être d'abord platement abaissée à jouer la
   » comédie [1]!

«Voilà mon aubaine perdue [2]!

«C'en est fait! Adieu mon capital! C'est de l'argent jeté à l'eau [3]!   970

«Cette fille là, qui m'a été vendue,

«étant entrée dans ma maison, doit en suivre le règlement!

«Regardez-moi donc cette sotte effrontée [4]!

«Tu verras si je ne te frappe pas au visage, pour t'apprendre à m'é-
   » couter [5]!

«Quelques puissent être mes motifs, tu dois obéir en tous points!   975

«Une fille si jeune, avoir déjà des caprices!

«Il faut que je te fasse un peu voir qui je suis!»

Là-dessus, saisissant un fouet de cuir tressé, elle s'avance et commence à la battre.

«Ô Ciel profond! ô terre immense!» s'écrie la jeune fille;

«du jour où je quittai ma demeure, ce pauvre corps était perdu!   980

---

3. Litt.: «*C'est fini! — C'est fini! — (mon) capital — s'en est allé — (quant à) la vie (pour toujours) — dans la maison — des esprits (dans l'autre monde)!*»

4. Litt.: «*Celle-ci, — la voilà! — Elle a (le fait d') — être — sotte — et effrontée!*»

5. Litt.: «*(Si je) ne pas — lance (un coup) — à entrer dans — ta figure, — mais (alors) — toi, — garde-toi — de — m'écouter!*»

« Thôi, thời thôi! Có tiếc chi? »

Sẵn dao tay áo tức thì dở ra.

Sợ gan nát ngọc liễu hoa;

Mụ còn trông mặt, nàng đà quá tay!

985 Thương ôi! Tài sắc mực nầy!

Một dao oan nghiệt dứt dây phong trần!

Nỗi oan vỡ lở xa gần;

Trong nhà người chật một lần như nêm.

Nàng thì bặt bặt giấc tiên.

990 Mụ thì mịt mịt, mặt nhìn hồn bay!

Vực nàng vào chốn hiên tây;

Cắt người xem sóc, chạy thầy thuốc thang.

Nào hay chưa hết trần duyên?

Trong mây dường đã đứng bên một nàng!

995 Dĩ rằng: « Nhơn quả dở dang!

---

1. Litt. : « *(Quant à) finir, — eh bien! — finissons!* »
2. Litt. : « *(Tú bà) craint* — (de la part de *Kiều*) *le foie (le courage)* — *de briser* — *la pierre précieuse* — *(et de) sacrifier* — *la fleur.* »
3. Litt. : « *(Tandis que) la vieille* — *encore* — *regarde* — *(son) visage,* — *la jeune fille* — *déjà* — *a passé outre* — *(quant à) la main!* »
4. Litt. : « *Un couteau* — *fatal* — *tranche d'un seul coup* — *le lien* — *du vent* — *et de la poussière!* »

«S'il faut en finir, eh bien! soit ¹! que pourrai-je regretter?»

Et, sortant de sa manche le couteau qu'elle y gardait, elle le brandit soudain.
La vieille craint qu'elle n'ose se tuer ²;

mais à peine l'a-t-elle regardée que la main (de *Kiều*) a déjà porté le coup ³!
Hélas! de si beaux talents! une si grande beauté! 985

Un couteau fatal d'un seul coup vient de les retrancher du monde ⁴!

Chacun est bouleversé de ce funeste événement.

Dans la maison aussitôt l'on se presse et l'on s'étouffe ⁵.

La jeune fille reste sans mouvement; sa respiration a cessé; elle est plongée dans un sommeil léthargique ⁶.
La vieille, épouvantée, la regarde avec stupeur ⁷! 990

On emporte *Kiều* à l'occident dans une pièce de côté.

Une personne est chargée de sa garde, et l'on court chercher le médecin.
Qui eût pensé qu'elle n'avait point encore accompli sa destinée en ce monde?
A ses côtés, debout dans un nuage, elle croit voir une jeune femme

qui, à l'oreille, lui dit tout bas : « Il te reste à expier les fautes de ta 995
» vie passée ⁸!

---

5. Litt. : «*Dans — la maison — les gens — sont serrés — d'une — fois — comme — des coins.*»

6. Litt. : «*dans un sommeil — d'Immortel*». Son immobilité est telle qu'il semble que son âme soit allée voyager au pays des Immortels. — «*Bất bất*» signifie «*sans mouvement et sans respiration*».

7. Litt. : «. . . . *son visage — regarde, — son âme — s'envole!*»

8. Litt. : «*(Dans) des causes — les effets — tu n'as réussi qu'à demi!*»

«Đã toan trốn nợ đoạn trường được sao?

«Số còn nặng nghiệp má đào!

«Người dầu muốn quyết, Trời nào đã cho?

«Hãy, xin, hết kiếp liễu bồ!

1000 «Sông *Tiền đường* sẽ hẹn hò về sau!»

Thuốc thang trót một ngày thâu,

Giấc mê nghe đã dầu dầu vừa tan.

*Tú bà* chực sẵn bên màn;

Gieo lời thỏn thót mên man gỡ dần :

1005 «Một người dễ có mấy thân?

«Hoa xuân phát nhụy, ngày xuân còn dài!

«Cũng là lỡ một lầm hai!

J'ai déjà eu l'occasion de rappeler que dans le système bouddhique, sur lequel roule la donnée philosophique de ce poème, les fautes d'une première existence sont expiées par les malheurs de celle qui la suit. De là vient la singulière expression dont se sert ici le poète. « 因 nhơn — les causes », ce sont les fautes commises dans l'existence précédente. « 果 quả — les fruits » ou « les résultats », ce sont les conséquences que ces fautes ont fatalement produites, les malheurs que le coupable subit dans sa vie actuelle. *Kiều* a échoué *dans la combinaison des causes avec les résultats,* (因果); c'est-à-dire qu'elle n'a pas su vivre assez vertueusement jadis pour atteindre le but qu'elle devait se proposer, à savoir le bonheur parfait dans la vie présente. Elle n'a su le faire qu'*à demi (dở dang)*; c'est-à-dire que sa première vie n'ayant pas été complètement mauvaise, elle n'est pas définitivement condamnée, comme l'est *Đạm Tiên* qui lui parle; mais elle aura beaucoup à souffrir avant de retrouver le bonheur, qui consistera pour elle dans son union avec *Kim Trọng,* comme on le voit à la fin du poème.

«Crois-tu donc pouvoir éluder le paiement de ta dette d'infortune?

«Ton destin te condamne aux malheurs de la beauté<sup>1</sup>!

«L'homme peut bien vouloir en finir, mais le ciel le permettrait-il?

«Accomplis jusques au bout ta destinée de faible femme [2]!

«Au fleuve *Tiên Đường* je te donne pour plus tard rendez-vous!»    1000

Après que pendant tout un jour la jeune fille eût reçu des soins,

il sembla que la léthargie peu à peu se dissipait.

*Tú bà* qui, près des rideaux, épiait le moment (favorable),

lui glissa, pour la consoler, des cajoleries enfantines [3].

«Possédons-nous donc plusieurs corps!» lui dit-elle.    1005

«Votre fleur ne fait que de s'épanouir, et le printemps est (pour vous)
» long encore!

«Mais moi, sur tous les points, j'ai commis une erreur [4]!

---

1. Litt. : «*Ton destin — encore — est lourd — (quant aux) charges — des joues — de Đào!*»

2. Litt. : «*Veuilles, — je te prie, — achever — (ta) destinée — de saule — (et de) Bồ (de faible femme)!*»

«*Hãy*» est la formule de l'impératif excitatif. L'auteur, par licence poétique, met ce mot après le verbe qu'il régit afin que les règles de la prosodie ne soient pas enfreintes.

3. Litt. : «*Jette — des paroles — flûtées — en langage de barbare — pour dégager — (et) débrouiller.*»

Les mots «*lời mên man*» désignent proprement ces discours inintelligibles que les mères tiennent à leurs enfants en bas âge pour apaiser leurs petits chagrins.

4. Litt. : «*Tout aussi bien — c'était — me fourvoyer — (quant à) un — (et) me tromper (quant à) deux.*»

«Đá vàng sao nỡ ép nài mưa mây?

«Lỡ chơn trót đã vào đây!

1010 «Khóa buồng xuân để đợi ngày đào non!

«Người còn, thì của hãy còn!

«Tìm nơi xứng để là con cái nhà.

«Làm chi tội báo oan gia?

«Thiệt mình mà hại đến ta hay gì?»

1015 Kề tai mấy nỗi nằn nì,

Nàng nghe dường cũng thị phi rạch rời.

Vả suy thần mộng mấy lời,

---

1. Litt. : « *La pierre — (et) l'or, — comment — s'aviserait-on — de (les) contraindre — (et de les) importuner — (quant à) la pluie — et aux nuages ?* »
L'expression «*mưa mây — la pluie et les nuages*» a un double rôle ici. Elle forme premièrement antithèse en tant qu'opposée à «*đá vàng — la pierre et l'or*». Cette dernière locution signifiant «*la fermeté*», «*mưa mây*» se prendra pour «*la faiblesse*», c'est-à-dire pour «*un acte de faiblesse, de soumission*»; car la pluie et la vapeur qui produit les nuages étant choses de leur nature inconsistantes, peuvent être considérées comme essentiellement opposées à la pierre et à l'or, qui sont des substances dures. Secondement, il faut noter que les mots «*mưa mây*» ne sont autre chose que la traduction annamite de «雲雨 *vân vũ*», terme graveleux que l'on rencontre dans les romans et les comédies chinoises (notamment dans le 好求傳) et qui exprime l'union des deux sexes.

2. Litt. : «*Fermez — la chambre — du printemps; — laissant de côté (tout cela), — attendez — les jours — du pêcher — tendre.*»
Le mot «*xuân — printemps*» a encore ici le sens licencieux que j'ai signalé dans une des notes précédentes.
Le temps où les pousses du pêcher (ou du Đào) sont tendres est celui de la floraison, c'est-à-dire l'époque où tous les êtres se reproduisent dans

«Comment pourrait-on contraindre, importuner la fermeté même ¹?

«Vos pieds, en s'égarant, vous ont conduite ici;

«(mais) bannissez les amours jusqu'au jour où votre cœur parlera ²! 1010

«Tant que l'on vit, rien n'est perdu!

«Je verrai à vous établir comme j'établirais mon enfant.

«Pourquoi vous laisser aller à une action aussi atroce ³?

«Pourquoi vous nuire à vous même? pourquoi nous nuire à nous
» aussi?»

Elle susurre à son oreille tant de paroles câlines, 1015

qu'en les écoutant la jeune fille finit par s'y laisser prendre ⁴.

En outre, réfléchissant à ce qu'elle entendit en songe

---

la nature; de là l'emploi des mots «*ngày đào non*» pour exprimer l'idée d'un cœur qui s'ouvre à l'amour.

3. «*Tội báo oan gia!*», litt. : «*De (ce) crime — la rétribution — nuira — à la famille!*» est une phrase chinoise passée, en tant qu'exclamation, dans la langue annamite, où elle est employée couramment dans le sens de «quelle horreur!» ou «quelle atrocité!». Suivant le génie propre à cet idiome qui transforme si facilement des phrases entières en véritables noms, adjectifs ou verbes, elle peut jouer, selon le cas et le besoin, le rôle de ces diverses parties du discours. C'est ainsi que l'on dit fort bien, pour désigner un sacripant : «*Một thằng tội báo oan gia*», litt. : «*Un individu — (qui est tel que de ses) crimes — la rétribution — nuira — à sa famille*»; on fait alors de cette formule un adjectif. Dans le cas qui nous occupe c'est un verbe composé qu'elle forme; et pour avoir le sens exact du vers 1013, il faut le traduire littéralement ainsi :

«*(Pour) faire — quoi — avez-vous commis une de ces fautes dont la rétribution porte malheur à une famille?*»

4. Litt. : «*(Tandis que) la jeune fille — (les) écoute — (c'est) comme si — tout aussi bien — le vrai — (et) le faux — (y) étaient manifestes.*» Elle croit y voir une apparence de raison.

Túc nhơn thì cũng có Trời ở trong!

« Kiếp nầy nợ trả chưa xong,

1020 « Làm chi, thì cũng một chồng kiếp sau! »

Lặng nghe đăm thắm, cúi đầu,

Thưa rằng : « Ai có muốn đâu thể nầy?

« Được như lời thế là may!

« Hẳn rằng mai có như rày cho chăng?

1025 « Sợ khi ong bướm đãi đằng.

---

1. Le mot « 夙 *Túc* », pris adjectivement, signifie « *à l'aube* »; mais dans le style des sectateurs du *Đạo*, ce terme désigne les choses qui se rapportent à une existence antérieure.

Les deux éditions que j'ai entre les mains portent « 夙姻 *túc nhân* » au lieu de « 夙愆 *túc khiên* »; si l'on suivait cette version, il faudrait traduire ainsi :

« aux sujets des *fiançailles* contractées dans une existence antérieure, etc. etc. »;

Évidemment devant les termes du vers précédent cette version n'est pas possible; car pas plus dans le songe où *Kiều* vient de voir lui apparaître *Đạm tiên* que dans celui qui est décrit au commencement du poème, il n'est question de semblables fiançailles; tandis qu'au contraire, l'apparition y parle aussi nettement que possible des fautes commises par la jeune fille dans une existence passée. L'éditeur qui a publié le plus ancien de mes exemplaires a dû être trompé par une similitude de son. En reproduisant, soit le manuscrit, soit une édition précédente du poème, au lieu des mots « 夙愆 *túc khiên* — *les fautes commises dans une existence antérieure* », il aura lu « 夙緣 *túc duyên* » qui présentent une consonnance à peu près semblable; puis, soit par distraction, soit par suite de cette indépendance d'esprit ou de ce besoin d'innovation dont semblent possédés les lettrés annamites, à ce qu'il avait cru lire il aura substitué dans la composition les deux caractères « 夙姻 *túc nhân* » qui ont à peu près le même sens. Plus tard, au sujet des fautes d'une existence antérieure [1], elle voit là la main du ciel!

« Si cette vie ne suffit pas à l'acquittement de ma dette,

« dans l'autre, quoi qu'il arrive, je n'aurai qu'un époux! » (dit-elle). 1020

Elle écoute en silence les douces paroles (de la vieille), et, baissant la tête :

« Qui consentirait », répond-t-elle, « à demeurer dans cet état?

« Si vous tenez votre promesse, je m'estimerai heureuse [2]!

« (mais) qui sait s'il en sera de demain comme d'aujourd'hui?

« En restant au milieu de ce libertinage, je crains d'y succomber 1025 » (moi-même) [3];

l'éditeur de l'exemplaire le plus récent sera tombé de confiance dans la même erreur.

Ces altérations sont extrêmement fréquentes dans les diverses éditions des nombreux poèmes qui forment la partie la plus importante de la littérature cochinchinoise; et c'est surtout à ce genre d'œuvres que l'on pourrait appliquer avec justesse le proverbe chinois bien connu : « 三抄失本 Tam sao thất bổn — Après trois copies, l'original est perdu. »

2. Litt. : « (Si) j'obtiens — (le fait qu'il en soit) comme (le comportent) — des paroles — de cette espèce (de l'espèce de celles que vous venez de prononcer), — ce sera — heureusement! »

« Thế » est pour « thễ ». Cette substitution est très fréquente, même dans la langue vulgaire actuelle.

3. Litt. : « Je crains — le temps (que) — les abeilles — et les papillons — me (toucheraient) du bout des lèvres! »

De même que l'abeille et le papillon voltigent de fleur en fleur, de même les libertins cherchent à obtenir les faveurs de toutes les femmes sans s'attacher longtemps à aucune. De là cette figure. L'emploi des mots «dãi dăng», qui sont originairement un adverbe signifiant « du bout des lèvres » et qui deviennent ici par position le verbe « toucher, effleurer du bout des lèvres », la continue heureusement; car les deux insectes dont il est parlé dans ce vers semblent effleurer à peine les fleurs de leur trompe, tant est rapide leur passage de l'une à l'autre.

« Đến đều sống đục, sao bằng thác trong! »

Mụ rằng : « Con hãy thong dong!

« Phải đều lòng lại đổi lòng mà chơi?

« Mai sau ở chẳng như lời,

1030 « Trên đầu có bóng mặt trời sáng soi! »

Thấy lời quyết đoán hẳn hòi,

Đành lòng, nàng cũng sẽ nguôi nguôi dần.

Trước sau ngưng biếc toả xuân,

Vít non xa, tấm trăng gần ở chung.

1035 Bốn bề bát ngát xa trông

Cát vàng cồn nọ, bụi hồng dặm kia.

Bĩ bàng mây sớm đèn khuya!

---

1. Litt. : «*(Quant à en) venir à — la chose — de vivre trouble, — comment — serait-elle égale à — mourir — limpide?*»

2. Litt. : «*Devant — et derrière — gelée — (quant à) l'azur — (au point de vue de) sa serrure — de printemps.*»
Ce vers, au point de vue de la métaphore, sort absolument de nos conceptions habituelles. Pour exprimer le grand calme dont jouit son héroïne, l'auteur la compare à une mer gelée. L'adjectif «*biếc*» qui exprime la teinte bleu verdâtre que prennent les eaux profondes, devient ici un substantif, et désigne la mer elle-même.
Le mot «*xuân*» a le même sens qu'au vers 1010.

3. Litt. : «*Les marques — des montagnes — éloignées — (et) la lune — proche — sont — en commun (avec elle).*»
Elle vit pour ainsi dire en commun avec elles, en ce sens qu'elle les a constamment sous les yeux.

« (et) plutôt que d'en venir à vivre ainsi souillée, il vaut mieux mourir
» chaste (encore) ¹ ! »

« Ma fille ! » lui dit la vieille, « agissez comme il vous plaira !

« Me ferais-je de nouveau un jeu de vous abuser ?

« Si dans l'avenir je violais ma promesse,

« Le soleil est là, sur notre tête, qui nous éclaire et me verra ! »  1030

A ces paroles empreintes d'une résolution sincère,

la jeune fille se rend, et dans son cœur elle sent peu à peu le calme
renaître.

En sûreté désormais derrière une porte bien close ²,

(elle contemple) à la fois et les montagnes lointaines, et la lune dont
les rayons viennent la visiter ³.

Au loin, de tous côtés, son regard soucieux se porte  1035

sur le sable ⁴ de la colline, sur la poussière du chemin.

Le matin, beaucoup de nuages (au ciel)! beaucoup de lampes aux
maisons la nuit ⁵ !

Dans le lointain, les montagnes se profilent à certaines heures sur l'horizon avec la netteté d'un trait de pinceau. — « *Tấm* », numérale des choses plates, s'applique à la lune.

4. « *Vàng* » et « *hồng* » sont deux ornements poétiques qui n'ajoutent rien à la signification. Ils sont tirés de la nature des objets dont ils qualifient le nom. Le sable est souvent jaune, et la poussière parfois rougeâtre; mais l'auteur n'entend pas dire ici que le sable de telle ou telle colline dont il parle est jaune, tandis que la poussière de tel ou tel *dặm* du chemin est rouge.

5. Ceci n'est qu'une façon poétique de dire que les jours et les nuits se succèdent dans une monotone uniformité. La présence des nuages au ciel le matin, celle des lampes dans les maisons le soir sont en effet deux circonstances qui n'ont absolument rien de remarquable et qui se reproduisent constamment.

14

Nhớ tình, nhớ cảnh, như chia tấm lòng!

Tưởng người dưới nguyệt chén đồng!

1040 Tin sương luống hãy rày trông, mai chờ!

Ven trời, góc bể bơ vơ,

Tấm son gụt rửa bao giờ cho phai?

Xót người dựa cửa hôm mai!

Quạt nồng, đắp lạnh, những ai đó chừ?

1045 *Bồng lai* cách mấy nắng mưa?

Có khi gốc tử đã vừa người ôm!

Buồn trông cửa biển gần hôm!

Thuyền ai thoảng cánh gió buồm xa xa?

---

1. Litt. : « *Elle pense à — l'homme (qui) — sous la lune — (quant à) la tasse — fut en communauté (avec elle).* »

2. Litt. : « *Près de — le ciel, — au coin de — la mer, — isolée,* »

3. Litt. : « *(Quant à) éventer — (eux) chauds — (et) recouvrir — (eux) froids, — les qui — sont là — maintenant?* »
Comp. le vers 1432 du poème *Lục Vân Tiên* :
    « *E khi ấm lạnh buổi nào! Biết đâu?* »
L'adverbe « *đó — là* » devient verbe par position.

4. Litt. : « *(La montagne de) Bồng Lai — est éloignée (d'eux) — de combien de — chaleurs — (et de) pluies?* »
Voir, sur la montagne de « *Bồng lai* », ma traduction du *Lục Vân Tiên* (p. 66, note 2).

*Túy Kiều*, pour exprimer le grand éloignement où elle est des siens, se suppose reléguée sur cette montagne imaginaire.

Pleurant ses affections, regrettant son pays, il lui semble sentir se déchirer son cœur!

Elle pense à celui qui, à la clarté de la lune, dans la même tasse (avec elle a bu)[1]!

Toujours elle espère avoir de ses nouvelles; elle en attend aujourd'hui, elle en attendra demain! 1040

Seule, abandonnée sur une plage lointaine[2],

quand verra-t-elle de son cœur s'effacer cette (chère) image?

Son cœur se serre en pensant à ceux qui, soir et matin, adossés à la porte, (l'attendent)!

Qui est là maintenant pour les rafraîchir de l'éventail, pour réchauffer (leurs membres) refroidis[3]?

Combien de fois (à ses yeux), dans cette région inconnue, le soleil a-t-il brillé? Combien de fois est tombée la pluie[4]? 1045

Le tronc du tử[5] déjà, peut-être, remplit l'étreinte des deux bras!

Tristement elle regarde le port à la tombée du jour!

A qui, là-bas, est ce bateau dont les voiles s'enflent au vent?

---

5. Litt. : « *Peut-être que — le tronc — du tử — dès à présent — est à la mesure — d'un homme — qui l'embrasse de ses bras!* »

Ce vers renferme une idée d'une fraîcheur et d'un naturel que l'on ne rencontre pas fréquemment dans les poésies cochinchinoises. La jeune fille rappelle à son souvenir les moindres détails de son heureuse enfance. Elle pense à un arbre planté dans le jardin paternel, et se dit qu'il a dû bien grandir depuis qu'elle n'est plus là. On comprend du reste que ses souvenirs se portent tout particulièrement sur cet objet; car le 梓 *Tử* est un arbre des plus majestueux, dont le bois est fort dur et des plus estimés. Plus connu en Chine sous le nom de « 木王 *Mộc vương — le Roi des arbres* » que lui ont valu sa beauté et ses qualités exceptionnelles, il appartient à la famille des Euphorbiacées, tribu des Crotonées, genre *Rottlera*. Son nom botanique spécial est *Rottlera Japonica*. Cette espèce ne paraît pas appartenir à la Cochinchine; du moins elle n'est mentionnée ni dans l'*Hortus floridus* de Tabert, ni dans le remarquable travail de M. Karl Schroeder sur les végétaux de notre colonie.

Buồn trông ngọn nước mới sa!

1050 Hoa trôi man mác biết là về đâu?

Buồn trông nội cỏ dàu dàu!

Chơn mây mặt đất một màu xanh xanh!

Buồn trông gió cuốn mặt gành!

Om sòm, tiếng sóng kêu quanh ghế ngồi!

1055 Đông quanh, những nước non người;

Đau lòng lưu lạc, nên vài bốn câu.

Ngậm ngùi xủ bức rèm châu,

Cách lầu nghe có tiếng đâu hoà vần.

Một chàng vừa trạc thanh xuân,

1060 Hình dung chải chuốt, áo khăn dịu dàng.

Nghĩ rằng: «Cũng mạch thơ hương!»

Hỏi ra, mới biết rằng chàng *Sở Khanh*.

Bóng Nga thấp thoáng dưới mành;

---

1. Litt. : « *Le pied — des nuages — et la surface — de la terre — (sont d')une seule — couleur — bleuâtre!* »

2. Litt. : «. . . . . *la surface de la falaise*».
La falaise est prise ici pour l'eau qui l'avoisine. Cette licence est motivée par la nécessité de trouver une monosyllabe rimant avec « *xanh* ».

3. Litt. : « *Aux alentours — (il n'y a) absolument que — les eaux — et les montagnes — des hommes (étrangers),* »

4. « *Nên — devenir* », est ici au causatif.

Tristement elle regarde les eaux qui de la source ont jailli tout à l'heure!

D'où viennent-elles, ces fleurs qui flottent éparpillées? 1050

Tristement elle regarde la plaine herbue et mélancolique!

A l'horizon les nuages et la terre se confondent en un lointain bleuâtre¹!

Tristement elle regarde la vague par le vent roulée sur le rivage²!

Les flots autour de sa chaise font entendre leur fracas!

Elle ne voit autour d'elle que paysages inconnus³, 1055

et, pour déplorer son exil, elle improvise quelques strophes de quatre vers⁴.

Elle abaissait, le cœur serré, la jalousie de sa fenêtre,

lorsque, non loin de la maison, elle entendit une voix qui répondait avec les mêmes rimes.

C'était un homme jeune encore,

doué d'une belle prestance, et vêtu avec recherche. 1060

« C'est aussi là un lettré! » se dit-elle⁵.

Elle lui demanda son nom, et sut qu'il s'appelait *Sở Khanh*.

Par intervalles sous le treillage glissaient les rayons de la lune⁶.

---

5. Litt. : « *Elle pensa — disant : — « Aussi — il est un homme appartenant à la parenté — des lettrés!* »

On dit en chinois : « 書香之家 *Thơ hương chi gia* », litt. : « *Une maison du parfum des livres* » pour désigner « *une famille lettrée* ».

« *Mạch — parenté* » devient par position un adjectif, qui prend d'autre part le rôle de verbe qualificatif par suite de l'absence d'un autre verbe dans la phrase.

6. Litt. : « . . . . *l'ombre de — (Tô) Nga (ou Khương Nga)* ».

Trông chàng, nàng cũng ra tình đeo đai.

1065 Than : «Ôi! Sắc nước! Hương trời!

«Tiếc cho đâu bỗng lạc loài đến đây!

«Quế trong trăng! Hương trên mây!

«Hạc bay nở để cho đầy đoạ hoa?

«Tiếc đều lầm, chẳng biết ta!

1070 «Vẻ châu vớt ngọc dễ đà như chơi!»

---

1. Litt. : «.... Couleur — de l'eau! — Parfum — du ciel!»
Par ces exclamations, Túy Kiều donne à entendre qu'elle trouve à Sở Khanh une beauté surhumaine, et qu'elle le considère non comme un homme, mais comme une créature du ciel.

2. Litt. : «(C'est) le Quê — (qui est) dans — la lune! — (C'est) un parfum — (qu'on respire) au-dessus de — les nuages!»
Ces expressions étranges et ampoulées ne sauraient, pas plus que celles du vers 1067, être traduites directement en français.
Le Quê dont il s'agit ici n'est pas le *Laurier cannellier*, mais l'*Olea fragrans* (en chinois 桂花 *Quê hoa*), arbre très odoriférant qui appartient à la famille des *Oléacées*. Cette espèce est extrêmement estimée en Chine. Les fleurs, qui répandent un parfum délicieux, servent à faire une espèce de conserve analogue à la confiture de roses des Turcs, et à parfumer le thé. Les Chinois se figurent qu'il se trouve dans la lune un arbre de cette espèce, et lorsqu'ils veulent exprimer poétiquement que quelqu'un a obtenu le grade de licencié, ils disent qu'il est allé dans cet astre y cueillir un rameau de *Quê* : « 蟾宮折桂 *Thiềm cung chiết quê*», litt. : «*Il a rompu le Quê dans le palais du crapaud rayé*». (Ils désignent ainsi la lune parce qu'ils la croient habitée par cette sorte d'animal.) L'arbre dont nous parlons a été adopté comme le symbole des hautes dignités littéraires.
«*Hương trời*» est une expression à peu près synonyme de «*thơ hương*», mais plus laudative encore. Pour en faire comprendre la valeur, il faudrait employer cette périphrase : «*Le parfum littéraire qu'il répand autour de lui n'est pas de la terre; il provient du Ciel!*»

3. Litt. : «*Je regrette — la chose — de (lui) s'être trompé — (et) ne pas — connaître — moi (je regrette que ce soit par erreur qu'il est venu ici, et non parce qu'il savait m'y trouver)!*»

A l'aspect de ce jeune homme, elle aussi se sentit prise de sympathie.

« Ô qu'il est beau ¹! » soupira-t-elle. 1065

« Quel malheur que dans ces parages il soit venu s'égarer!

« Comme il a l'air d'un illustre lettré! Combien il doit posséder de
» science ²!
« Le *Hạc* qui passe en volant permettra-t-il qu'on maltraite une fleur?

« Hélas! venu par erreur, il ignore mon existence ³!

« Ce ne serait pour lui qu'un jeu de me tirer de (ce bourbier) ⁴! » 1070

4. Litt. : « *Pêcher — la perle, — tirer de l'eau — la pierre précieuse — (lui) serait facile; — ce serait certainement comme — jouer!* »

Dans l'édition que je suis (en y corrigeant toutefois les caractères faux ou défectueux), on trouve intercalés entre les numéros 1069 et 1070 six autres vers en petits caractères. Ils sont précédés de cette indication en chinois : « 又一本云 *Hữu nhứt bổn vân :* — *on trouve dans un autre exemplaire :* » Ces derniers vers, que je crois intéressant de reproduire ici, sont les seuls que contienne l'édition que j'ai reçue du Tonkin, et c'est probablement à elle que s'applique le renvoi chinois. Les voici avec la traduction :

« *Giá dành trong nguyệt trên mây!*
« *Hoa! sao hoa khéo đã dày bấy, hoa!*
« *Nỗi con riêng giận Trời già!*
« *Lòng nầy ai tỏ cho ta? Hỡi lòng!*
« *Thuyền quyên vì biết anh hùng!*
« *Ra tay tháo cũi sổ lồng như chơi!* »

« Il serait digne d'être un génie! ᵃ
« Où trouves-tu donc, ô amour! tant de force pour nous amollir? ᵇ
« En mon sein naît la colère! je m'irrite contre le Ciel! ᶜ

ᵃ Litt. : « *Sa valeur — est digne d' — (un être qui est) dans — la lune, — au dessus des — nuages!* »

ᵇ Litt. : « *Fleurs (désirs amoureux) — comment, — ô fleurs! — êtes-vous habiles à — (nous) amollir — tant, — fleurs!* »

ᶜ Litt. : « . . . . . *le vieux Ciel* ».

Song thu đã khép cánh ngoài;

Tai còn đồng vọng mấy lời sắt đinh.

Nghĩ người thôi, lại nghĩ mình;

Cám lòng chua xót, tạ tình bơ vơ.

1075 Những là lần lữa nắng mưa;

Kiếp phong trần biết bao giờ là thôi?

Đánh liều nhắn một đôi lời,

Nhờ tay tế độ vớt người trầm luân!

Mảnh tiên kể hết xa gần;

1080 Nỗi nhà báo đáp, nỗi thân lạc lài.

Tan sương vừa rạng ngày mai,

« Qui donc nous fera connaître ce que tu contiens, ô mon cœur! »[a]
« Fille distinguée moi-même, je reconnais un homme distingué. »[b]
« S'il se prêtait à ouvrir ma prison, m'échapper ne serait qu'un jeu! »[c]
L'intercalation que je viens de signaler a évidemment été mal placée par suite d'une erreur de gravure. Elle devrait se trouver après le vers que je cote 1071 dans ma transcription.

[a] Ce vers n'est pas complétement identique dans les deux éditions. Dans la plus ancienne on lit : « *ai tỏ cho ta* . . . . », et dans l'autre : « . . . *ai tỏ cho ai* . . . . ». Si l'on adopte la première version, il faut, je crois, traduire comme je l'ai fait, et considérer cette phrase comme exprimant la confusion et l'incertitude que l'héroïne du poëme constate elle-même dans les sentiments de son propre cœur. Dans la seconde, « *ai — qui* » doit être regardé comme s'appliquant à *Sở Khanh* (voir, sur ce rôle de « *ai* », ma traduction du *Lục Vân Tiên*, page 32, note 2).

[b] Litt. : « *(Une) fille distinguée — en (le) comparant (avec elle-même) — connaît — un héros (un homme distingué).* »

[c] Litt. : « *(S'il) faisait sortir — (ses) mains — (et) déliait — le cũi, — (m')échapper du — lồng — serait comme — jouer!* »
Le *Cũi* est une cage destinée à contenir des quadrupèdes, notamment des porcs, parfois aussi des criminels. Le *lồng* sert au contraire à renfermer des oiseaux.

Elle avait fermé les volets de sa fenêtre [1];

mais son oreille attentive écoutait encore les paroles enchanteresses [2].

Pensant à lui, pensant à elle,

dans son cœur abreuvé d'amertume, elle sentit le trouble se glisser [3].

Sans cesse en proie aux jeux de la fortune [4], 1075

quand donc terminerait-elle son passage au milieu du monde?

Elle résolut d'envoyer quelques mots de lettre (à *Sở Khanh*);

elle aurait recours à lui pour sortir de cet abîme [5]!

Elle confia au papier toutes ses aventures;

comment elle s'était acquittée de la dette filiale, et son isolement 1080
actuel.

Le lendemain, dès qu'apparut l'aurore [6],

1. « *Thu — automne* » est une cheville poétique, tirée de cette idée que les fenêtres, qu'on laisse souvent ouvertes en été, se ferment en automne à cause du mauvais temps.

2. Litt. : « *Son oreille — encore, — y prenant part, — épiait de loin — les paroles — en fer — de clou (ces paroles qui faisaient sur son âme une impression pareille à celle que produit un clou de fer sur l'objet dans lequel on l'enfonce).* »

3. Litt. : « *Elle est émue — (quant à son) cœur — douloureux, — elle est pénétrée — (quant à ses) sentiments — troublés.* »

4. Litt. : « *Absolument — c'est — tergiverser — (quant à) la chaleur — (et à) la pluie;* »

5. Litt. : « *Elle s'appuierait sur — (sa) main — (qui, lui) faisant traverser le courant — et (la) faisant passer à gué, — tirerait de l'eau — (une) personne — (qui) s'enfonçait dans l'abîme.* »

6. Litt. : « *(Au) dissiper — de la rosée, — précisément quand — commença à briller — le jour — du lendemain,* »

Cánh hồng nàng mới nhắn lời, gởi sang.

Trời tây lửng đửng bóng vàng,

Phục thơ, đã thấy tin chàng đến nơi.

1085 Mở xem một bức tiên mai;

Rành rành «*tích việt*» có hai chữ đề.

Lấy trong ý tứ mà suy,

«*Ngày hai mươi mốt tuất thì*», phải chăng?

Chim hôm thôi thoát về rừng;

1090 Đoá *Trà mi* đã ngậm trăng nửa mảnh.

---

1. Litt. : «*(Par un) opportun — Hồng — la jeune fille — enfin — fit parvenir — ses paroles — (et, les) envoyant, —' les transmit.*»
Le 鴻 *Hồng* est, d'après M. WELLS WILLIAMS, une oie sauvage de grande taille que l'on regarde comme appartenant à la même espèce que le 雁 *Nhan*, mais qui est plus grosse et est probablement un tout autre oiseau. Ce nom est appliqué par métaphore aux porteurs de lettres. (Voy. WELLS WILLIAMS, A *syllabic dictionary of chinese language*, au caract. 鴻.)

2. «*Bóng — ombre*» est pris ici dans le sens de «*lueur, lumière affaiblie*». Cette acception se rencontre fréquemment dans les poésies annamites.

3. L'auteur, qui a besoin d'un mot rimant avec «*nơi*», a choisi «*mai*», parce qu'il est question ici d'un de ces billets galants (花箋 *hoa tiên*) sur le papier desquels sont dessinées en or des fleurs de diverses espèces. Il suppose que celui dont il s'agit portait comme ornement la fleur de l'arbre *Mai*.

4. Ce vers contient un jeu de mots des plus ingénieux. Des deux caractères «昔越 *tích việt*» le premier signifie «*à la nuit*» et le second «*franchir*». Leur réunion fait donc comprendre à *Túy Kiều* que son évasion devra avoir lieu après le soleil couché. Mais, en outre, si l'on décompose ces deux signes en leurs éléments dans le même ordre que le pinceau les trace, on obtient la série suivante :

la jeune fille profita d'une occasion pour faire porter son billet ¹.

Les jaunes lueurs du soir s'attardaient au ciel occidental ²

quand elle vit arriver, dans une réponse, des nouvelles du jeune homme.
Elle ouvrit l'enveloppe, et vit un billet ³                                  1085

dans lequel s'offraient aux yeux les caractères « *tích việt* ».

Elle réfléchit au sens caché (de cette énigme).

Il s'agissait, à n'en pas douter, du vingt-et-un (du mois) et de l'heure *Tuất* ⁴.
Les oiseaux, sur le soir, regagnaient la forêt.

La corolle de la fleur *Trà mi* ne recevait alors que la moitié des    1090
rayons de la lune ⁵.

廿 一 日 走 戌
thập nhị nhựt nhựt tẩu tuất

qui forme une véritable phrase dont le sens est : « *Le vingt et unième jour (de ce mois) nous partirons à l'heure Tuất* », c'est-à-dire, selon notre manière de compter « *à sept heures du soir* ».

Nous avons là un spécimen de cryptographie fort remarquable, en ce qu'il est essentiellement propre au système de formation des caractères chinois.

Les mots « *phải chăng?* » qui terminent le vers signifient « n'est-ce pas? » On ne pourrait les traduire ainsi en français; car dans notre langue cette formule ne s'emploie que lorsque l'on s'adresse à un interlocuteur quelconque. Ils correspondent, comme sens général, à notre expression « *sans aucun doute* ».

5. Litt. : « *La fleur — du Trà mi — désormais — dévorait — la lune — (quant à) la moitié du — disque (seulement).* »

La fleur de ce nom présente une corolle évasée dont l'ouverture est toujours tournée du côté de la lumière. L'auteur dit qu'elle ne recevait que celle de la moitié du disque lunaire, parce que, le 21 du mois, cet astre était à son dernier quartier. L'obscurité était donc suffisante pour que, tout en y voyant assez pour se guider, les fugitifs pussent échapper aux regards.

Tường đông lay động bóng nhành.

Rẽ song, đã thấy *Sở Khanh* bước vào!

Sượng sùng, đánh dạn, ra chào;

Đoạn thôi nàng mới dĩ trao ân cần.

1095 Rằng : «Tôi bèo nước chút thân!

«Lạc đàng, mang lấy nợ nần én anh.

«Dám nhờ cốt nhục tử sanh!

«Còn nhiều *kết cỏ ngậm vành* về sau!»

1. Le mot *đông* — orient», et par position «*oriental*» n'est ici qu'un ornement, comme «*thu*», au vers 1071.

2. Litt. : «*(Elle) dit : «Je — (suis un) Bèo — d'eau — (quant à mon) peu de corps!»*

Voir sur le *Bèo* ou *lentille d'eau* ma traduction du *Lục Vân Tiên*, page 44, note 2.

L'expression «*Bèo nước*» devient ici par position un verbe qualificatif.

3. Litt. : «*M'étant trompée de — chemin, — (en) la supportant — j'ai pris (sur moi-même) — la dette — de sympathie».*

L'expression «*én anh*» est susceptible de plusieurs significations qui paraissent très éloignées au premier abord, mais entre lesquelles on trouve, en les examinant de plus près, une connexion évidente. Dans ma traduction du vers 45, je la traduis par «*une foule brillante*». Elle exprime ici «*des sentiments de sympathie qui, sans être tout à fait de l'amour, lui ressemblent et y conduisent*». C'est qu'en effet c'est dans les réunions de personnes des deux sexes, où chacun se pare et se met en frais de galanterie, que prennent le plus généralement naissance les liaisons de cette nature. Il est à remarquer qu'entendue dans cette acception l'association de substantifs dont il s'agit devient un véritable nom abstrait à chacun des éléments duquel il n'est plus possible d'attribuer un sens particulier, et dont la signification étymologique ne pourrait être indiquée que par une longue périphrase, telle, par exemple, que celle-ci : «*Un de ces sentiments qui se manifestent dans les réunions de personnes brillamment vêtues* (litt. : *d'hirondelles et de perroquets*)». Ces sentiments sont *la galanterie* et *l'amour*; mais ce sont aussi *l'hypocrisie, la duplicité*; aussi ne sera-t-on pas surpris de voir l'expression «*én anh*», outre

Du côté du mur [1] les branches remuèrent;

(Kiều) ouvrit sa fenêtre et vit *Sở Khanh* qui entrait.

Elle rougit, mais, s'armant de courage, elle sortit et le salua;

puis, lui parlant à l'oreille, elle lui fit en détail tout connaître.

« Je suis », lui dit-elle, « une pauvre créature abandonnée [2]! 1095

« Jetée loin de mon chemin, j'ai (pour vous) dans mon cœur senti
» naître la sympathie [3].

« Je veux me confier à vous pour la vie comme pour la mort [4],

« et dans la suite, en mainte occasion, je vous prouverai ma gratitude [5]!»

les deux sens déjà indiqués de «*foule brillante*» et de «*sympathie*» ou d'«*intrigue amoureuse*», signifier aussi très fréquemment «*la fourberie*», ou «*fourbe*», lorsque la position qu'elle occupe en fait un adjectif.

Le substantif «*nợ*» ou «*nợ nần*», qui signifie littéralement «*dette*», a en poésie un sens plus étendu que ce dernier mot ne le comporte en français. Il exprime aussi, en effet, un sentiment tel qu'il met, vis-à-vis de la personne qui en est l'objet, celle qui le ressent dans la situation d'un débiteur vis-à-vis de son créancier. *Thúy Kiều* éprouve pour *Sở Khanh* un commencement d'amour, qui la contraint pour ainsi dire à manifester de la sympathie à cet homme comme s'il existait entre eux une obligation par suite de laquelle elle serait tenue de le faire.

4. Litt. : «*J'ose — m'appuyer sur — les os et la chair, — (sur) la mort — (et) la vie!*»

On dit en chinois de deux personnes unies par les liens du sang qu'elles sont « 骨肉兄弟 *cốt nhục huynh đệ — frère d'os et de chair* ». La jeune fille manifeste à *Sở Khanh* l'intention de rester aussi étroitement attachée à lui que le sont les unes aux autres les personnes auxquelles s'applique d'ordinaire cette épithète, ou encore celles qui restent unies dans la vie comme dans la mort (死生 *tử sanh*).

5. Litt. : «*Il y aura encore — beaucoup (de faits de) — joindre — les herbes — (et) tenir dans le bec — un cercle — dorénavant!*»

Ce vers fait allusion à deux légendes. La première est celle du favori de 魏譬 *Nguy Thù*, de 晉 *Tấn*. Elle se rapporte à l'époque dite des « 戰國 *Chiến quốc — Royaumes combattants* ». En ce temps-là subsistait encore une affreuse coutume, d'après laquelle les grands désignaient de leur

Lặng ngôi, thâm ngẩm, gật đầu :

1100 «Ta đây!» «Phải mượn ai đâu mà rằng?

«Nàng đà biết đến ta chăng?

«Bẻ trâm luân lấp cho bằng; mới thôi!»

Nàng rằng : «Muôn sự ơn người!

«Thế nào xin quyết một bài cho xong!»

vivant un certain nombre de personnes pour être ensevelies avec eux; coutume qu'on trouve mentionnée dans le 春秋 et dans le 詩經, qui renferme une ode des plus touchantes intitulée « 黃鳥 *Huỳnh điểu* — *Les oiseaux jaunes*» dans laquelle le poète déplore le sort des trois frères 子車 *Tử Cư* condamnés avec cent soixante-sept autres personnages de marque à descendre vivants dans le tombeau de 穆公 *Mục công*, prince de 秦 *Tần*. *Nguỵ Thù*, voulant éviter cet horrible sort à un jeune homme qu'il affectionnait beaucoup, avait recommandé à son fils aîné de faire une exception en sa faveur. Malheureusement, lorsqu'il fut à l'agonie, son esprit obscurcit et il donna l'ordre contraire à son plus jeune fils. Néanmoins l'aîné, qui avait reçu les recommandations de son père alors qu'il était en pleine possession de ses facultés, parvint à persuader à son frère qu'il n'y avait point à tenir compte de celles qui lui avaient été faites en dernier lieu, et en fin de compte le favori fut épargné.

Plus tard, les deux frères commandaient les troupes du prince de 晉 *Tấn* contre celles de celui de 秦 *Tần* avec qui leur souverain était en guerre. Ils avaient essuyé une défaite, et le général ennemi avait même brisé leur char. Plongés dans l'abattement, ils ne savaient quel parti prendre, lorsque, pendant la nuit, l'aîné entendit tout à coup une voix qui prononçait ces mots : « 青草破 *Thanh thảo phá!* — *Ils seront défaits par les herbes vertes!*» Tout étonné, il réveilla son frère et lui raconta ce qu'il avait entendu. Persuadés alors qu'une intervention surnaturelle se déclarait en leur faveur, ils reprirent courage, montèrent à cheval, et marchèrent au devant de l'ennemi. Lorsqu'ils se trouvèrent en sa présence, ils feignirent de prendre la fuite et s'élancèrent à travers un marais couvert d'une herbe luxuriante. Au bout d'un certain temps, ne se voyant pas poursuivis, ils se retournèrent et virent avec étonnement les soldats du prince de *Tần* qui trébuchaient au milieu du marais et tombaient à terre dans le plus grand désordre.

## KIM VÂN KIỀU TÂN TRUYỆN. 223

Le jeune homme, silencieux, s'assied, il réfléchit et secoue la tête.

« Me voici ! » répondit-il. « Où trouveriez-vous, dites-moi ! quelqu'un 1100
» (de plus capable) [1] ? »

« Avez-vous, ô jeune fille ! entendu parler de moi ? »

« Ne craignez rien ! Je suis homme à combler l'abîme où vous êtes
» plongée ! »

« Mille grâces vous soient rendues ! » dit *Kiều*.

« Oh ! veuillez de suite arrêter les moyens qu'il convient de prendre ! »

Ils revinrent aussitôt sur leurs pas et firent un grand carnage dans lequel le général ennemi lui-même resta sur le champ de bataille. C'était, dit la légende, l'âme du père du favori épargné qui, reconnaissante de la compassion qu'ils avaient montrée envers son fils, avait noué ensemble les tiges des herbes. Les soldats de *Tấn*, lancés à la poursuite des fugitifs, s'étaient trouvés pris dans cet enchevêtrement, et n'avaient pu éviter la chute qui les avait mis à la merci de leurs ennemis.

La seconde légende a trait à un certain chardonneret que le roi 太戊 *Thái Mậu*, de la dynastie des 商 *Thương*, avait reçu en présent. Comme il voyait l'oiseau rester immobile, ébouriffé et les ailes pendantes tandis que sa femelle voletait au dehors en criant d'une façon lamentable, l'Empereur fut saisi de pitié et donna la liberté au captif.

La nuit suivante, pendant son sommeil, le prince le vit pénétrer dans sa chambre. Il tenait au bec un anneau fait de la pierre précieuse appelée 碧 *Bích (espèce de jade vert)*, qu'il déposa dans une cassette et offrit à l'Empereur. Ce dernier crut à son réveil avoir été le jouet d'un rêve ; mais quelle ne fut pas sa surprise, lorsqu'allant à sa cassette, il y trouva véritablement le joyau que l'oiseau lui avait apporté pour le remercier de sa compassion !

L'héroïne de notre poème promet à *Sở Khanh*, s'il la délivre, de se montrer aussi reconnaissante envers lui que l'esprit qui noua les herbes du marais pour donner la victoire aux deux généraux de *Tấn* et le chardonneret qui apporta au roi *Thái Mậu* un anneau de jade.

1. Litt. : « *Je — suis ici ! — Il faudrait — louer — qui — où — pour — — dire ?* »

Cette formule : « *mà rằng* », qui est du reste assez rarement employée, présente une visible analogie avec les finales 〽, 〽, 〽 du mandchou.

1105 Rằng : «Ta có ngựa *Truy phong!*

«Có tên dưới trướng! Vốn dòng *kiện nhi!*

«Thừa cơ! lén bước ra đi!

«Ba mươi sáu chước, chước nào lại hơn?

«Dẫu khi gió kép mưa đơn,

1110 «Có ta đây! Cũng chẳng can cớ gì!»

Nghe lời, nàng đã sanh nghi;

Song đà quá đến; quản gì được thân?

Cũng liều nhắm mắt sẩy chơn

Mà xem Con tạo xây vần đến đâu.

1115 Cùng nhau lén bước dưới lầu;

Song song ngựa trước, ngựa sau, một đoàn.

---

1. Litt. : «. . . . *un cheval qui suit le vent*».
2. Litt. : « *J'ai — des flèches — sous — (ma) tente! — De ma nature — je suis de la race — des forts — enfants!* »
L'expression « *dòng kiện nhi* » devient par position un verbe qualificatif.
3. Litt. : «*(Parmi) trente-six — artifices, — (en fait d')artifice — quoi — encore — (est) meilleur?*»
Dans cette locution «*chước*» est proprement un terme stratégique, qui signifie « *un moyen d'engager la bataille* ». — L'adverbe «*hơn — plus*» devient par position un adjectif qualificatif.
4. Litt. : « *Si — (dans un) temps — le vent — est double — (ou) la pluie — simple (s'il vous arrive un malheur petit ou grand),* »
Pour expliquer le rôle de «*khi*» dans la locution «*dẫu khi — s'il arrive que . . . .* », il faut le considérer comme un substantif, et observer qu'il se trouve toujours, par suite de sa position, au cas circonstanciel (s'il m'est permis, pour être plus clair, d'employer cette manière de parler).

« Je possède », reprit *Sở*, « un cheval rapide comme le vent [1]. 1105

« J'ai le moyen de réussir [2]! Je suis de la race des forts!

« Saississez l'occasion! sortez d'ici en cachette!

« De tous les moyens à prendre, en est-il de plus efficace [3]?

« S'il vous arrive quelque mauvaise aventure [4],

« Je suis là! Vous n'avez rien à craindre! » 1110

La jeune fille à ces paroles sentit naître des soupçons;

mais elle s'était trop avancée! Que lui importait, d'ailleurs?

Elle résolut de fermer les yeux et de s'abandonner à l'aventure [5]

pour voir comment pour elle allait tourner la roue de la Fortune [6].

A pas de loup tous deux descendirent au bas du pavillon, 1115

et, montés sur deux chevaux, ils cheminèrent l'un derrière l'autre [7].

---

5. Ici « *sẩy chon* » ne signifie pas précisément «*faire un faux pas*», mais seulement «*marcher dans les conditions de ceux qui sont exposés à en faire*», c'est-à-dire « *à l'aventure, à l'aveuglette* ».

6. Litt. : « *Pour voir — la Fortune — en tournant — irait — où?* »

Il y a une analogie remarquable entre la métaphore que contient ce vers et la conception de la Fortune dans la mythologie grecque. Il ne faudrait pas, cependant, pousser trop loin la similitude. Chez les Grecs et les Romains, l'idée de la déesse Fortune ne dérivait nullement de celle de *création* comme le «*Con tạo*» annamite, qui est identique au 造化 *Tạo hoá* chinois, et n'est nullement représenté comme une femme aveugle qui erre au hasard, le pied sur une roue.

7. Litt. : « *Ensemble, — (un) cheval — devant, — (un) cheval — derrière, — (en) un groupe.* »

Đêm thu khắc mãn canh tàn;

Gió cây lọt lá, trăng ngàn ngậm gương.

Lối mòn cỏ lợt mùi sương.

1120 Lòng quê đi một bước đường một đau!

Tiếng gà hao háo gáy mau,

Tiếng người đâu đã mái sau dậy dàng.

Nàng càng thổn thức gan vàng!

*Sở Khanh* đã rẽ dây cương nẻo nào?

1125 Một mình, khôn! biết làm sao?

Dặm rừng bước thấp bước cao hãi hùng.

*Hóa nhi* thật có nợ lòng!

Làm chi giày tía vò hồng lắm nao?

Một đoàn đua đến trước sau.

---

1. Litt. : « *(Quant à cette) nuit — d'automne, — les quarts — étaient complets, — les veilles — étaient expirées.* » — Le matin arrivait.
2. Litt. : « *(Par le) vent — les arbres — étaient essuyés — quant aux feuilles; — (quant à) la lune, — les montagnes — (en) avalaient — le miroir.* »
3. Litt. : « *(Dans) le sentier — usé* (sic) *— l'herbe — était pâle — (quant à) la couleur — de la rosée.* »
4. Litt. : « *La jeune fille — de plus en plus — fut anxieuse — quant à — (son) foie — d'or.* »
5. Litt. : « *(Dans) les dặm — de la forêt — elle marchait — bas, — elle marchait haut, — saisie de terreur.* »
Elle était tellement troublée qu'elle ne pouvait diriger son cheval, dont l'allure devint, par suite, irrégulière.

Les heures de la nuit s'étaient écoulées [1]; la fin des veilles était venue;

le vent séchait les feuilles des arbres; l'astre des nuits allait bientôt disparaître [2].

Dans le sentier battu la rosée voilait l'éclat des herbes [3].

Chaque pas que faisait *(Kiều)* ravivait dans son âme l'amer souvenir de son pays natal! 1120

Le chant du coq se fit entendre à de courtes reprises,

et, tout à coup, derrière la maison, l'on entendit des cris; un tumulte s'éleva.

La jeune fille en son cœur [4] sentit redoubler ses angoisses!

*Sở Khanh* avait tourné bride! Par où donc avait-il passé?

Elle était là, seule et ne sachant que faire! 1125

Au sein de la forêt elle s'abandonna, pleine d'épouvante, à l'allure irrégulière de son cheval [5].

«Oh! vraiment!» se dit-elle, «j'ai envers le Créateur [6] une dette d'in-
» fortune (à payer)!

«Pourquoi, malheureuse fille, te maltraite-t-il ainsi [7]?»

Devant elle, derrière elle, arrivent des gens en troupe [8].

---

6. Litt. : «*Le Créateur — véritablement — a (possède) — la dette — de (mon) cœur!*»

7. Litt. : «*(Pour) faire — quoi — fouler aux pieds — le violet, — rouler entre les doigts — le rose — beaucoup — donc?*»

*Túy Kiều* se compare à une fleur fragile que l'on se fait un cruel plaisir de détruire. Le violet et le rose, étant des teintes que l'on rencontre communément dans les fleurs, sont pris ici pour les fleurs elle-même. — Le substantif «*giày — chaussure*» devient verbe par position.

8. Litt. : «*(En) une troupe — ils rivalisaient pour — venir — devant — (et) derrière.*»

15*

1130 Vút đâu xuống đất? Cánh đâu lên trời?

*Tú bà* tốc thẳng đến nơi,

Ầm ầm áp điệu, một hơi lại nhà.

Hưng hành, chẳng hỏi, chẳng tra;

Giăng tay vùi liễu dập hoa tơi bời.

1135 Thịt da ai cũng là người

Lòng nào hồng rụng thắm rời chẳng đau?

Hết lời thú phục khẩn cầu!

Uốn lưng núi đổ giập đầu máu sa!

Rằng : « Tôi chút phận đờn bà!

1140 « Nước non lìa cửa lìa nhà đến đây!

---

1. Litt. : « *Bruyamment — elle l'arrête — (pour) l'emmener, — (et en) une haleine — elle vient à — la maison.* »

2. Litt. : « *Étendant — le bras, — elle couvre de terre — le saule, — elle remblaie — la fleur — de manière à la mettre en lambeaux.* »

3. Litt. : « *Étant chair — (et) peau, — qui (que ce soit) — tout aussi bien — étant — homme,* »

La position des deux mots « *thịt — chair* » et « *da — peau* » devant le pronom « *ai* » qui leur est apposé en fait nécessairement des verbes qualificatifs; et comme ces verbes en précèdent un autre verbe *(là)* dont ce pronom est le sujet, ils ne peuvent être mis à un autre mode qu'au participe. « *Là* », à son tour, est participe aussi sous l'influence du verbe « *đau* » qui arrête et détermine le sens de la période entière à la fin du vers suivant. Il faut enfin noter que « *ai* », lorsqu'il est suivi de « *cũng — tout aussi bien* », ne signifie plus « *qui?* », mais « *qui que ce soit* ».

Voici, dans son ensemble, le sens général de ce singulier vers, qui serait absolument incompréhensible si l'on n'appliquait rigoureusement la règle de position à tous les éléments qui le composent:

Où trouvera-t-elle des griffes pour s'enfoncer dans la terre, des ailes 1130 pour monter au ciel?

D'un pas précipité, *Tú bà* sur elle arrive droit,

la saisit en vociférant, et l'emmène tout d'un trait dans sa demeure [1].

Brutalement, sans lui adresser une question,

elle la frappe à tour de bras, elle l'accable de mauvais traitements [2].

Quiconque, étant de chair et d'os, sent dans son sein battre un cœur 1135 d'homme [3],

pourrait-il voir, sans souffrir, maltraiter une jeune enfant [4]?

(Malgré) ses protestations d'obéissance, malgré ses ardentes supplications,

(la mégère) brutalement lui fait courber le dos et la jette sur le sol [5];
elle lui écrase la tête du pied, elle la met tout en sang!

« Je ne suis », dit *(Kiều)*, « qu'une pauvre fille!

« Exilée de la maison (paternelle), je suis venue ici de bien loin [6]! 1140

---

« *Qui que ce soit qui, étant composé de chair et de peau, est, en somme (quelle que puisse être la dureté de son cœur) un être humain, pourrait-il . . . . . . . ?* »

4. Litt. : « *de quel cœur — (au sujet de ce que) le rose (la fleur rose) — tombe, — (et) le rouge (la fleur rouge) — se détache — ne pas — souffrirait?* »

Ce vers contient une inversion, par suite de laquelle « *dau — souffrir* » qui devient ici un véritable verbe actif à peu près synonyme de « *déplorer* », est rejeté à la fin.

5. Litt. : « *Elle (lui) courbe — le dos — (à la manière d'une) montagne — (qui) est répandue (qui croule); — elle écrase du pied — (sa) tête — (de manière que) le sang — coule!* »

L'expression « *uốn lưng núi đổ* » désigne un genre de violence particulier qui consiste à saisir une personne par les cheveux de manière à lui faire baisser la tête et gonfler le dos, puis à la jeter brusquement à terre en lui imprimant un choc violent. — « *Núi đổ* » et « *màu sa* » sont, à cause de leur position après le verbe, des expressions adverbiales de manière.

6. Litt. : « *(Quant à) des montagnes — (et à) des eaux (franchissant une longue*

«Bây giờ sống thác ở tay!

«Thân nầy đã đến thế nầy, thì thôi!

«Nhưng tôi, có sá chi tôi?

«Phận tôi đành vậy; vốn người đây đâu?

1145 «Thân lươn bao quản lấm đầu?

«Chút lòng trinh bạch! tử sau cũng chửa!»

Được lời, mụ mới tùy cơ;

Bắt người bảo lãnh, bắt tờ cung chiêu.

Bày vai có gả *Mã Kiều*,

1150 Xót nàng ra mới đánh liều chịu đoan.

Mụ càng kể nhặt kể khoan;

Gạn gùng đến mực, nồng nàn mới tha.

Vực nàng vào nghỉ trong nhà;

---

*distance), — me séparant de — (ma) porte, me séparant de — (ma) maison, — je suis arrivée — ici!»*

1. Litt. : «*(Ma) condition, je l'accepte — ainsi! — (mais) le capital — de vous — (qui est) ici, — où (sera-t-il?).*» — Kiều prévient la mégère que, si elle la fait mourir sous les coups, elle se verra intenter un procès par les parents de sa victime, et y perdra son capital.

2. Litt. : «*Mon corps — d'anguille — combien — a-t-il souci — de salir — (sa) tête?*»

3. Litt. : «*(En fait de personne qui) comparait — les épaules — ......*»

L'expression «*bày vai — qui compare (ses) épaules*» signifie un camarade. Les camarades sont souvent réunis, et lorsque deux d'entre eux marchent

« Entre vos mains vous tenez maintenant ma vie!

« Puisque j'en suis venue à ce point de misère, il me faut bien me
  » résigner!
« Pour ce qui est de moi, qu'importe ce qui m'adviendra!

« Je me résigne à mon sort; mais prenez garde à votre capital¹!

« Je suis comme l'anguille! craint-elle de souiller sa tête²? 1145

« Sincèrement je vous l'affirme! je ne tenterai plus rien désormais! »

En possession de cette promesse, la vieille met l'occasion à profit.

Elle se fait donner une garantie; elle exige une déclaration écrite.

Une de ses pareilles³ appelée *Mã Kiều,*

touchée de compassion pour la jeune fille, se risque à servir de cau- 1150
  tion.
La vieille n'en est que plus âpre à tout discuter point par point⁴.

Elle apporte jusqu'au bout une attention scrupuleuse, et tombe enfin
  d'accord après force débats⁵.
(*Mã Kiều*) emmena la jeune fille chez elle afin qu'elle y prît du repos,

---

côte à côte, ils semblent comparer leurs épaules pour voir lequel est le
plus grand.
  4. Litt. : « *La vieille femme — d'autant plus — compte — le serré — (et)
compte le large.* »
  5. Litt. : « *Elle apporte une scrupuleuse — attention — jusqu'à la — limite;
— (en se montrant) âpre — enfin — elle concède.* »
  Lorsque plusieurs personnes jouent à un jeu dans lequel se trouve une
limite, comme, par exemple, une raie tracée sur le sol, on mesure les écarts
d'après cette ligne, et a grand soin de bien l'affleurer en prenant son point
de départ. De là vient l'expression « *đến mực* » qui signifie proprement « *aller
jusqu'à la ligne* », et métaphoriquement « *n'abandonner aucun de ses avantages,
ne faire aucune concession* ».

*Mã Kiều* lại hở ý ra dặn lời :

1155 «Thôi! Đà mắc lận, thời thôi!

«Đi đâu chẳng biết con người *Sở Khanh?*

«Phụ tình nổi tiếng lầu xanh!

«Một tay chôn biết mấy nhành *Phù dung!*

«Đà đao, sắp sẵn chước dùng!

1160 «Lạ chi một cốt một đồng xưa nay?

«Có ba trăm lượng, trao tay!

«Không nhưng, chi có chuyện nầy trò kia?»

Rồi ra, trở mặt tức thì :

«Bớt lời kêu chớ! Lay chi? Mà đời!»

1165 Nàng rằng : «Thề thốt nặng lời!

«Có đâu mà lại có người hiểm sâu?»

---

1. Litt. : «*Est allé où — ne pas — on sait — l'homme Sở Khanh!*»
Le sujet est reporté à la fin du vers par inversion. — «*Con người*» est pour «*Con người ta*». C'est ici un terme méprisant.

2. Litt. : «*Ingrat — (quant aux) sentiments, — il élève (pour vous) — la réputation — des palais — verts (d'une habitante des lieux qu'on désigne ainsi)!*»

3. Qui dira combien à lui seul il a perdu de rameaux de *Phù dung?*
Le *Phù dung, Phù dong* ou *Phù duông* est l'*Hibiscus mutabilis*, arbuste de la famille des *Malvacées* dont les fleurs, fort délicates, s'ouvrent le matin et se ferment le soir. On dit en chinois «芙蓉面 *Phù dung diện*» pour désigner un frais visage de jeune fille. Cette plante, qui se trouve en

et lui donna en outre les avis que voici :

« On vous a dupée ! c'est une chose certaine ! 1155

« Qui pourrait savoir par où a disparu ce *Sở Khanh*¹ ?

« Il vous inflige, l'ingrat ! le renom d'une courtisane ² !

« Qui dira combien (en ce lieu) sa seule main a enseveli de branches
» de *Phù dung*³ !
« Il possède toujours quelque ruse à son service ⁴ !

« Quoi d'étonnant que de tout temps ils aient été associés ensemble⁵ ? 1160

« Si vous avez trois cents taëls, donnez-les !

« Sinon, à quoi bon tout ce bavardage ? »

Là-dessus elle sortit ; puis revenant aussitôt :

« Assez de cris ! » reprit-elle. « En quoi vous a-t-on dupée ? Tout le
» monde en agit ainsi ⁶ ! »
« L'on m'avait pourtant fait », dit *Kiều*, « de solennelles promesses ! 1165

« Comment peut-il se trouver des personnes aussi cruelles ? »

---

grande quantité dans le Sud de la Chine n'a pas encore, à ma connaissance,
été signalée dans l'Annam.
    4. Litt. : « *Il tire avec force — (son) sabre, — il prépare — des ruses —
(pour) s'en servir !* »
    5. Litt. : « *(En fait d')étonnant — qu'y a-t-il qu') — (ils aient été) une —
sorcière — (et) un — magicien — (depuis) autrefois — (jusqu')à présent ?* »
    De même que sorcier et sorcière s'entendent pour duper le public, de
même ce vaurien et cette mégère se sont associés dans leur infâme négoce.
    6. Litt. : « *Diminuez — vos paroles — de crier, — donc ! — On vous a
dupée — en quoi ? — Mais — (c'est) le monde (Ce sont choses qui arrivent tous
les jours dans le monde) !* »

Còn đang suy trước nghĩ sau,

Mặt mo (đã thấy ở đâu?) dẫn vào.

Sở Khanh lên tiếng rêu rao :

1170 «Độ nghe rằng có con nào ở đây

«Phao cho quến gió rủ mây!

«Hãy xem có biết mặt nầy là ai!»

Nàng rằng : «Thôi thế, thì thôi!

«Rằng không, thì cũng là lời rằng không!»

1175 Sở Khanh khoác mắng đùng đùng;

Bước vào vừa rắp thị hùng ra tay.

1. Litt. : «(Un) visage — d'écorce d'aréquier — (elle l'avait vu — où?) — étant introduit — entra.»
2. Litt. : «(Par des) bavarder — j'ai entendu — disant : — «il y a — une fille — quelconque — ici»
3. Litt. : «(qui) calomnie — à (moi) — (le fait d')attirer — le vent — (et) d'entraîner — les nuages?»
4. Litt. : «.... (si c'est) assez — de cette manière, — eh bien! — (c'est) assez!»

«Thê» est pour «thể ấy». Sous l'influence de l'usage le pronom démonstratif a disparu, ou plutôt il s'est réduit au simple signe du ton interrogatif (𡀲 嚛); et ce signe s'est fondu lui-même avec celui que portait déjà le substantif. La concision du langage a fait ensuite disparaître cette intonation, qui allongeait tant soit peu la prononciation du mot. Cet instinct de simplification dans les idiotismes, les locutions ou même les mots très usités du style familier qui est si marqué dans les idiomes à flexions, l'est beaucoup moins dans les langues monosyllabiques; car, dans ces dernières les émissions de voix sont généralement si courtes que tout y est utile pour l'intelligence du sens. Ces langues tendraient plutôt à s'allonger par la multiplication des monosyllabes, comme on peut le constater surtout dans le chinois vulgaire, et aussi, quoique à un bien moindre degré, dans l'annamite. Cependant, dans cette dernière langue elle-même, il n'est pas rare de rencontrer des élisions ou des ellipses. Elles consistent, tantôt dans la

Pendant qu'elle se livrait à (d'amères) réflexions,

elle vit entrer, (où l'avait-elle donc vue déjà?) une figure répugnante [1].

C'était *Sở Khanh,* qui, élevant la voix, cria du haut de sa tête :

« On m'a dit [2] qu'ici se trouve une fille                1170

« qui, calomnieusement, m'accuse de l'avoir séduite [3] !

« Regarde donc ce visage pour voir si tu le connais ! »

« Eh bien soit [4] ! » dit la jeune fille ;

« vous dites que non ; je veux obéir, et je dis non comme vous ! »

*Sở Khanh,* vociférant toutes sortes d'injures,            1175

entra, et l'impudent osa porter la main sur elle [5] !

suppression d'un mot avec ou sans modification d'accent (*thể,* puis *thê* pour *thể ấy; ổng,* puis *ông* pour *ông ấy,* etc.); tantôt dans le retranchement d'un accent et d'une lettre (comme on le constate dans le mot *sớm mai,* qui signifie « matin » et qui se prononce *sơ mai*); tantôt dans celui d'une simple lettre (dans le mot *an nam* que l'on prononce *a nam*); tantôt enfin dans l'élision complète des voyelles d'un monosyllabe (dans *hai mươi hai, hai mươi lăm,* etc. que l'on prononce souvent *hai m' hai, hai m' lăm,* etc.).

D'autres fois, ce sont des locutions courantes que l'usage a condensées, et réduites à un, deux ou trois mots. C'est ainsi que l'on dit : « *ai nấy* » pour « *ai cũng như nấy — qui que ce soit, tout le monde* »; « *hèn lâu* » pour « *hèn gì lâu — il y a bien longtemps* »; « *xin vô phép* » pour « *xin phép ở vô phép — je vous demande pardon* »; « *nay mai* » pour « *chẳng hôm nay thì đến mai — aujourd'hui ou demain* », et bien d'autres.

Je ne parle pas de ces citations prodigieusement abrégées qui ne se trouvent guère que dans les poésies, et dont j'ai eu déjà l'occasion de signaler quelques exemples. Ces dernières sont d'une toute autre nature, et l'influence de l'usage contribue beaucoup moins à leur formation que le caprice, on pourrait même dire souvent « le pédantisme » de l'auteur.

5. Litt. : « *en marchant — entra, — (et) tout d'abord — se mit à — payer d'audace — et faire sortir — sa main* ».

« *Thị hùng* » signifie littéralement « *présumer de son courage* ».

Nàng rằng: «Trời nhẽ! Có hay

«Quến anh rủ én, sự nầy tại ai!

«Đem người giẩy xuống giếng thơi!

1180 «Nói rồi, rồi lại ăn lời được ngay!

«Còn tiên «*Tích việt*» ở tay!

«Rõ ràng mặt ấy! Mặt nầy, chớ ai?»

Lời nghe; đông mặt trong ngoài

Ai ai cũng khiếp mặt người vô lương.

1185 Riêng tình án đã rõ ràng;

Dơ tuồng nghỉ mới kiếm đàng tháo lui.

Phòng riêng riêng những sụt sùi;

Nghĩ thân, mà lại ngậm ngùi cho thân!

Tiếc thay trong giá, trắng ngần!

1190 Đến phong trần, cũng phong trần như ai!

---

1. Litt.: «*Attirer — le perroquet, — entraîner — l'hirondelle, — celle chose — est dans — qui?*»
Ce que j'ai dit plus haut de l'expression «*én anh*» suffit, je crois, pour donner une intelligence suffisante de la métaphore contenue dans ce vers.

2. Litt.: «*Amenant — une personne (moi) — vous l'avez faite entrer par force — en bas d' — un puits — rétréci à l'ouverture!*»

3. Litt.: «*De parler — ayant fini, — après cela — encore — manger — (vos) paroles — vous pouvez — en face!*»

«Tu sais, ô Ciel!» s'écria *Kiều,*

«Qui de nous deux a séduit l'autre ¹!

«Vous m'avez jetée dans un abîme dont je ne pourrai plus sortir ²!

«Après tout ce que vous avez dit, pouvez-vous me mentir en face ³? 1180

« J'ai encore aux mains le billet (dans lequel sont écrits les caractères)
«*Tich việt*»!

«Je connais bien le visage de l'homme! quel est celui-ci, (sinon le
»même ⁴)?»

Au dedans comme au dehors, tout le monde entend ces paroles,

et tous sont saisis de frayeur en voyant cet être inhumain.

Sa lâche trahison étant patente aux yeux de tous, 1185

l'acteur de cette infâme comédie se met à battre en retraite.

Dans sa chambre la jeune fille ne cesse de verser des pleurs,

et, pensant à ce qui l'attend, elle exhale de sourdes plaintes.

Pauvre enfant! Limpide cristal ⁵!

Au contact impur de ce monde tu t'es souillée tout comme une autre! 1190

---

4. Litt. : «*Je tiens pour clair (dans ma mémoire) — ce visage-là! — ce visage-ci — certes — (qui serait-ce?)*»

L'adverbe «*rõ ràng — clairement*» étant suivi d'un régime direct, prend la fonction verbale, et signifie «*avoir pour clair, tenir pour bien connu*».

5. Litt. : «*Je plains — combien! — la transparence — de la glace — (et) la blancheur — de l'argent!*»

Les adjectifs «*trong — transparent*» et «*trắng — blanc*» deviennent substantifs par position. Ces deux métaphores, qui sont d'ailleurs assez gracieuses, ne peuvent guère être reproduites textuellement dans une traduction française.

Tẻ vui, cũng một kiếp người!

Hồng nhan phải giống ở đời mãi ru?

Kiếp xưa đã vụng đường tu;

Kiếp nầy chẳng kẻo đến bồ! Mới xuôi!

1195 Dầu sao bình đã vỡ rồi,

Lấy thân mà trả nợ đời cho xong!

Vừa tuần nguyệt rạng gương trong,

*Tú bà* ghé lại, thong dong dặn dò :

«Nghề chơi cũng lắm công phu!

1200 Con! Người ta phải biết cho đủ đều!

Nàng rằng : «Mưa gió dập dìu,

Liều thân, thì cũng phải liều thế thôi!

Mụ rằng : «Ai cũng như ai!

«Người ta ai có tiền hoài đến đây!

1205 «Ở trong còn lắm đều hay!

«Nỗi đêm, khép mở; nỗi ngày, riêng chung.

---

1. Litt. : «*(Dans ton) existence — d'autrefois — tu as été inhabile — quant au chemin — de pratiquer (le bien);*»
2. Litt. : «. . . . . *le vase — s'est fendu — d'une manière définitive,*»

(Mais,) qu'elle soit triste ou joyeuse, nous ne vivons qu'une vie,

et la beauté n'est point une chose qui dure toujours ici-bas!

Tu fus, dans une autre existence, incapable de bien agir [1];

en celle-ci, sans doute, il te faut réparer, afin que tout soit dans l'ordre!

Puisque, de toute façon, ta vie se trouve compromise [2],     1195

acquitte avec ton corps la dette qui la grève!

A l'époque où l'orbe brillant de la lune resplendissait (au firmament [3])

*Tú bà* survint et, sans gêne, se mit à l'endoctriner.

«Le métier du plaisir», lui dit-elle, «demande beaucoup de peine,

«et il faut, ô ma fille! le connaître bien à fond!»     1200

«Les peines», répondit *Kiều*, «sur moi pleuvent de toutes parts [4]!

«puisque j'ai fait abandon de moi-même, je dois aussi le faire en cela!
»Il suffit!»
La vieille dit : «Un homme en vaut un autre!

«et quiconque a de l'argent trouve toujours cette demeure ouverte!

«Au dedans, l'on met en œuvre nombre de charmantes pratiques.     1205

«La nuit on ferme et on ouvre; le jour tantôt on est seule, (tantôt)
»on est en compagnie.

---

3. Litt. : «*Précisément à — l'époque (où) — la lune — brillait — (quant à son) miroir — pur,*»
4. Litt. : «. . . . *Le vent — (et) la pluie — (me viennent) en abondance!*»

«Nầy con! Thuộc lấy làm lòng

«Vành ngoài bảy chữ, vành trong tám nghề;

«Chơi cho liễu chán hoa chê,

1210 «Cho lăn lóc đá, cho mê mẩn đời;

«Khi nghe hạnh, khi nết người,

«Khi ngâm ngợi nguyệt, khi cười cợt hoa!

«Đều là nghề nghiệp trong nhà!

«Đủ ngần ấy nết, mới là người chơi!»

1215 Cúi đầu, vưng dạy mấy lời;

Dường châu nét nguyệt, dường phai vẻ hồng!

Những nghe nói đã thẹn thùng!

Nước đời lắm nỗi lạ lùng khắt khe!

Xót mình cửa các phòng quê,

---

1. Litt. : «. . . . . . . *fais (toi)* — *(un) cœur.*»
C'est-à-dire : «*Assimile-toi tellement ces choses qu'il semble qu'elles fassent naturellement partie des sentiments de ton cœur.*»

2. Litt. : «*comme — fronçant — les traits — de lune, — comme — se décolorant — (quant à sa) nuance — rouge!*»
Les sourcils déliés de *Túy Kiều* sont comparés au bord du disque de la lune à cause de l'élégante régularité de leur courbure et de la pureté de leur dessin; de là cette singulière expression.

3. Litt. : «*(Dans) le royaume — du monde — (sont) beaucoup de — circonstances — étranges — et très aigres!*»
«*Lắm*» qui n'est en prose qu'une des formes du superlatif, prend assez souvent, dans la poésie, le sens de «*nhiều — beaucoup de*».

« Apprends donc, ô ma fille! et grave dans ta mémoire !

« les six caractères du cercle du dehors, et les huit moyens du cercle
» du dedans;
« comment le jeu se continue jusqu'à satiété complète,

« jusqu'à ce que la pierre soit brisée, et que la vie semble s'éteindre; 1210

« comment on soutient un entretien galant, comment on rehausse
» ses charmes;
« comment il faut chanter des vers voluptueux, comment on rit en
» regardant les fleurs!
« Tel est le métier qu'on exerce en ce logis!

« Lorsqu'à tous ces secrets l'on est initiée, on peut se dire une vraie
» courtisane! »
Docile, baissant la tête, elle écoutait tout cela, 1215

tantôt les sourcils froncés, tantôt la pâleur au visage [2],

honteuse de ce qu'elle entendait!

Que de choses étranges! que d'amertume dans ce monde [3]!

Elle pleurait sur elle même, jeune fille de bonne maison [4]!

---

4. Litt. : « *Je suis émue (au sujet de) moi-même, — (qui suis de celles qui se servent) — des portes — à các — (et) des chambres — à quê!* »

Le 閣 *các* est une espèce d'écran qui se place devant la porte des appartements pour empêcher les passants de voir à l'intérieur lorsqu'elle est ouverte; et comme ce meuble est, plus que partout, en usage dans les pièces où il y a des femmes, le mot même qui le désigne prend aussi par dérivation le sens de *gynécée*. C'est ainsi qu'il faut l'entendre ici.

Il en est de même du mot « 閨 *quê* » qui signifie proprement « *la porte qui sépare les appartements privés d'une maison de ceux dans lesquels on reçoit les étrangers* », et par extension « *les appartements destinés aux femmes* ». Comme c'est dans la société relevée que l'on fait surtout usage de ces moyens de

1220 Dở lòng học lấy những nghề nghiệp hay!

«Khéo là mặt dạn mày dầy!

«Kiếp người đã đến thế nầy, thời thôi!»

Thương thay thân phận lạc lài!

Dẫu sao, cũng ở tay người! biết sao?

1225 Lầu xanh mới xủ trướng đào;

Càng treo gía ngọc, càng cao phẩm người!

Biết bao bướm rã ong rời?

Cuộc say đầy tháng; trận cười trót đêm!

Đập dìu lá gió nhành chim!

1230 Sớm đưa *Tống ngọc,* tối tìm *Trường khanh.*

---

séparation, une personne qui habite une maison où ils se trouvent peut être considérée pour distinguée.

Il faut d'ailleurs observer que les quatre mots « *cửa các phòng quê* » font fonction d'adjectifs par suite de leur position. Ils ne sont du reste que la réunion et la traduction en annamite des deux expressions chinoises « 閨閣 *quê các* » et « 閨門 *quê môn* » qui signifient toutes deux métaphoriquement « *les personnes du sexe féminin* ».

1. Litt. : « *Habilement — elle est — (douée d'un) visage — audacieux — (et de) sourcils épais !* »

J'ai expliqué sous le vers 74 le rôle exclamatif de « *khéo* » dans ce genre de phrases.

L'expression « *Mặt dày mày dạn — un visage — épais — et des sourcils — audacieux* » constitue un idiotisme dont le sens est « *impudent, effronté* », et qui présente une analogie marquée avec la locution française « *avoir le front de . . .* ». Elle a été intervertie à cause des nécessités de la prosodie.

2. Litt. : «. . . . *eh bien! — c'est assez!* »

On lui révélait vraiment un singulier sujet d'étude!  1220

« Oh! (dit-elle, cette femme) montre une rare effronterie¹!

« Si, dans cette existence, je dois aller jusque là, la mesure sera
» comble²! »
Pauvre malheureuse égarée!

Elle était, bon gré malgré, dans les mains (de la misérable)! que
pouvait-elle donc faire?
On baissa les rideaux³ de la maison de plaisir,  1225

et le prix s'éleva sans cesse avec la valeur de la marchandise.

Qui dira combien de galants vinrent chercher les fatigues amou-
reuses⁴?
L'enivrement durait des mois; toute la nuit résonnaient les rires⁵!

C'était un mouvement, un va et vient interminable⁶!

Le matin elle reconduisait *Tống Ngọc*; elle allait, le soir, chercher  1230
*Trường Khanh*.

---

3. *Đào* n'est ici qu'une cheville poétique vide de sens.
4. Litt. : « *On sait — combien de — papillons — furent brisés, — (et combien d') abeilles — furent mises en morceaux?* »
Il y a ici un de ces croisements d'expressions que le génie de la langue
annamite affectionne, surtout dans la poésie où on les considère comme
une beauté. J'ai dit plus haut quel est le sens de « *ong bướm* ». Quant à
l'expression « *rã rời* », elle signifie proprement « *épuisé, défait* ».
5. Litt. : « *Les parties — d'enivrement — remplissaient — des mois, — les
combats — de rire — occupaient entièrement — des nuits.* »
Les adjectifs « *đầy — plein* » et « *trót — entier* » deviennent verbes par
position.
6. Litt. : « *(C'était) sans interruption — (quant aux) feuilles, — (au) vent,
— (aux) branches (et aux) oiseaux!* »
Les oiseaux, attirés par les feuilles que le vent agite, viennent se per-
cher sur les branches des arbres; de même les chalands de *Tú bà*, attirés
par la beauté de sa victime, ne cessaient d'affluer dans sa maison de débauche.

16*

Khi tỉnh rượu, lúc tàn canh,

Giựt mình; mình lại thương mình; xót xa!

« Khi sao phong gấm, xủ là?

« Giờ sao tan tác như hoa giữa đường?

1235 « Mặt sao dày gió dạn sương?

« Thân! sao bướm chán ong chường bấy, thân?

« Mặc người mưa *Sở*, mây *Tấn*;

« Những mình nào biết có xuân là gì?

« Đòi phen gió dựa, hoa kề!

1240 « Nửa mành tuyết ngậm, bốn bề trăng thâu!

« Cảnh nào cảnh chẳng đeo sầu?

« Người buồn cảnh có vui đâu bao giờ?

---

1. Litt. : « *Quand — elle revenait à elle — du vin, — au moment de — s'épuiser — les veilles,* »
2. Litt. : « *Autrefois — comment (se fait-il que) — j'étais enfermée dans — le gấm — (et que) j'abaissais — la soie?* »
« *Khi* » est pour « *khi xưa* ».
3. Litt. : « *(Mon) visage — comment — est-il épais — (quant au) vent — (et) hardi (quant à) la rosée?* »
Par « *le vent et la rosée* », le poète entend la honte, les affronts de toute sorte auxquels la vie qu'elle mène expose son héroïne.
4. Litt. : « *Mon corps — comment — (quant aux) papillons — es-tu audacieux, — (quant aux) abeilles — es-tu hardi — tant, — (ô mon) corps?* »
« *Chán chường* » signifie « *audacieux* ».
5. Litt. : « *Au gré — des gens — (c'est) la pluie — de Sở, — (ou ce sont) les nuages — de Tấn.* »

Lorsqu'à l'arrivée du jour¹ l'ivresse du vin se dissipait,

elle éprouvait en pensant à elle-même un douloureux tressaillement.

« Quoi ? » (se disait-elle) « autrefois de ma chambre tendue de *gấm*
» j'abaissais les rideaux de soie ²,

« et me voilà, maintenant, brisée comme une fleur jetée au milieu
» du chemin ?

« Quoi ? habituée à la honte, mon visage ne sait plus rougir ³,    1235

« et toi, ô mon corps ! tu te vautres sans crainte dans cet obscène
» bourbier ⁴ ?

« Devenue le jouet des hommes, je dois subir l'amour de tous ⁵

« sans que moi-même je sache ce que c'est que le plaisir !

« Fréquemment le vent s'approche ; ensuite la fleur lui succède !

« Il me faut boire ma honte ! l'opprobre vient de tous côtés ⁶ !    1240

« De quel côté rencontré-je autre chose que la tristesse ⁷ ?

« Où donc une âme navrée pourrait-elle jamais trouver la joie ⁸ ? »

*Sở* et *Tần* sont les noms de deux anciennes principautés chinoises qui jouent dans la poésie annamite le même rôle que 李 *Lî* et 長 *T'châng* en chinois vulgaire, *Pierre* et *Paul* en français, pour désigner « tel ou tel, le premier venu ».

6. On comprendra que je ne cherche pas à donner l'explication littérale d'obscénités que la poésie annamite n'admet que trop aisément, mais que la plume d'un écrivain qui se respecte se refuse à faire passer dans notre langue.

7. Litt. : « *Quel aspect — (est un) aspect — (qui) ne pas porte avec lui — la tristesse ?* »

8. Litt. : « *(Lorsque) l'homme — est triste, — l'aspect — a (le fait d') — être gai — où — en un temps quelconque ?* »

«Đòi phen nét vẽ câu thơ;

«Cung cầm trong nguyệt, nước cờ dưới hoa.

1245 «Vui là vui gượng kẻo là!

«Ai tri âm đó? Mặn mà với ai?

«Thửa ưa gió trước mưa mai;

«Ngẩn ngơ trăm nỗi, giồi mài một thân!

«Ôm lòng đòi đoạn xa gần;

1250 «Chẳng vò mà rối; chẳng dần mà đau!

«Nhớ ơn chín chữ cao sâu!

1. Litt. : « *Il y a — la gamme — du Cầm — dans — la lune — (et) la marche — des échecs — sous — les fleurs.* »

2. Litt. : «*(Mon fait d') être gaie — est — (un fait d') être gaie — de s'efforcer — afin que — je sois (ce qu'il me faut être)!*»

Le verbe «*gượng* — *s'efforcer*» est ici au participe passé. Comme il n'est pas susceptible de ce mode en français, il faudrait, pour faire sentir exactement le rôle que sa position lui assigne, forger le mot «*efforcé*»; car notre mot «*forcé*» n'en rend qu'incomplètement la nuance.

J'ai déjà parlé du sens particulier que présente la conjonction «*kẻo*» dans les expressions analogues à celle que contient ce vers. Elle y réunit véritablement le sens des deux conjonctions françaises «*de peur que*» et «*parce que*», et indique à la fois le motif et le but d'une action; 1° le motif pour lequel on la fait; 2° son but, qui est de parer à un désagrément, à un accident que l'on craint.

3. Litt. : «*Qui — connaît — les sons — là? — Je serais en communauté sympathique de goûts — avec qui?*»

Voir sur l'origine de l'expression « *Tri âm* » ma traduction du *Lục Vân Tiên*, p. 30, en note.

Quant à «*mặn mà*», le sens complet n'en peut être rendu que par une périphrase, telle que celle que j'emploie dans la traduction littérale de ce vers.

4. Litt. : «*Conformément à — (mon fait d')avoir pour agréable, — (c'est) le vent — du bambou, — (c'est) la pluie — du Mai!*»

J'ai expliqué plus haut le sens de l'expression «*trước mai*».

«Maintes fois je trace des vers;

« au clair de la lune je fais résonner mon *luth;* parmi les fleurs du
» jardin je fais quelque partie d'échecs ¹.

« Ma joie est une joie forcée, une gaîté de commande ²! 1245

« Mais, en ces lieux, qui comprendrait mon cœur? Avec qui par-
» tager mes goûts³?

« Changeant d'époux au gré de mon caprice ⁴,

« Je ne sais à quoi me fixer! Je n'ai qu'un soin, celui de ma personne ⁵!

« A tous propos, sur toutes choses, il me faut contenir mon cœur ⁶!

« Troublé sans qu'on le froisse, il souffre sans être frappé ⁷! 1250

« Je pense au bienfait immense dont je suis redevable aux auteurs
» de ma vie ⁸.

<small>5. Litt. : « *Indécise — (quant à) cent — circonstances, — je polis — et j'ai-
guise — (mon) seul — corps!* »
6. Litt. : « *Je serre dans mes bras — (mon) cœur — à tous points de vue
— de près, — de loin!* »
7. Litt. : « *Ne pas — il est roulé (entre les mains) — mais — il est troublé;
— ne pas — il est battu — mais il ressent de la douleur!* »
« *Dần* » se dit de l'action de battre la viande pour la mortifier.
8. Litt. : « *Je pense à — le bienfait — des neuf — caractères — élevé — et profond!* »
Les caractères auxquels l'auteur fait allusion forment les deux derniers
vers de la première stance de l'ode 蓼莪 qui est la huitième de la
seconde partie du 詩經, et dans laquelle un fils se plaint de s'être trouvé
éloigné de ses parents au moment de leur mort, et de n'avoir pu pratiquer
envers eux les derniers devoirs qu'impose la piété filiale.</small>

蓼　匪　哀　生
蓼　莪　哀　我
者　伊　乎　劬
莪　蒿　父　勞
　　　　母

«Một ngày một ngã bóng dâu tà tà!

«Dặm ngàn nước thẳm non xa;

«Nghĩ đâu thân phận con ra thế nầy?

1255 «Sân hoè đôi chút thơ ngây;

«Trân cam ai kẻ đỡ thay việc mình?

«Nhớ lời nguyền ước tam sinh!

«*Lục lục giả Nga!*
«*Phỉ Nga, y Cao!*
«*Ai ai hỡ phụ mẫu!*
«*Sanh ngã cù lao!*»

«Luxuriant est le *Nga!*
«Ce n'est point le *Nga*, ce n'est que le *Cao!*
«Hélas! ô mon père! hélas! ô ma mère!
«Pour m'élever que vous avez souffert!»

Dans l'édition du 詩經 que je possède, le troisième vers ne contient pas le «平». Les deux derniers vers ne se composent alors que de huit caractères, au lieu des neuf auxquels il est fait allusion ici.

*Túy Kiều*, éloignée, elle aussi, de ses parents, craint d'avoir à se faire quelque jour les mêmes reproches que le fils dans la bouche duquel l'auteur de l'ode met les caractères qu'elle cite. Elle le fait comprendre plus clairement encore dans le vers suivant.

1. Litt. : «*(Pour) un — jour — (il y a) un — (fait de) tomber — de l'ombre — du mûrier — oblique!*»

Pour exprimer qu'un vieillard voit s'écouler paisiblement ses derniers jours, on dit très élégamment en chinois «*qu'il jouit, sous les mûriers et les ormeaux, des brillants rayons du soleil du soir* 桑榆暮景 *Tang du mộ cảnh)*». «Or», dit *Kiều*, «*l'ombre de ces mûriers* (sous lesquels mes parents jouissent de la vue du soleil couchant) *s'allonge de jour en jour davantage (pour eux)!*»; ce qui signifie poétiquement qu'ils deviennent tous les jours plus âgés, et que bientôt il leur faudra quitter la vie.

2. «*Ngàn — mille*» et «*xa — loin*» sont adjectifs par parallélisme comme répondant à «*thẳm — profond*» qui l'est par sa nature même; et ces trois adjectifs deviennent verbes qualificatifs par suite de leur position dans la phrase. Il faudrait donc construire ainsi la traduction littérale de ce vers :

« Tous les jours vers le tombeau mes vieux parents s'inclinent d'a-
» vantage ¹ !

« (Séparés de moi) par des milliers de dặm ², de profondes eaux,
» des montagnes lointaines,

« peuvent-ils penser que leur fille en est réduite à cette extrémité ?

« Leurs deux autres enfants sont bien jeunes encore ³ !

« Qui leur présente, à ma place, les aliments de leur goût ?

« Je pense à la promesse (que j'avais faite à *Kim Trọng*) de lui con-
» sacrer ma vie ⁴ !

1255

<br>

« Les *dặm* — (sont) milliers, — les eaux — (sont) profondes, — les montagnes — (sont) éloignées ! »

3. Litt. : *(Dans) la cour — des Hoè — (se trouve) une paire de — peu de
— tout jeunes enfants.* »

D'après M. Wells Williams, « le 槐 *Hoè*, qui appartient à la famille des
» légumineuses, est commun dans les provinces du nord de la Chine. C'est
» une sorte de caroubier *(Styphnolobium japonicum* ou *Sophora japonica)* qu'on
» cultive pour son bois et pour l'ombrage qu'il procure. Un prince de l'anti-
» quité rendait la justice sous un de ces arbres », comme le fit plus tard saint
Louis sous le chêne de Vincennes. « Ses fleurs fournissent le jaune impérial ;
» mélangées avec d'autres ingrédients, elles donnent une couleur verte. Les
» graines sont entourées d'un suc qui les défend contre la gelée, et les
» siliques demeurent sur l'arbre jusqu'à la pousse des nouvelles feuilles.

« A Canton, ce nom est donné au *Cassia alata*, dont l'apparence géné-
» rale est la même. »

Ce superbe *sophora* a été introduit en Europe au siècle dernier. Le
premier individu qui fut planté en France se trouve dans les jardins du
petit Trianon, à Versailles ; et malgré sa vieillesse, il présente encore un
aspect des plus majestueux.

Comme cet arbre est un des plus magnifiques végétaux de la flore chinoise, on en donne en poésie le nom aux enfants pour indiquer l'espoir
que nourrissent leurs parents de les voir arriver à des dignités éminentes ;
et, par une extension de la même figure, on désigne la famille sous le nom
de « *Sân Hoè — la cour où sont plantés les Hoè* ».

4. Litt. : « *Je me souviens — des paroles — de promettre — et convenir de
— la prédestination.* »

J'ai dit plus haut ce qu'il faut entendre par l'expression « 三生 *tam
sinh* » ou «*ba sinh*».

«Xa xuôi, ai có biết tình chăng? Ai?

«Khi về, hỏi liễu chương đài,

1260 «Nhành xuân đã bẻ cho người chuyên tay!

«Tình sâu mong trả ngãi dày,

«Hoa kia đã chắp cây nầy cho chưa?»

Mối tình đòi đoạn vò tơ,

Giấc hương quan luống những mơ canh dài.

1265 Song sa võ võ phương trời!

Nay hoàng hôn đã; lại mai hôn hoàng!

Lần lần thỏ bạc ác vàng!

Xót người trong hội đoạn trường đòi cơn!

Đã cho lấy chữ *hồng nhan,*

1270 Làm cho cho hại, cho tàn, cho cân!

1. Litt. : *(Étant) loin, — qui (que ce soit) — a — (le fait de) connaître — (mon) amour — (ou) non? — Qui (le connaîtrait)?»*
2. Litt. : *«. . . . . du saule — du pavillon des essais littéraires,»*
3. Litt. : *«(Par un) amour — profond — devant incessamment — payer — la foi — épaisse,»*
4. L'autre fleur, c'est *Túy Vân;* l'arbre, c'est *Kim Trọng.* La jeune femme se demande si sa sœur cadette a tenu la promesse qu'elle lui avait fait d'épouser son fiancé.
5. Litt. : *« Le bout de fil — de ses sentiments — à maintes — reprises — est enroulé — à la manière de la soie.»*
6. Litt. : *« De la fenêtre — le sable — (vole) tristement — dans la région — du ciel (dans l'espace)!»*

Le poète assimile ce qui se passe au dehors au sable que le vent sou-

« mais peut-il, à cette distance, savoir à quel point je l'aime [1]?

« Lorsqu'à son retour, il s'informera de la jeune fille lettrée [2],

« le rameau printanier, brisé, de main en main (ici) passera !         1260

« Pour couronner dignement l'amour profond (qu'il me voua) [3],

« à cet arbre l'autre fleur se sera-t-elle rattachée [4] ?

Le cœur troublé par mille pensées qui s'y mêlent et s'y confondent [5],

tout le long de la nuit, elle songe sans trêve aux choses de son pays.

(Mais) tristement le temps s'écoule [6] !         1265

A aujourd'hui demain ressemblera [7] !

La lune brille, le soleil la remplace, et le temps marche toujours [8] !

Je plains cette personne rangée à tant de reprises parmi les condamnés du destin !

Le Ciel, en lui donnant la beauté [9],

l'abreuve, tant qu'elle dure, de douleur par compensation [10] !         1270

lève et qui, volant dans l'espace, passe rapidement devant la fenêtre derrière laquelle se tient son héroïne.

7. Litt. : « *Maintenant — le crépuscule — a eu lieu; — de nouveau — demain — il y aura le crépuscule!* »

Placée ainsi, la marque du passé « *dã* » indique que la chose préalablement énoncée a eu lieu déjà, que dès à présent elle est accomplie.

8. Litt. : *(Se succédant) peu à peu — il y a le lièvre — d'argent, — il y a le corbeau — d'or!* »

9. Litt. : « *(Le Ciel, par le fait qu'il (lui) a donné — de prendre — les caractères — « rouge — visage, »*

10. Litt. : « *a fait (cela) — à (elle) — de manière à — (lui) nuire, — de manière à — (la) faire se faner, — de manière à — peser (compenser)!* »

Il y a ici un effet évidemment cherché; par la répétition incessante du

Đã đày vào kiếp phong trần;

Sao cho sỉ nhục một lần; mới thôi!

Khách du bỗng có một người,

Kỳ tâm họ *Thúc;* cũng loài thơ hương.

1275 Vốn người huyện *Tích* châu *Thường;*

Theo nghiêm thân mở ngôi hàng *Lâm tri.*

Hoa khôi. Mộ tiếng *Kiều nhi;*

Thiếp hồng tìm đến hương quê gởi vào.

Trướng *Tô* hiệp mặt hoa đào,

1280 Vẻ nào chẳng mặn? Nét nào chẳng ưa?

*Hải đường* mởn mởn nhành tơ!

Ngày xuân, càng gió, càng mưa, càng nồng!

---

mot « *cho* », l'auteur semble avoir voulu exprimer les coups répétés dont le ciel impitoyable accable sa victime, la terrassant toujours sans lui permettre de se relever jamais.

1. Litt. : « .... *à entrer dans* — *le siècle* — *du vent* — *(et) de la poussière,* »

2. Litt. : « .... *(son) parent* — *sévère* ». C'est le nom que les fils donnent par respect à leur père, surtout dans les lettres qu'ils lui écrivent.

3. Litt. : « *Tête fleurie.* »

4. Litt. : « .... *le gynécée parfumé.* »

5. *Thúc sanh* avait écrit son nom sur du papier rouge, le seul qu'on emploie en Chine pour les cartes de visites. C'est pour cela que le poète l'appelle « 帖紅 *thiếp hồng* — *un billet rouge* ».

6. Litt. : *(Dans un) pavillon* — *de Tô (Đông Pha)* — *ils unirent* — *(leurs) visages* — *de fleur* — *de Đào!* »

La chose que prisent le plus les Annamites et les Chinois, celle qui

Exilée au sein de ce monde de misère [1],

de toute manière il fallait qu'elle fût souillée une fois !

Tout à coup un voyageur

dont le petit nom était *Kỳ Tâm* et le nom de famille *Thúc*, appartenant, lui aussi, à la classe des lettrés,

originaire du *huyện* de *Tích* et du *châu* de *Thường*, 1275

vint à la suite de son père [2] qui ouvrait à *Lâm tri* une maison de commerce.

Doué (lui-même) d'une grande beauté [3], la réputation de la jeune *Kiều* éveilla ses désirs,

et il fit porter chez elle [4] un billet rouge [5].

Une élégante retraite [6] réunit ces deux êtres charmants,

et l'un dans l'autre ils ne trouvèrent que séductions et qu'attraits. 1280

Ravissante est la fleur *Hải đường* [7] posée sur sa jeune tige !

Plus le vent souffle, plus la pluie tombe, et plus nous charme un jour de printemps !

donne le plus de relief à la personnalité d'un homme, c'est la culture littéraire. L'idée de « *littérature* » est chez eux tellement connexe à celle de « *distinction* », de « *suprême élégance* », qu'elle se confond souvent avec elle. De là l'intervention du nom de *Tô Đông Pha*, célèbre lettré de la dynastie des 宋 *Tống* pour former une sorte d'adjectif dont le rôle est de faire comprendre que la pièce où se réunirent les deux amants était à la fois retirée comme l'est un cabinet de travail, et élégante comme devait l'être celui dans lequel se tenait un lettré aussi éminent que *Tô Đông Pha*.

7. L'arbrisseau appelé « 海棠 *Hải đường* » (litt. : « *sorbier de mer* ») ou « 白鐵枝 *Bạch thiết chi* » paraît être le *Pyrus japonica*. Cependant, selon M. Wells Williams, cette dénomination s'appliquerait à deux autres espèces végétales, le *Cydonia Japonica* et le *Pyrus spectabilis* ou *baccifera*. Je n'ai trouvé le 海棠 mentionné dans aucun travail concernant la flore de Cochinchine.

Nguyệt hoa, hoa nguyệt não nùng;

Đêm xuân ai dễ cầm lòng được chăng?

1285 Lạ chi? *Thinh khí* lẽ hằng!

Một dây đã buộc; ai chẳng cho ra?

Sớm đào tối mận lân la,

Trước còn trăng gió, sau ra đá vàng.

Dịp sao may mắn lạ dường?

1290 Lại vừa gặp khoảng nghiêm đường về quê!

*Sanh* càng một tỉnh mười mê.

Ngày xuân lắm lúc quên về với xuân.

---

1. Litt. : «*(C'était) étonnant — en quoi? — Thinh khí — est un raisonnement — de tous les jours!*»

J'ai expliqué tout au long sous le vers 193 ce que signifient les deux mots «*thinh khí*»; en se reportant à ce que j'en ai dit on comprendra facilement ce vers. Le développement complet de l'idée qu'il renferme est celui-ci : «.... *le raisonnement contenu dans la maxime*» 同聲相應、同氣相求 *est un raisonnement de tous les jours* (c'est là une chose qui n'a rien d'extraordinaire, et que l'on rencontre constamment)».

2. Litt. : «*Le matin — (quant à) la pêche, — le soir — (quant à) la prune — ils se hantaient.*»

3. Litt. : «*D'abord — c'était encore — la lune — et le vent; — plus tard — cela ressortit (devint) — la pierre — et l'or.*»

Le clair de lune et le vent sont choses essentiellement instables et passagères; la pierre et l'or sont au contraire extrêmement durables et solides. De là cette double métaphore.

4. Litt. : «*Sanh — de plus en plus — (pour) un — (fait de) revenir à lui — (subissait) dix — (faits d')être enivré.*»

Ils se livraient avec ardeur à leurs ébats passionnés.

Qui donc pourrait, dans une nuit d'amour, mettre un frein à ses désirs?

Entre cœurs qui sympathisent [1] cela n'a rien que d'ordinaire! 1285

Le même lien les réunissait; qui aurait pu, en l'arrachant, leur rendre la liberté?
Matin et soir, toujours ils se trouvaient ensemble [2],

et ce qui n'était d'abord que caprice passager devint solide affection [3].

Par un hasard aussi heureux qu'étrange

on était justement arrivé au moment où le père s'en retournait dans 1290 son pays!
De moins en moins le jeune homme était maître de lui-même [4].

Les jours d'amour passaient bien vite; et, tout entier à sa passion, il ne songea plus au retour [5].

---

5. Litt. : « *Les jours — de printemps — passaient vite; — il oubliait — de s'en retourner — avec — le printemps.* »

Il y a dans ce vers un jeu de mots sur le mot « *xuân* », qui n'a pas la même signification dans les deux hémistiches. Dans le premier il a le sens d'*amour charnel*. Dans le second, selon qu'on conserve au caractère la même forme (春), ou qu'on lui adjoint la clef 75 (椿), il exprime soit l'objet de cet amour, soit le père de *Thúc Sanh*, 椿萱 *xuân huyên* signifiant métaphoriquement « *le père et la mère* ».

Les trois éditions que je possède portent 春 sans la clef 75; mais cela n'implique nullement que le poète ait voulu adopter exclusivement le premier sens; car les lettrés annamites ne sont nullement difficiles sur l'orthographe des caractères démotiques, et il est beaucoup plutôt à présumer que la phonétique 春, commune aux deux vocables, aura été répétée à dessein dans le but de tenir le lecteur dans l'incertitude. C'est d'autant plus vraisemblable que le vers, entendu dans le dernier sens, est plus correct et plus conforme au génie de la langue.

Khi gió các, khi trăng sân;

Bầu tiên chước rượu, câu thần nối thơ.

1295 Khi hương sớm, khi mây trưa;

Bàn vây đếm nước, đường tơ hoà đờn.

Mập mờ trong cuộc truy hoan;

Càng quen thuộc nết, càng dan díu tình.

Lạ cho cái sóng khuinh thành!

1300 Làm cho đổ quán xiêu đình như chơi!

*Thúc sanh* quen nết bốc rời;

Trăm ngàn đổ một trận cười như không!

Mụ càng tô lục chuốt hồng;

---

1. Litt. : « *Tantôt — (il y avait) le vent — du palais; — tantôt — (il y avait) la lune — de la cour.* »
« *Gió các* » et « *trăng sân* » deviennent, par position, des expressions verbales impersonnelles.

2. Litt. : « *(Avec) une gourde — d'immortel — ils (se) versaient — le vin; — (avec) des phrases — de génie — ils joignaient — les vers.* »
Les qualifications parallèles de « *tiên — immortel* » et de « *thần — génie* » expriment poétiquement que le vin et le vers étaient également excellents.

3. Litt. : « *Tantôt — (il y avait) le parfum — du matin; — tantôt (il y avait) les nuages — de midi.* »
Même observation que sur le vers 1294.

4. Litt. : « *(Sur) l'échiquier — ils comptaient — les marches (des pièces); — (au moyen des) — fils — de soie — ils jouaient d'accord — leurs Đờn.* »

5. Litt. : « *Ils s'absorbaient — dans — des parties — de rétrospectives — gaîtés.* »

6. Litt. : « *Thúc Sanh — était accoutumé aux — mœurs — de prendre par pincées — (de l'argent) dissocié.* »

Tantôt dans la maison et tantôt au dehors, passant agréablement le temps ¹,

ils buvaient d'excellent vin et composaient des vers merveilleux ².

Le matin comme au milieu du jour ils s'abandonnaient à leur ivresse ³. 1295

Ils comptaient les cases de l'échiquier; ils mettaient d'accord leurs guitares ⁴,

et entamaient d'absorbantes causeries sur les choses gaies d'autrefois ⁵.

Plus ils s'habituaient l'un à l'autre, et plus l'amour les enchaînait.

Tu fais, ô étrange flot! crouler les murs fortifiés des villes!

Tu renverses les maisons, tu fais pencher les palais! et cela, pour 1300 toi, n'est qu'un jeu!

*Thúc Sanh* était un étourdi qui agissait sans réflexion ⁶,

et auprès d'un moment de plaisir cent ou mille (sapèques) à ses yeux n'étaient rien ⁷!

La vieille de jour en jour se montrait plus accommodante ⁸;

---

Cette expression fait allusion à la manière dont le public annamite récompense les comédiens dont il est satisfait. Les spectateurs généreux prennent par pincées ou même par poignées des sapèques préalablement séparées de la ligature qui les réunissait, et ils les lancent à l'artiste dont les chants ou le jeu les charment. Leur libéralité est d'ailleurs excitée par un individu qui représente la claque des théâtres européens et qui, aux moments pathétiques, frappe sur une espèce de tambour (擒朝 *cầm chầu*). Les jeunes gens enthousiastes prodiguent sans réflexion aux acteurs ces sapèques dites « *tiền rời* »; c'est pourquoi le poète, voulant faire entendre que *Thúc Sanh*, incapable de se contenir, suivait toujours l'impulsion de son caprice, le dépeint comme agissant de même.

7. Litt.: « *Cent — (ou) mille (pièces de monnaie) — il versait — (dans) un accès — de rire — comme — rien!* »

8. Litt.: « *La vieille — de plus en plus — enduisait — vert — et polissait — rouge;* »

Elle se pliait obséquieusement à toutes les exigences de son prodigue client.

Máu tham hễ thấy hơi đồng, thì mê!

1305  Dưới trăng quyên đã hỏi hè;

Đầu tường lửa lựu lập loà đơm bông.

Phòng là phải buổi thong dong,.

Than hương, nưng bức trướng hồng, rạch hoa.

Rõ ràng trong ngọc, trắng ngà!

1310  Dầy dầy sẵn đúc một toà thiên nhiên!

Sanh càng tỏ nết, càng khen.

Ngu tình tay thảo một thiên luật Đường.

---

1. Litt. : « (Un) sang — cupide, — toutes et quantes fois — il voit — la vapeur — de l'argent, — alors — il est enivré! »
2. Litt. : « Sous la lune »
3. Litt. : « avait demandé. »
Le coucou est réputé annoncer par son chant que le moment des semailles est arrivé.
4. Litt. : « le feu du grenadier. »
5. Litt. : « (Dans) sa chambre de soie. »
6. Litt. : « Ferme, — elle était créée — et fondue — (à la manière d')une construction (statue) — naturelle. »
L'adverbe chinois « 天然 thiên nhiên » signifie « naturellement, de soi-même » (proprement : « à la manière de [ce que crée] le Ciel »); mais sa position le transforme en un adjectif annamite; et tout le second hémistiche « một toà thiên nhiên » devient pour la même raison une expression adverbiale de manière.
7. Litt. : « Prenant — (un) sujet, — sa main — traça en cursif — une — page (une pièce de poésie) — des règles — des Đường. »
Les peuples qui se servent de l'écriture chinoise (Chinois, Annamites, Japonais) emploient pour les notes courantes et les papiers sans importance des caractères abréviatifs qui portent le nom générique de « 草字 thảo tự ». Ces signes spéciaux, qui présentent d'ailleurs une foule de variétés dont l'échelle varie entre les caractères de l'écriture régulière et une espèce

(car) à la vue de l'argent un cœur cupide est enivré ¹!

Le coucou avait dans les airs ² par ses cris annoncé l'été ³,   1305

et l'on voyait au bout du mur le grenadier en feu ⁴ épanouir ses fleurs éblouissantes.

Aux moments où, dans sa chambre élégante ⁵, elle jouissait de quelque loisir,

Kiều brûlait des parfums; ou bien, prenant une étoffe rouge, (avec son aiguille) elle y traçait des fleurs.

Vraiment, pure comme un diamant et aussi blanche que l'ivoire,

avec ses chairs de marbre et sa taille bien prise elle semblait une   1310
statue vivante ⁶!

Mieux le jeune homme la connaissait, et plus il lui trouvait de charmes.

Il la prit pour sujet, et, de sa main rapidement il traça des vers tels qu'on les faisait au temps des Đường ⁷.

de sténographie extrêmement simplifiée (大草 đại thảo), sont employés surtout pour les écrits commerciaux, particulièrement, en ce qui concerne la Chine dans les provinces de 福建 Fŏ kiến et de 廣東 Kouảng tông; ce qui tient à ce que dans ces régions méridionales le commerce est très actif, tandis qu'il l'est beaucoup moins dans le nord, où les études littéraires sont en revanche plus suivies. Dans l'Annam, ce genre d'écriture est extrêmement usité; mais c'est au Japon qu'on l'emploie le plus fréquemment.

Bien que l'écriture 草 soit en général réservée pour les papiers d'affaires et les notes privées, et qu'on se serve pour les œuvres littéraires de l'écriture régulière dite 隸書 lệ thơ ou 眞字 chơn tự, on a pris généralement l'habitude d'écrire en cursif l'introduction des livres et surtout les pièces et recueils poétiques. C'est même l'un de ces recueils, rédigé en 大草 d'une manière remarquablement élégante, que les lettrés annamites ont adopté comme leur modèle le plus goûté de calligraphie cursive. Ce livre, qui est intitulé «千家詩草法 Thiên gia thi thảo pháp — les mille poésies de famille données comme modèles de l'écriture thảo», est une collection de poésies dues aux auteurs les plus célèbres entre ceux qui écrivirent sous la dynastie des 唐 Đường (618—907 de l'ère chrétienne). Cette époque fut, comme il est facile d'en juger en lisant la savante traduction d'un grand nombre de pièces de ce temps qu'a publiée M. le marquis d'Hervey de Saint-Denys, l'âge d'or de la poésie chinoise. Les pièces

17*

Nàng rằng : « Vưng biết lòng chàng!

« Lời lời châu ngọc, hàng hàng gấm thêu! »

1315 Hay hèn, lẽ cũng nối điêu.

Nỗi sanh nghĩ một; hai đều ngang ngang!

Lòng còn gởi đám mây vàng;

« Hoạ vần, xin hãy chịu chàng hôm nay! »

du 千家詩草法 sont gravées en caractères 大草 de différentes formes, à côté de chacun desquels on trouve le signe régulier ou 隸字. Ce recueil est tellement apprécié comme spécimen de l'écriture cursive abrégée que l'on donne fréquemment en Cochinchine à ce procédé calligraphique le nom d'écriture « *thiên gia* » au lieu de sa véritable qualification qui est « 大草 *đại thảo* »; et l'auteur y fait certainement allusion dans le présent vers lorsqu'il dit que *Thúc Sanh* trace une pièce de vers *en écriture cursive* dont ce livre est le modèle le plus remarquable, et d'après les règles de la poésie en usage sous les *Đường* dont il renferme les pièces les plus goûtées.

L'art de tracer élégamment ces caractères cursifs est d'ailleurs fort apprécié par les lettrés de la Chine. Des empereurs eux-mêmes n'ont pas dédaigné d'en faire leur étude favorite, et l'on voit dans les romans de littérature des personnages vantés pour leur talent dans ce genre de calligraphie. C'est ainsi que dans le célèbre livre intitulé 平山冷燕, l'ignorant 竇國一, ayant désigné pour concourir à sa place avec 山黛 le savant 顏貴 réputé pour son habileté à tracer les caractères cursifs aussi bien que les carrés (眞草兼工), l'Empereur fait comprendre dans les épreuves une pièce à écrire en 草. La composition de la jeune fille excite l'admiration générale, et ses juges comparent les caractères tombés de son pinceau « à des dragons qui volent, à des serpents qui se contournent de mille manières (如龍蛇飛舞) ».

Par les mots « *luật Đường* — *les règles (usitées en poésies au temps des) Đường* » le poète donne aussi à entendre que les vers de *Thúc Sanh* étaient composés de sept caractères (七言詩 *thất ngôn thi*). C'était en effet la forme la plus généralement adoptée à cette époque; aussi lui donne-t-on souvent le nom de « 唐詩 *Đàng thi* — *vers des Đường* ».

« Je saisis votre pensée¹ ! » lui dit alors la jeune femme.

« Les mots se suivent comme autant de perles et de diamants ; les
» vers, dans leur succession, semblent former le dessin d'une bro-
» derie de *gấm* ² ! »
Bien ou mal, à ces rimes elle joignit des rimes pareilles³.     1315

Pour le jeune homme, il n'avait qu'une unique pensée ; les deux choses
marchaient de front !
(Tandis que) son cœur exhalait encore de nombreux soupirs d'amour⁴ :

« En comparant nos rimes », dit *Kiều*, « (je vois)⁵ qu'il me faut aujour-
» d'hui vous reconnaître pour vainqueur ! »

    1. « *Vưng* » litt. : «*j'obéis*» est un terme de déférence employé au Tonkin à peu près dans le même sens que le mot « да, *dạ* », qui est spécial à la Cochinchine.
    2. Cette formule du pluriel par répétition des mots, qui est empruntée à la phraséologie chinoise, est assez rare en annamite. Elle implique une idée de succession. La traduction littérale de ce vers serait exactement :
    «*Mot — (à) mot — (ce sont) des perles — (et) des pierres précieuses ; — ligne — (à) ligne — (c'est un) gấm — brodé !*»
    3. Litt. : «*Élégants — (ou) sans valeur, — les raisonnements (les idées) — tout aussi bien — joignent — les Điêu.*»
    Les mots «*nối điêu — joindre les Điêu*» expriment un genre de divertissement poétique très en vogue chez les lettrés et qui consiste à faire à deux des vers alternants sur les mêmes rimes.
    貂 *Điêu (tiāo)* est le nom chinois de la *zibeline de Sibérie (Mustela zibelina)*. La manière symétrique dont on dispose les queues de ces animaux sur les vêtements confectionnés avec leur fourrure fait comprendre facilement la singulière métaphore renfermée dans l'expression qui nous occupe.
    Si cependant les renseignements qui m'ont été donnés sont bien exacts, le mot « *Điêu* » désignerait dans l'Annam un tout autre animal que la zibeline. Ce serait un quadrupède un peu plus grand que le cerf de Cochinchine, et dont la peau, très précieuse, serait réservée à la confection des fourrures de l'Empereur. Comme ces animaux se tiennent toujours, lorsqu'ils sont en troupe, les uns derrière les autres, l'expression «*joindre les Điêu*» signifierait alors «*faire des vers qui se correspondent pour le sens et pour la rime, comme se suivent les individus qui composent un troupeau de Điêu*».
    4. Litt. : «*(Son) cœur — encore — envoyait — des réunions — de nuages — d'or ;* »
    5. Litt. : «. . . . *je demande à* . . . . »
    Le mot «*xin — je demande à*» correspond à notre formule de politesse «*permettez-moi de* . . . . ». Il y a cependant entre les deux une différence qu'il faut bien noter pour l'intelligence de certains passages, et qui tient

Rằng : «Sao nói lạ lùng thay?

1320 «Nhành kia chẳng phải cội nầy mà ra!»

Nàng càng ủ giột thu ba.

Đoạn trường lúc ấy nghĩ mà buồn tanh!

«Thiếp như hoa đã lìa nhành,

«Chàng như con bướm liệng vành mà chơi!

1325 «Chủ xuân đành đã có nơi!

«Vắn ngày thôi chớ! Dài lời làm chi?»

*Sanh* rằng : «Từ thuở tương tri,

«Tấm riêng riêng những nặng vì nước non!

«Trăm năm tính cuộc vuông tròn!

1330 «Phải dò cho đến ngọn nguồn lạch sông.»

à la civilité extrême qui règle les relations chez les Annamites. La permission que l'on semble demander à l'interlocuteur par le mot «*xin*» implique, en effet, non-seulement des choses avantageuses pour celui qui l'emploie, mais encore des choses désavantageuses ou même préjudiciables. Nous faisons en France un certain effort d'amour-propre lorsque nous disons : «*je m'avoue vaincu*», et nous n'ajoutons rien à cette formule. Un Annamite au contraire, s'il est poli, dira comme le fait ici notre héroïne : «*Je vous demande la permission de m'avouer vaincu*».

1. *Mes désirs n'ont rien de commun avec les vers!*

2. Litt. : «*La jeune femme — de plus en plus — était triste — (quant aux) d'automne — flots.*»

Le ciel étant souvent sombre pendant l'automne, les eaux, qui le reflètent, présentent un aspect triste. C'est ce qui a donné naissance à cette figure, employée pour désigner poétiquement les larmes.

3. Litt. : «*La maîtresse — du printemps — évidemment — dès à présent — a — (son lieu)!*»

« Pourquoi », répondit-il, « ces paroles étranges ? »

« Le rameau (dont je m'occupe) ne sort point de ce tronc ci [1] ! ». 1320

Sentant redoubler sa tristesse, la jeune femme pleura [2].

En ce moment la pensée de son infortune au fond de son cœur la navrait!
« Je suis », dit-elle, « une fleur séparée de son rameau,

« et vous, un papillon qui planez autour pour vous distraire!

« Vous avez, c'est évident ! une épouse légitime [3], 1325

« et vous êtes en ce moment absent (de votre ménage). Avouez-le » donc sans détours ! »
« Depuis », répondit *Thục Sanh*, « que nous avons fait connaissance,

« mon cœur à moi n'a qu'un souci : l'amour qu'il veut vous garder [4]!

« Afin de tout régler, et d'assurer pour la vie la réalisation de mon » projet [5],
« il me faut sonder à fond (les dispositions de ma femme) [6] ». 1330

« *Chủ xuân* », litt. : « *la maîtresse du printemps* », est une métaphore qui signifie « *celle qui préside aux amours* ». Cette singulière mais poétique expression désigne l'épouse légitime ou femme de premier rang. — « *Đành* », adverbe par position, a le même sens que « *đã đành* ».

4. Litt. : « *Mon morceau (de cœur) — particulier — en particulier — absolument — est lourd — à cause — des eaux — (et) montagnes !* »

Il n'est pas dit précédemment que *Thục Sanh* ait fait un serment à *Túy Kiều*; mais l'emploi qu'il fait ici des mots « *nước non* » qui expriment, comme je l'ai dit plus haut, les objets que l'on prend d'ordinaire à témoin de ces sortes de serments indique bien qu'il veut actuellement témoigner à la jeune femme la résolution arrêtée de se lier à elle. — « *Tấm* » est pour « *tấm lòng* ».

5. Litt. : « *(Afin de pour) cent — ans — régler — le but — en carré — (et) en rond.* »

6. Litt. : « *Il faut — sonder — jusqu'à — la nappe (d'eau) — de la source — et le chenal — du fleuve.* »

Nàng rằng : « Muôn đội ơn lòng !

« Chút e bên thú bên tùng dễ đâu ?

« Bình khương áng ná bấy lâu,

« Yêu hoa, yêu được một màu điểm trang ;

1335 « Rồi ra rã phấn trao hương,

« Lòng kia giữ được thường thường mãi chăng ?

« Vả trong thềm quế, cung trăng,

« Chủ trương đành đã chị *Hằng* ở trong !

« Bấy lâu khăng khít đải đồng ;

1340 « Thêm người, người cũng chia lòng riêng tây !

« Vì chi chút phận bèo mây,

« Làm cho bể ái khi đầy khi vơi ?

« Trăm đều ngang ngửa vì tôi,

---

1. Litt. : « *Un peu — je crains que — le côté — de (me) prendre (pour) femme — (et) le côté — de suivre (mon) époux — soit faciles — où ? (ne soient nullement faciles).* »

2. Litt. : « *(Alors que) — (dans un) paisible — repos — nous vaquions (à nos affaires) — jusqu'à ce jour,* »

3. Litt. : « *(Quant à) aimer — la fleur, — aimer — vous pouviez — une couleur — d'orner (de toilette) ;* »

4. Litt. : « *Or — dans — la vérandah — du Quê — et (dans) le palais — de la lune,* »

Voir, pour l'intelligence de ces figures, ce que j'ai dit plus haut de l'arbre 桂 et de *Khương Nga* ou *Hằng Nga*.

5. Litt. : « *(Quant au fait de) diriger, — évidemment — dès à présent — (ma) sœur — Hằng (Nga) — est — dedans !* »

« Soyez », reprit *Kiều*, « mille fois remercié !

« Mais je crains que, pour nous épouser, nous ne rencontrions quelques
» obstacles¹ ! »

« En ce lieu tranquille où jusqu'à ce jour² nous vaquions à nos affaires,

« vous pouviez aimer une fille et vous laisser charmer par ses artifices
» de toilette³ ;

« mais quand je serai hors d'ici, que mon fard aura disparu et que 1335
» j'aurai donné tout mon parfum,

« votre cœur à jamais pourra-t-il me rester fidèle ?

« Or dans votre maison, son domaine⁴,

« (La maîtresse du logis), telle que *Hằng Nga* dans la lune, dirige
» et gouverne tout⁵ !

« Jusqu'à présent un lien étroit a réuni vos deux cœurs⁶ ;

« si vous en introduisez une autre, l'affection se divisera ! 1340

« Et que suis-je donc, moi, créature malheureuse et vile⁷,

« pour venir modifier le noble amour de votre cœur⁸ ?

« Si ma présence amène le désordre⁹,

6. Litt. : « *Jusqu'à ce jour — a été serré — le lien — commun ;* »

7. Litt. : « *A de l'importance — en quoi — (mon) peu — de condition — de lentille d'eau — et de nuage ?* »
*Túy Kiều* fait entendre par là qu'elle est vile comme la lentille d'eau, et que, de même que les nuages sont le jouet du vent, elle est le jouet de la mauvaise fortune.

8. Litt. : « *(Pour) faire que — la mer — de l'amour — tantôt — soit pleine — (et) tantôt — diminuée (pour exercer une influence quelconque sur vos affections domestiques ?)* ».

9. Litt. : « *(S'il y a) cent — choses — désordonnées — à cause de — moi,* »
Le mot « *ai* » qui se trouve dans le vers suivant comme sujet de la phrase montre que ce qui précède est nécessairement une proposition conditionnelle ; et comme cette dernière ne renferme aucun mot susceptible de

«Thân sau ai chịu tội Trời ấy cho?

1345 «Như chàng có vững tay co,

«Mười phần xin đắp điếm cho một vài!

«Thế trong dầu lớn hơn ngoài,

«Trước hàm sư tử gởi người đằng la!

«Cúi đầu lòn xuống mái nhà,

1350 «Giấu mùi, lại tội bằng ba lửa hừng!

«Ở trên còn có nhà xuân.

«Lòng trên trông xuống, biết lòng có thương?

«Sá chi liễu ngõ, hoa tường?

jouer le rôle du verbe indispensable, il faut en conclure que le vers dans son entier constitue une formule verbale impersonnelle.

1. Litt. : «*(Dans ma) condition — de plus tard — qui — subira — ce châtiment du Ciel (le châtiment que le Ciel m'infligera pour avoir troublé votre ménage) — pour — moi?*»

2. Litt. : «*Si — vous avez (le fait d') — être ferme — (quant à) la main — contractée,*»

L'expression «*vững tay co*» se rapproche singulièrement de notre expression vulgaire «*avoir la poigne solide*». Voir à ce sujet la note sous le vers 74.

3. Litt. : «*(Pour) dix — parties — je (vous) prie de — (couvrir) — pour (moi) — un — quelque (quelque peu)!*»

4. Litt. : «*(Quant à) la puissance — intérieure, — si — elle est grande — plus que — l'extérieure,*»

La puissance intérieure, c'est celle de la personne qui gouverne l'intérieur, c'est-à-dire celle de la femme. La puissance extérieure est celle du mari, qui a dans ses attributions la gestion des affaires du dehors.

5. Litt. : «*Devant — la mâchoire — du lion — vous appelez — la personne — Đằng la!*»

Le «*Đằng la*» est une espèce de liane dont il m'est impossible de

« qui à ma place, plus tard, en subira les conséquences [1] ?

« Si vous avez la main ferme [2], 1345

« accordez-moi, je vous en supplie ! quelque peu de protection [3] !

« Mais si son pouvoir l'emporte sur le vôtre [4],

« vous me jetez, faible créature, dans la gueule du lion [5] !

« Si j'entre chez vous en baissant la tête,

« et que nous célions nos rapports, ce sera aussi un terrible grief [6] ! 1350

« Dans un rang supérieur se trouve encore votre père [7].

« Si tant est qu'il me témoigne des égards [8], aura-t-il pour moi de
» l'affection ? »

« Compte-t-on pour quelque chose le lierre de la porte, la fleur de la
» muraille [9] ? »

donner le nom botanique. Je ne crois pas qu'elle ait jamais été classée. Ce nom signifie « *liane la* ». Le mot « 蘿 *la* » est une qualification générique qui s'applique aux plantes parasites et à celles qui s'enroulent autour des arbres.

En se comparant à la liane dont il s'agit ici, *Túy Kiều* veut dire qu'elle n'a aucune force de résistance, et qu'elle sera incapable de supporter les persécutions de l'épouse légitime si *Thúc sanh* ne la soutient pas comme le font à l'égard du « *Đằng la* » les arbres qui lui servent de support.

6. Litt. : « *(Et que) nous cachions — la couleur, — encore — la faute — égalera — trois — feux — qui se répandent !* »

7. « *Nhà xuân* » est la traduction annamite de l'expression métaphorique chinoise « 春堂 *Xuân đường* » que l'on trouvera au vers 1388, et qui signifie « *le père* ».

8. Litt. : « *(Si) le cœur — d'en haut — regarde — en bas, — (qui) sait — (si ce) cœur — aura — (le fait d') aimer ?* »

9. Qu'importe une pauvre fille que l'on n'aime qu'en passant ? On jette un regard sur le lierre qui s'accroche aux montants de la porte, sur la fleurette qui se montre timidement sur la muraille ; puis on passe et l'on n'y pense plus ! Ce sont des accessoires trop infimes de l'habitation pour que le maître leur accorde autre chose qu'une attention de hasard.

«Lầu xanh lại bỏ ra phường lầu xanh!

1355 «Lại càng nhơ dạng dại hình!

«Đành thân phận thiếp; nghĩ danh giá chàng!

«Thương sao cho vẹn thì thương!

«Tính sao cho trọn; mọi đường thì vâng!»

*Sanh* rằng : «Hay nói đè chừng!

1360 «Lòng đây lòng đấy chưa từng hay sao?

«Đường xa chớ ngại *Ngô Lào!*

«Trăm đều hãy cứ trông vào một ta!

«Đã gần! Chi có đều xa?

«Đá vàng cũng quyết; phong ba cũng liều!»

1. Litt. : «(Si) le palais — vert — encore — je quitte, — je (n'en) (re)-deviendrai (pas moins) — (une personne de) la société — des palais — verts!»

2. Litt. : « Encore — de plus en plus — je serai sordide — (quant à) la figure, — je serai stupide — (quant à) l'aspect!»

3. Litt. : «*Approximativement*».

4. Litt. : « Le cœur — d'ici — (et) le cœur — de là . . . . . »

5. «吳 *Ngô*» est le nom d'un ancien royaume chinois, le troisième de ceux que l'on appelait «三國 *Tam quốc* — *les Trois royaumes*». En s'exprimant comme il le fait ici, l'auteur, qui a tout d'abord placé l'action de son poème sous le règne de l'empereur 嘉靖 *Gia tịnh* de la dynastie des 明 *Minh* commet un énorme anachronisme; car 世宗 *Thế tông*, dont le nom de règne était 嘉靖, est monté sur le trône de Chine en l'an 1522 de l'ère chrétienne, tandis que le royaume de 吳 avait pris fin *douze cent quarante-cinq ans* auparavant (277) à la prise de Nankin par 司馬炎 *Tư Mã Viêm* (世祖武帝 *Thế tổ Võ đế*). Peut-être cependant *Nguyễn Du* veut-il parler de la ville de 蘇州 *Tô châu*, qui était autrefois la

« Quitter (ainsi) de nouveau cette maison de plaisir ne serait que
» continuer (ailleurs) la vie que j'y ai menée¹ !

« Ma position n'en deviendrait que plus vile, mon rôle que plus ridi- 1355
» cule² !

« Pour moi, j'accepte mon sort; mais j'ai souci de votre honneur!

« Aimez-moi comme vous pourrez le faire sans rien compromettre ! »

« Réglez tout de point en point; de point en point je vous obéirai ! »

« Vous parlez sans réfléchir³ ! » dit *Thục Sanh*.

« Nos cœurs⁴ ne se connaissent-ils donc point encore ? » 1360

« N'ayez souci de la distance ! Il ne s'agit point d'un voyage en Chine
» ou bien au Laos⁵ !

« Continuez pour toutes choses à vous reposer sur moi seul !

« Je suis près de vous ! ce qui est loin n'existe même pas⁶ !

« Soit que tout doive se passer au mieux, soit que je doive soulever
» des tempêtes, je me risquerai quand même⁷ ! »

capitale du royaume de 吳, et à laquelle on donne encore souvent le nom de 吳縣 *Ngô huyện* (v. Wells Williams, au caractère 吳).

Je suis beaucoup plus porté à croire que le poète s'est laissé aller à une distraction, et qu'oubliant qu'il fait vivre ses héros en Chine, il cite ce pays, auquel les Annamites donnent assez souvent par mépris le nom de 吳, comme une région éloignée de l'endroit où se trouvent *Thúc Sanh* et *Túy kiều*.

Ce qui corroborerait cette supposition, c'est l'intervention du Laos, pays auquel les Chinois du centre pensent fort peu, et qui doit au contraire, peuplé qu'il est de peuplades hostiles et réfractaires à leur domination, se présenter assez souvent à l'esprit des Annamites comme celui d'un lieu où l'on ne va pas d'ordinaire.

6. Qu'avons nous besoin d'arrêter notre pensée sur une absence? Litt.: « *En quoi — (y) a(-t-il) — la chose — d'être éloigné ?* »

7. Litt. : « *(S'il y a) la pierre — (et) l'or, — tout aussi bien — je suis résolu ! — (S'il y a) — le vent — et les flots, — tout aussi bien — je m'exposerai !* »

1365 Cùng nhau căn vặn đến đều;

Chỉ non thề biển, nặng gieo đến lời.

Nỉ non đêm văn, tình dài!

Ngoài hiên thỏ đã non đoài nhậm gương.

Mượn đều trúc viện thừa lương,

1370 Rước về; hãy tạm giấu nàng một nơi.

Chiến, hòa, sắp sẵn hai bài!

Cậy tay thầy thợ, mướn người dò la.

Bắn tin đến mặt *Tú bà!*

Ce vers présente un double sens. On peut aussi, en effet, le traduire ainsi: «*De la fermeté, j'en aurai; et s'il y a des orages, je suis résolu à les affronter!*» J'ai préféré adopter la première de ces interprétations dans ma traduction française, parceque l'expression «*Phong ba*» désignant *un état de choses*, il est plus conforme à la loi du parallélisme qui domine pour ainsi dire tant dans la poésie annamite de considérer «*đá vàng*» qui lui fait pendant comme exprimant aussi une situation plutôt qu'une qualité, et comme devant s'entendre d'un état de choses stable, calme et tranquille, par opposition à «*phong ba*» qui renferme l'idée de la tempête, c'est-à-dire du bouleversement et de l'instabilité. La répétition du mot «*cũng — tout aussi bien*» après chacune de ces deux expressions parallèles vient fortifier encore cette impression d'une opposition *absolue*, c'est-à-dire existant non seulement dans les mots, mais encore au fond même de l'idée qu'ils expriment.

1. Litt. : «. . . . *jusqu'à — (la dernière) chose.*»
La formule «*đến đều*» est elliptique, et équivaut à «*đến đều sau hết*».
L'expression «*căn vặn — faire des recommandations*» ne se trouve pas dans les dictionnaires. Elle est formée de deux mots dont la réunion donne le sens de «*visser avec grand soin*». On saisit de suite la relation qui existe entre la signification littérale de cette formule et le sens métaphorique qui en découle.

2. Litt. : «*Montrant — les montagnes — (et) jurant — la mer, — lourdement — ils lancèrent — jusqu'à — (la dernière) parole*».
«*Đến lời*» correspond à «*đến đều*» et contient une ellipse semblable. — L'adverbe «*nặng*» est placé par exception avant le verbe pour donner plus

Ils se firent l'un à l'autre les recommandations les plus minutieuses[1], 1365

et, prenant à témoin la mer et les montagnes, ils se prodiguèrent les serments[2].

La nuit fut trop courte pour leur amoureuse causerie[3].

Au dehors la lune disparaissait derrière la cime des montagnes[4].

Ils allèrent prendre le frais sous les bambous du jardin[5];

puis, l'ayant reconduite, il se mit en quête d'un lieu (propice) afin 1370
d'y cacher la jeune femme.

Se préparant à la guerre comme à la paix,

il eut recours aux talents d'un écrivain, et s'adressa à une personne habile afin de tâter le terrain[6].

(La vieille) *Tú bà* reçut cette nouvelle en plein visage[7]!

de force à l'idée qu'il exprime. Ce procédé est l'inverse de celui qui est employé en chinois dans des cas semblables. Cela tient à ce qu'ici les syntaxes des deux langues sont en opposition complète.

3. Litt. : « *(Ils) se livraient à leurs confidences amoureuses — (quant à) une nuit — courte — (et à) une passion — longue* ».

4. Litt. : « *En dehors — (quant au) boudoir — le lièvre (la lune) — avait (subi le fait que) — les eaux des montagnes — avaient — dévoré — (son) miroir.* » La formule « *Non đoài ngậm gương* », qui est pour ainsi dire consacrée dans la poésie annamite et que j'ai déjà eu occasion d'expliquer devient, sous l'influence de la particule du passé « *đã* », un verbe composé qui, tout en étant actif dans la forme, produit cependant l'impression du passif dans sa relation avec le sujet « *thờ* ». Il faut, pour interpréter ces sortes de combinaisons assez mal définies, admettre comme je l'ai fait que le verbe « *chịu* » doit être sous-entendu après le mot « *đã* ».

5. Litt. : « *Ils empruntèrent — la chose de — (dans) des bambous — l'enclos — profiter de — la fraîcheur.* »

6. Il s'adresse à un écrivain pour qu'il prépare l'acte de vente, et loue les services d'un intermédiaire qui devra sonder les dispositions de *Tú bà*. *Thúc sanh* fait ces deux choses en même temps pour ne pas laisser à la mégère le temps de la réflexion. Cette intention est plus accentuée encore dans le vers suivant.

7. Litt. : « *On tira (comme on tire une flèche) — la nouvelle — au — visage — de Tú bà!* »

Thua cơ, mụ cũng cầu hoà; dám sao?

1375 Rõ ràng của dẫn tay trao;

Cung đi một thiếp, thân vào cửa công.

Công xem hai lẽ đều xong;

Gót tiên phút đã thoát vòng trần ai.

Một nhà sum hiệp trước mai;

1380 Càng sâu ngãi biển, càng dài tình sông.

Hương càng đượm, lửa càng nồng!

Càng xuê vẻ nguyệt, càng lồng màu sen!

Nửa năm hơi tiếng vừa quen,

Sân ngô nhành bích đã chen lá vàng.

---

1. Litt. : « *Battue — (quant aux) stratagèmes, — la vieille — tout aussi bien — demanda — la paix. — Elle aurait osé — comment ?* »
2. Litt. : « *Clairement — les objets — on amena — et la main — les livra.* »
3. Litt. : « *Exposant l'affaire au mandarin — on (lui) transmit — un écrit — (qui) pénétra dans — la porte — officielle (le tribunal).* »
4. Litt. : « *(Quant à des) talons — d'immortels — en un clin d'œil — ils avaient fui — le cercle — de la poussière.* »
L'auteur compare la précipitation joyeuse avec laquelle ses héros courent s'enfermer dans la solitude à celle d'immortels qui, fuyant le monde et ses souillures, s'enfuieraient vers la montagne de *Bồng lai,* qui est réputée leur retraite ordinaire. — « *Trần ai* », expression bouddhique formée de deux mots qui signifient tous les deux « *poussière* », répond à ce qu'en français nous appelons « *le siècle* ».
5. Litt. : « . . . . . . . *(à la manière) du bambou — (et à la manière du) Mai,* »
Cette expression composée qui désigne métaphoriquement « *le mari et la femme* » devient ici par suite de sa position un adverbe de manière.

Elle avait trouvé son maître! Qu'aurait-elle osé faire, sinon demander la paix¹?

On apporta l'argent sur la table². 1375

et l'on fit parvenir au magistrat une demande officielle³.

Quand il eut constaté les droits des deux parties et vu que tout était en règle,

(les amoureux) se hâtèrent de s'enfuir bien loin du monde⁴.

A l'instar de deux époux, réunis dans la même demeure⁵,

ils voyaient de jour en jour leur affection devenir plus profonde, leur 1380 amour devenir plus vif⁶.

Mieux cet encens brûlait, plus la chaleur en était ardente!

Plus ils goûtaient les plaisirs de l'amour, plus ils y trouvaient d'attrait⁷.

A peine étaient-ils, après la moitié d'une année, devenus familiers l'un à l'autre⁸,

que dans la cour les rameaux (bleuâtres) des arbres *Ngô* se mêlèrent de feuilles jaunes⁹.

6. Litt. : « *De plus en plus — ils étaient profonds — (quant à) l'affection — mer, — de plus en plus — ils étaient longs — (quant à) l'amour — fleuve.* »

7. Litt. : « *Plus — était belle — la nuance — de la lune, — plus — était, vive — la couleur — du nénuphar.* »

8. Litt. : « *(Pendant) une demie — année — (quant à) l'haleine — (et à) la voix — à peine — étaient-ils habitués,* »

9. Litt. : « *(Dans) la cour — des Ngô — les branches — de Bich — s'étaient — mêlées — de feuilles — d'or.* »

Le *Bich* est une pierre bleue. — L'arbre *Ngô*, dont il est question ici n'est pas le «梧桐 *Ngô đồng*» ou *Eleococca verrucosa* qui intervient si souvent dans les poésies annamites et chinoises, mais bien le *Sterculia tomentosa*, appelé communément «*l'arbre topaze*», et qui porte en chinois le nom de «碧梧 *Bich Ngô*» à cause de sa couleur (v. Wells Williams, au caractère 梧).

La teinte jaune que prennent avant de tomber tant les feuilles de cet arbre que celles du *Ngô đồng* annonce que l'automne est arrivé.

1385 Mận thu vừa nẩy giờ sương,

Xe bồ đã thấy; xuân đường đến nơi!

Phong lôi nổi giận bời bời!

Sốt lòng e ấp tính bài phân chia.

Quyết ngay biện bạch một bề,

1390 Dạy cho má phấn lại về lầu xanh!

Thấy lời nghiêm huấn rành rành,

Đánh liều *Sanh* mới lấy tình nài kêu.

Rằng: «Con biết tội đã nhiều!

«Dẫu rằng sấm sét búa rìu, cũng cam!

1395 «Xót vì tay đã nhúng chàm!

«Dại rồi, còn biết khôn làm sao đây?

«Cùng nhau vả tiếng một ngày;

«Ôm cầm, ai nỡ dứt dây cho đành?

---

1. Le «*Bồ*» est le *Typha*, vulgairement appelé «*Queue de chat*». Le poète suppose que, pour éviter les secousses et le bruit, le père de *Thúc Sanh* en avait fait garnir les roues de son chariot; mais son but réel, en adjoignant au mot «*xe — char*» le nom de ce roseau, est de donner plus d'élégance à l'expression.

2. Litt.: «*Il résolut — tout droit — de régler clairement — un côté (moyen).*»

3. Litt.: «*. . . . à la joue de fard.*»

4. Litt.: «*Quand même — vous (parleriez) disant — foudre — marteau — et hache, — tout aussi bien — je les supporterais volontiers!*»

5. Litt.: «*Je déplore — parce que — (ma) main — s'est trempée dans — l'indigo!*»

Du prunier automnal venaient de sortir les pousses que baigne la 1385
  froide rosée

lorsqu'on vit s'approcher un char¹. C'était le père qui arrivait!

Comme le vent, comme un tonnerre, bruyamment sa colère éclata!

Il résolut de les effrayer, afin de provoquer leur séparation.

Pour obtenir ce résultat il prit une décision nette², 

et ordonna à la belle³ de retourner dans la maison de plaisir! 1390

Devant ces ordres sévères et précis,

*Sanh*, se risquant, prit le parti de recourir aux supplications.

«Votre fils», dit-il, «sait qu'il est bien coupable,

«et, quelque durs que soient vos reproches, il les subira volontiers⁴!

«(Mais) maintenant, hélas! le mal est fait⁵! 1395

«A présent que je suis fou, comment saurais-je agir en sage?

«Alors que l'on pourrait dire⁶ que nous ne sommes restés ensemble
  » qu'un seul jour,
«Qui donc, lorsqu'il joue d'un *Cầm*, consentirait à en rompre les cordes⁷?

La tache existe, et on ne peut plus empêcher qu'elle se produise. Ce qui est fait est fait!»

6. Litt. : «*(Quant au fait d') être ensemble, — quand — il y aurait le mot — «passer un seul — jour,»*

«*Cùng nhau*», «*tiếng*» et «*một ngày*» sont trois expressions qui doivent être considérées comme ayant toutes un sens verbal. Il est facile de voir qu'elles le doivent à la position toute particulière qu'occupe dans le vers la conjonction «*và — quoique*».

7. «*Cho đành*» signifie «*de son plein gré*», litt. : «*à la façon de quelqu'un qui consent*». La préposition «*cho*» fait ici, comme on le voit, un adverbe de manière du mot «*đành*».

« Lượng trên quyết chẳng thương tình,

1400 « Bạc đen! Thôi! Có tiếc mình làm chi?»

Thấy lời vàng đá tri tri,

Sốt gan, ông mới cáo qùi cửa công.

Đất bằng nổi sóng đùng đùng!

Phủ đường sai lá phiếu hồng thôi tra.

1405 Cùng nhau theo gót sai nha;

Song song vào trước sân hoa, lạy qùi.

Trông lên mặt sắt đen sì!

Lập uy, trước đã uy ra nặng lời:

« Gã kia dại nết chơi bời;

1410 « Mà con người ấy là người đong đưa!

---

1. « *Lượng trên* — *l'appréciation* — *d'en haut* » est un terme de respect qu'on emploie lorsqu'on s'adresse à un père ou à un supérieur de qui l'on attend une décision. C'est l'analogue de la formule « *Lịnh bề trên* — *l'ordre d'en haut* », usitée seulement lorsqu'on s'adresse au Souverain.

2. Litt. : « *Blanc* — (ou) *noir*, — *il suffit!* — *J'aurais* — *(le fait de) regretter* — *moi-même* — *(pour) faire* — *quoi?* »

3. Litt. : « *Voyant* — *(ces) paroles* — *d'or* — *(et) de pierre* — *obstinément répétées,* »

4. Litt. : « *Échauffé* — *(quant au) foie,* — *l'honorable personnage* — *enfin* — *accusant* — *s'agenouilla* — *devant la porte* — *officielle.* »

5. Litt. : « *Voici venir la catastrophe!* »

6. Litt. : « *Du préfet* — *le prétoire* — *envoya* — *la feuille* — *de billet* — *rouge* — *(pour) assigner* — *(et) examiner.* »

«Si vous[1] avez résolu de n'avoir point compassion de mon amour,

«Tout me devient indifférent! je n'ai nul souci de moi-même[2]!»     1400

Le voyant toujours répéter obstinément la même chose[3],

Outré, le père finit par s'adresser au magistrat[4].

Voici que sur un sol uni s'élèvent des flots tumultueux[5]!

Le préfet envoie la citation; on va procéder à l'enquête[6].

Tout le monde marche à la suite des envoyés du tribunal.     1405

Ensemble on entre au prétoire; on se prosterne, on reste à genoux.

Ils lèvent les yeux et voient un visage dur et sombre[7]!

Tout d'abord, d'un ton d'autorité, le magistrat fait entendre ces paroles sévères :

«Le jeune homme que voici mène une vie folle et dissipée;

«mais, quant à cette fille, c'est une vile créature dont on n'a point     1410
» à tenir compte!

Les Chinois et à leur imitation les Annamites désignent souvent les personnages officiels ou réputés tels par le nom du lieu dans lequel ils exercent leurs fonctions. C'est ainsi que l'on dit : « 府堂 *Phủ đường — le prétoire du préfet*», « 縣堂 *Huyện đường — le prétoire du sous-préfet*», « 椿堂 *Xuân đường — la salle de famille dans laquelle le père exerce son autorité*», « 朝廷 *Triều đình — la Cour*» etc., pour « *le préfet, le sous-préfet, le père, le roi*», etc.

7. Litt. : «.... *un visage — de fer — très noir.*»

Cette expression n'est qu'une traduction approximative du surnom qui fut donné à 包公 *Bao công*, qui rendit la justice sous les 宋 *Tống* avec une intégrité quasi surnaturelle. On disait de lui qu'il avait 黑眉鉄面 *Hắc mi thiết diện — des sourcils noirs et un visage de fer*.

« Tuồng chi hoa thải hương thừa?

« Mượn màu son phấn đánh lừa con đen!

« Suy trong tình trạng nguyên đơn,

« Bề nào thì cũng chửa an bề nào!

1415 « Phép công chiếu án luận vào :

« Có hai đường ấy; muốn sao, mặc mình!

« Một là cứ phép gia hình,

« Một là lại cứ lầu xanh phú về.

Nàng rằng : « Đã quyết một bề!

1420 « Nhện nầy vương lấy tơ kia mấy lần?

« Đục trong, thân cũng là thân;

Yếu thơ, vưng chịu trước sân lôi đình!

Dạy rằng : « Cứ phép gia hình!»

---

1. Litt. : «. . . . une créature qui a servi d'objet aux passions de chacun!»
2. Litt. : «Empruntant — la couleur — du rouge — et du fard — elle séduit — les enfants — noirs!»
  «Con đen», comme je l'ai déjà dit, répond en annamite aux expressions chinoises «黎民 Lê dân», «黎群 Lê quần» et «黎眾 Lê chúng» qui signifient «le peuple, la multitude (aux cheveux noirs)». Par extension, elle signifie «les gens simples», qui sont réputés former la grande masse du peuple, une haute intelligence et une grande énergie morale étant des qualités d'exception.
3. Litt. : «(Quant à) le côté — quel, — eh bien! — tout aussi bien — pas encore — on est en paix — (quant à) le côté — quel!»
4. Litt. : «Cette araignée-ci — s'accrochant — prendra — ce fil de soie là — combien de — fois?»

« Quelle valeur peuvent avoir une fleur abandonnée, quelques restes
» de parfum ¹ ?

« Avec son rouge et son fard elle attire et séduit les simples ² !

« A considérer le contenu de la plainte,

« à quelque point de vue qu'on se place, on ne sait à quoi s'arrêter ³ !

« Selon les lois de la justice et après avoir examiné le délit, voici ce 1415
» que nous décidons :

« Il y a deux partis à prendre; vous êtes libre de choisir !

« Ou bien selon la loi je vous ferai châtier,

« ou je vous enverrai reprendre votre vie dans la maison de plaisir. »

« Mon parti est bien pris ! » répondit la jeune femme.

« Combien de fois cette araignée me prendra-t-elle dans ses pattes ⁴ ? 1420

« Que je sois souillée ou pure, je n'en suis pas moins une femme ⁵ !

« (Toute) jeune et faible (que je sois), je veux subir dans cette en-
» ceinte les effets de votre colère ⁶ ! »

« Selon la loi qu'on la châtie ! » commande le magistrat.

Par « *cette araignée* », la jeune femme désigne la mauvaise fortune, qui
s'acharne après elle comme l'insecte à laquelle elle la compare accroche
avec ses pattes le fil qu'il sécrète et dont il forme sa toile.

5. Litt. : « *Trouble — (ou) limpide, — (mon corps) tout aussi bien — est —
(un) corps. — Ce corps que vous allez meurtrir n'est pas d'une autre nature
que celui des autres femmes; il saura souffrir comme le leur !* »

On peut encore entendre ce vers ainsi : « *Souillée ou pure, je n'en suis
pas moins une créature humaine, et comme telle je mériterais plus d'égards.* »

6. Litt. : « . . . . *en obéissant — je supporterai — en avant — (quant à)
la cour — le grondement du tonnerre !* »

« *Trước sân* » ne signifie pas ici « *devant la cour* », mais « *dans la cour* ».
Il faut appliquer à cet idiotisme la construction que j'ai indiquée dans la
note sous le vers 836.

Ba cây chặt lại một nhành *mẫu đơn!*

1425 Phận đành! chi dám kêu oan?

*Đào* giun cuốn má, *liễu* tan tác mày!

Một sân lầm cát đã đầy!

Gương lờ nước thủy! mai gầy vóc sương!

Nghĩ tình chàng Thúc mà thương;

1430 Nẻo xa trông thấy, lòng càng xót xa!

Khóc rằng : « Oan khốc vì ta!

« Có nghe mình trước, chưa đà khỏi sau!

« Cạn lòng, chẳng biết nghĩ sâu!

« Để ai trăng tủi hoa sầu vì ai ? »

---

1. On la met à la cangue.
2. Litt. : « *Le Đào, — se retirant sur lui-même — replie — la tendre extrémité de sa tige; — le saule — est anéanti — quant à ses sourcils (ses feuilles)!* » — Les feuilles du saule ont la forme des sourcils humains. Le poète joue sur les deux expressions « *má đào — une jeune beauté* », litt. : « *des joues — de đào* » et « *may liễu — des sourcils bien fournis* », litt.: « *des sourcils de saule* ». Cette sorte de jeu de mots qu'il est impossible de reproduire exactement en français a un grand charme pour des esprits annamites, surtout quand le parallélisme y est bien observé, comme c'est le cas ici. — Tout cela veut dire que le corps de *Kiều* frissonne et se contracte sous l'impression des coups qu'il reçoit.
3. Litt. : « *Le miroir — est sombre — (quant à sa) teinte — de mercure; — le Mai — est maigre (flétri) — (quant à sa) taille — de rosée!* » Elle pâlit et s'affaisse.
« *Sương* » est là uniquement pour faire pendant à « *thủy* ». Le choix de cette singulière épithète est motivé par le double sens de ce dernier mot, qui signifie à la fois « *mercure* » et « *eau* ».

Dans trois pièces de bois on lie ce rameau de *Mẫu đơn*¹!

Elle se résigne à son sort! comment oser crier à l'injustice? 1425

Le *Đào* se retire sur lui-même, il replie le bout de sa tige; les feuilles du saule sont lacérées²!

Elle est là, seule et souillée, au milieu de cette cour pleine de boue et de sable!

Du miroir s'assombrit l'éclat! Le *Mai* voit se flétrir sa taille délicate³!

En pensant à l'amour de *Thục* elle est saisie de compassion.

Elle l'aperçoit de loin, et sa douleur augmente encore! 1430

« C'est pour moi », dit (l'autre) en pleurant, « qu'elle souffre des tour-
» ments immérités!

« Pour m'avoir écouté d'abord, elle ne peut maintenant s'y soustraire!

« Son cœur sincère ne pouvait prévoir toutes ces conséquences⁴!

« Pourquoi faut-il que pour moi elle ait à pleurer son sort, à éprouver cette douleur⁵? »

4. Litt. : « (Quant au) gué — de son cœur — ne pas — elle savait — réfléchir sur — (ce qui est) profond! »

« Cạn lòng » est une expression qui signifie « sincèrement, du fond du cœur ». Il y a encore ici un jeu de mots sur l'opposition des mots « cạn — gué » et « sâu — profond ». Là où il y a un gué, le lit du fleuve est rapproché de la surface de l'eau, il y a peu de profondeur.

5. Litt. : « On laisse — quelqu'un — (quant à) la lune — de déplorer (sa misère), — (quant à) la fleur — d'être triste — à cause de — qui? »

Voir sur la véritable portée du mot « ai » ma traduction du *Lục Vân Tiên*, p. 32 en note. Les mots « lune » et « fleurs » jouent un si grand rôle dans la poésie annamite, qu'on les voit parfois, comme ici, employés comme de simples chevilles dépourvues ou à peu près de signification. Il est probable cependant que l'auteur a voulu, par l'intervention de ces deux mots dans les étranges métaphores qu'ils contribuent à former ici, rappeler quelle est l'origine des souffrances de son héroïne. On sait que « 月花 *Nguyệt hoa* » en chinois, ou « *Trăng hoa* » en annamite vulgaire, qui signifient

1435 Phủ đường nghe thoảng vào tai,

Động lòng, lại gạn đến lời riêng tây.

Sụt sùi chàng mới thưa ngay;

Đầu đuôi lại kể sự ngày cầu thân.

« Nàng đà tính hết xa gần;

1440 « Từ xưa nàng đã biết thân có rày!

« Tại tôi xứng lấy một tay,

« Để nàng cho đến nỗi nầy vì tôi!»

Nghe lời nói, cũng thương lời;

Dẹp oai, mới dạy mở bài giải vây,

1445 Rằng: « Như hẳn có thế nầy,

« Trăng hoa, những cũng thị phi biết đều!

*Sanh* rằng: « Xót phận bọt bèo!

---

littéralement «*la lune et les fleurs*», constituent une expression qui désigne «*la débauche, le libertinage*».

1. Litt. : «..... et en outre — il (lui) arrache — jusqu'aux — paroles — particulières — (et) secrètes.»

2. Litt. : «(Quant à) la tête — (et quant à) la queue — en outre — il énumère — les choses — du jour — de demander — l'alliance.»

3. Litt. : «La jeune femme — avait calculé — en tout — le loin — et le près;»

4. Litt. : «Depuis — autrefois — la jeune femme — a su que — ce qui la concernait — aurait — le maintenant (ce qui lui arrive maintenant)!»

M. Wells Williams assigne, entre autres, au caractère «親 *thân*» le sens de «*belonging to one's self*». C'est, à mon sens, celui qu'il faut lui

L'oreille du préfet saisit quelque chose de ces paroles. 1435

Il en est touché, se renseigne, et force *Thục* à ouvrir son cœur[1].

Le jeune homme en versant des larmes lui dit tout avec franchise,

et raconte, sans rien omettre, ce qui se passa lorsqu'il la demanda pour femme[2].

« Elle avait », dit-il, « prévu les conséquences de tout cela[3],

« et d'avance elle savait ce qui lui arrive[4] aujourd'hui! 1440

« La faute en est à moi seul, qui ai pris sur moi de tout faire,

« et suis cause que, pour moi, elle en est réduite à cette extrémité ! »

A ces mots (le magistrat) sent dans son cœur s'éveiller la pitié.

Il se laisse fléchir et ordonne qu'on cesse de torturer (la jeune femme).

« S'il en est », dit-il, « comme vous l'affirmez, 1445

« toute fille de joie qu'elle est, elle n'est pas sans jugement[5] ! »

« Ayez », dit *Sanh*, « pitié de sa faiblesse[6] !

attribuer ici, si l'on admet comme exacte l'orthographe du texte en caractères.

5. Litt. : «*(Étant une personne que concernent) la lune — (et les) fleurs — c'est absolument que — tout aussi bien — (quant au) vrai — (et au) faux — elle connaît — les choses!*»

L'expression «*trăng hoa*», dont j'ai donné plus haut le sens, doit être prise ici adjectivement à cause des deux particules adversatives «*nhưng*» et «*cũng*», et de la nature du verbe «*biết — connaître*», qui ne peut avoir pour sujet qu'un substantif désignant un être animé.

6. Litt. : «. . . . *de (cette) condition — de mousse — et de lentille d'eau!*»

La mousse et la lentille d'eau sont deux choses extrêmement faciles à anéantir; de là cette comparaison.

«Theo đòi cũng vả ít nhiều bút nghiên.

Cười rằng : «Đã thế, thì nên !

1450 «*Mộc già* hãy thử một thiên, trình nghê !»

Nàng vưng, cất bút, tay đề,

Tiển hoa trình trước án phê xem tường.

Khen rằng : «Giá lướt thạnh *Đường!*

«Tài nầy, sắc ấy, ngàn vàng chửa cân !

1455 «Thật là tài tử giai nhơn !

---

1. Litt. : «*Suivant — sa condition, — tout aussi bien — néanmoins — (elle est douée d') un peu — beaucoup — de pinceau — (et) d'encrier !* »
L'expression «*ít nhiều bút nghiên*» joue, par suite de la place qu'elle occupe, le rôle d'un adjectif qualificatif.

2. Litt. : «*Cangue de bois.*»

3. Litt. : «*Le papier à fleurs — elle présente — devant — le tribunal — (pour qu'on le) voie — clairement.*»
On emploie fréquemment, pour y tracer les compositions poétiques, un papier sur lequel sont imprimées des fleurs d'or. On le fait surtout lorsque les vers sont destinés à être offerts à une personne que l'on honore.
Les mots chinois «案批 *án phê*» qui signifient proprement «*prendre officiellement un arrêté*» deviennent ici, par position, un adjectif attributif qualifiant le mot «*dứng*» qui est sous-entendu — «*le personnage qui décide officiellement*».

4. Litt. : «*(A) ce talent, — (à) cette beauté, — mille — (onces d') or — pas encore — feraient contrepoids !*»

5. Le préfet, voulant exprimer l'admiration que lui cause le talent poétique de *Túy kiều*, ne trouve rien de mieux que de le qualifier de «才子 *Tài tử (t'saï tsè)*». Pour faire connaître la véritable portée de l'éloge que le poète met dans la bouche de ce fonctionnaire, je ne saurais mieux faire que de citer la remarquable définition qu'a laissée de cette expression Bazin, l'ancien et savant professeur de chinois moderne à l'École des langues orientales vivantes, en respectant l'orthographe que ce sinologue avait cru devoir adopter dans la transcription des caractères chinois.

«Qu'est-ce qu'un Thsaï-tseu, et que faut-il entendre par ce mot

« Elle a, pour sa condition, quelque peu de littérature ¹ ! »

« S'il en est ainsi, c'est bien ! » dit en riant (le préfet).

« Que sur le mot de *cangue*² elle essaie une composition, et nous 1450
» fasse voir son talent ! »
La jeune femme obéit, prend le pinceau et compose;

(puis) elle soumet son œuvre à l'examen du magistrat³.

(Ce dernier) loue (les vers) et dit : « Ils dépassent en valeur ceux du
» beau temps des *Đường!*
« Mille onces d'or ne paieraient⁴ pas ce talent et cette beauté !

« C'est vraiment un *Tài tử*⁵ (aussi bien qu'une) charmante fille ! 1455

composé, que l'on rencontre souvent dans les préfaces des écrivains chinois?
« M. STANISLAS JULIEN a parfaitement expliqué le sens des deux caractères qui l'expriment : « Le caractère Thsaï (pris isolément) désigne les talents naturels de l'homme, *innatæ ingenii dotes*, par opposition aux talents qui sont le fruit de l'étude (examen critique, p. 121). Tseu (fils) est, d'après le dictionnaire de Khang-hi, une qualification distinguée qu'on emploie pour désigner un philosophe, un pieux personnage ou un personnage élevé en dignité; mais MORRISON fait observer qu'on l'applique souvent aux écrivains éminents qui ont traité de la morale, de la philosophie ou *de la littérature* (simple exposé, p. 163).
« Un Thsaï-tseu est donc un écrivain distingué, ou plutôt, comme l'a dit KLAPROTH, un bel esprit. A ce sujet, il y a une remarque que je ne puis m'empêcher de faire; c'est que le mot Thsaï-tseu a eu le même sort dans la langue chinoise que le mot *bel esprit* dans notre langue française. « Il ne se prenait autrefois » dit LA HARPE, « que dans un sens très favorable : c'était le titre le plus honorifique de ceux qui cultivaient les lettres . . . Aujourd'hui le mot de bel esprit ne nous présente plus que l'idée d'un mérite secondaire. Ce changement a dû s'opérer quand le nombre des écrivains qui pouvaient mériter d'être qualifiés de beaux esprits est venu à se multiplier davantage. Alors ce qui appartenait à tant de gens n'a plus paru *une distinction assez honorable*, et l'on a cherché *d'autres termes pour exprimer la supériorité* ». Ce changement très remarquable s'est opéré dans la langue chinoise. Au commencement de la dynastie des Ming, vers l'an 1404 de notre ère, on comptait six Thsaï-tseu, beaux esprits ou écrivains du premier ordre : le philosophe Tchouang-tseu, qui vivait quatre siècles avant notre

«*Châu Trần* nào có *Châu Trần* nào hơn?

«Thôi! Đừng chác dữ mua hờn!

«Làm chi lỡ bực cho đòn ngang cung?

«Đã đưa đến trước cửa công;

1460 «Ngoài thì là nhẽ, song trong là tình!

«Dâu con trong đạo gia đình!

«Thôi thì dẹp nỗi bất bình là xong!»

Kíp truyền sắm sửa lễ công;

ère; Khiŏ-youen, poète de la dynastie des Tcheou; Sse-ma-thsien, le plus célèbre des historiens chinois; le poète Tou-fou, le romancier Chi-naï-ngan, et Wang-chi-fou, écrivain dramatique.

Sous les Thsing, on a d'abord exclu du nombre des Thsaï-tseu les quatre premiers écrivains que je viens de citer; puis on a mis l'auteur du San-kouc-tchi à la place de Tchouang-tseu; l'auteur du Hao-khieou-tchouen à la place de Khiŏ-youen, et l'auteur du Yu-kiao-li à la place de Sse-ma-thsien. Est-ce volontairement, systématiquement qu'on a fait descendre du rang supérieur qu'ils occupaient le plus grand philosophe de la secte des Tao-sse, le plus grand poète de la dynastie des Tcheou, le plus célèbre des historiens chinois, celui qu'on a surnommé le Prince de l'histoire, et Tou-fou, qui vivait dans le huitième siècle de notre ère? Je n'affirme rien, mais j'incline à croire que le mot Thsaï-tseu a cessé d'être le titre honorifique de ces grands hommes, parcequ'il n'a «*plus paru une distinction assez honorable*».

Le magistrat qui fait l'éloge de *Túy kiều* est un fonctionnaire vivant sous la dynastie des Ming, époque où, suivant l'opinion du savant Bazin que je viens de citer, le titre de *Thsaï-tseu* (*Tài tử* suivant la prononciation adoptée en Cochinchine) n'avait pas encore subi l'espèce de déchéance qu'il signale. Nguyễn Du fait certainement parler ses personnages suivant l'esprit de l'époque à laquelle il les fait vivre et agir. Il y a donc lieu d'admettre qu'en qualifiant la jeune femme de «才子 *tài tử*», le préfet veut lui appliquer le titre littéraire le plus élevé qu'il connaisse.

1. Litt. : «(*En fait de*) *Châu Trần*, — est-ce qu' — il y a — (un) *Châu Trần* — quel (qu'il soit) — plus avantageux?»

«朱 *Châu*» et «陳 *Trần*» sont les noms de deux états qui jouèrent un grand rôle à l'époque des 戰國 *Chiến quốc* — *Royaumes combattants*.

« Où pourrait-on trouver une préférable union [1]?

« Allons! n'écoutons pas la rigueur et la colère [2]!

« Pourquoi troubler l'harmonie d'un instrument si bien d'accord [3]!

« Vous l'avez amenée devant mon tribunal;

« la raison ne perd pas ses droits; mais il faut ici écouter son cœur [4]! 1460

« Les affaires des brus et des fils sont des affaires de famille [5]!

« Allons! allons! que la querelle cesse! et tout ira pour le mieux [6]!»

Il ordonne aussitôt de tout préparer pour la cérémonie;

Les alliances furent assez fréquentes entre eux pour que leur nom ait été adopté en poésie comme une métaphore courante pour exprimer « l'union de deux époux ». Il n'est peut-être pas un poème annamite où cette expression n'intervienne au moins une fois.

Il est utile de remarquer à quel point la position change la signification du mot « nào ». Elle modifie aussi considérablement celle de « hơn » qui d'adverbe qu'il est presque constamment, devient ici un adjectif qualificatif.

2. Litt. : «. . . . . . . . *gardons nous d' — acquérir — la cruauté — (et) d'acheter — l'irritation!* »

L'adjectif « dữ — cruel » est transformé en substantif par suite de sa position qui en fait le régime direct du verbe « chác », lequel provient du dédoublement avec inversion du verbe composé « mua chác — acheter ».

3. Litt. : « *(Pour) faire — quoi — déranger — les degrés — pour que — le đờn — soit de travers — quant à la gamme?* »

Le préfet compare l'harmonie qui règne dans un couple si bien assorti à celle que produit un Đờn parfaitement d'accord. En séparant les deux amants, on romprait cette harmonie, et on ferait, d'après lui, une faute analogue à celle d'un homme qui détruirait l'accord dans l'instrument dont il parle.

4. Litt. : « *Au dehors, — eh bien! — c'est — la raison, — mais — au dedans — c'est — l'affection!* »

« Nhẽ » est une forme tonquinoise pour « lẽ ». On peut encore entendre ce vers ainsi : « *Pour les étrangers, il y a le droit strict; mais dans la famille, en jugeant, l'on doit tenir compte de l'affection.* »

5. Litt. : « *Les brus — (et) les fils — sont dans — la règle — de l'intérieur!* »

6. Litt. : « *Assez, — alors! — réprimer — les circonstances — (de) ne pas — être en paix — sera — achever!* »

Kiệu hoa tinh gió, đuốc hồng điểm sao.

1465 Bày hàng cổ võ xăn xao,

Song song đưa tới trướng đào sánh đôi.

Thương vì nết, trọng vì tài,

Thúc ông, thôi! cũng dẹp lời phong ba.

Huệ lan náo nức một nhà!

1470 Từng cay đắng, lại mặn mà hơn xưa.

Măng vui rượu sớm cờ trưa,

Đào đà bay thắm, sen vừa nẩy xanh.

Trướng hồ vắng vẻ đêm thanh,

---

1. Litt. : « *Des palanquins — à fleurs — (qui) sont rapides — à la manière du vent, — des torches — rouges — (qui) brillent — à la manière des étoiles.* »

Les substantifs «*sao*» et «*gió*» deviennent par position des adverbes de manière. — L'adjectif «*tinh*» devient verbe par parallélisme, comme pendant du verbe «*điểm*» qui lui correspond dans l'autre hémistiche.

2. Litt. : « *Ensemble — on (les) conduit — vers — les tentures — de Đào — (pour) comparer — le couple.* »

Les «*Đào*», comme nous l'avons vu, sont des arbrisseaux que l'on considère comme le symbole de l'élégance et de la distinction. De là vient l'emploi de leur nom dans une foule de cas où l'on veut exprimer par une épithète la beauté d'un objet quelconque. Pour tapisser la chambre qui doit recevoir les époux on se sert tout naturellement de ce qu'on peut se procurer de plus beau. On comprend dès lors que ces tentures, qualifiées « *Đào* » à cause de leur magnificence supposée, soient prises dans ce vers pour la chambre nuptiale elle-même.

3. Litt. : «*(Quant à) Thúc ông, — c'en était assez! — tout aussi bien — il réprima — (ses) paroles — de vent — et de flots.* »

des palanquins rapides comme le vent, des torches brillantes comme les étoiles ¹.

On dispose de bruyantes lignes de musiciens et de danseurs, 1465

et tous deux sont conduits à la chambre (nuptiale)² pour consommer leur union.

Aimant la jeune femme pour sa modestie, plein d'estime pour ses talents,

*Thúc ông* lui-même finit par oublier sa colère³.

Le parfum du *Huê Lan*⁴ se répandait par toute la maison !

Après l'épreuve subie⁵, leur liaison fut plus douce encore. 1470

Pendant que, tout à la joie, le matin ils boivent du vin, qu'au milieu du jour⁶ ils jouent aux échecs,

le *Đào* a perdu sa rouge (parure)⁷; voici que le nénuphar laisse voir ses feuilles vertes.

Dans leur chambre solitaire, au sein de la nuit sereine,

---

L'action du vent sur les flots produit la tempête, laquelle exprime au figuré les sentiments d'une personne irritée.

4. *La présence des jeunes époux.* — D'après M. Wells Williams, « 蘭 Lan » est le nom générique de toutes les plantes appartenant à la famille des Orchidées, telles que les *Malaxis, Epidendrum, Vanda*, etc. Cette dénomination s'applique même par extension à d'autres fleurs remarquables par leur parfum et leur beauté; et cela, soit qu'elles aient pour support des pédoncules spéciaux, soit qu'elles soient insérées alternativement sur le même de manière à former un épi; mais le nom de « 蕙 蘭 *Huê Lan* » est propre à un genre particulier d'orchidée qui croît dans les régions marécageuses et se distingue par la grande quantité de fleurs que supporte son pédoncule floral. Cette dénomination générique s'applique à plusieurs espèces, probablement les *Angræcum, Cymbidium*, etc.

5. Litt. : « *(Après qu') ils eurent expérimenté — l'amer, — en retour — ce fut plaisant — plus qu' — autrefois.* »

6. Litt. : « *Pendant qu' — ils se réjouissaient — (quant au) vin — du matin — (et aux) échecs — de midi,* »

7. *Le printemps tirait sur sa fin.*

19

E tình, nàng mới bày tình riêng chung :

1475 «Phận bồ tử vẹn chữ *tùng*,

«Đổi thay nhàn cá đã hòng đầy niên!

«Tin nhà ngày một thầm tin.

«Mặn tình cát lụy, lạt tình tào khương!

1. Litt. : «*Craignant — (au sujet de) l'amour, — la jeune femme — enfin — exposa — les affaires — particulières — (et) communes.*»
Le poète joue sur le mot «*tình*» qui présente un sens différent dans chacun des deux hémistiches.

2. Litt. : «*(Moi, personne de) la condition — du Bộ (humble comme le Bộ), — depuis que — j'ai rendu complet — le caractère — «suivre», (depuis que j'ai réalisé, par l'accomplissement régulier du mariage, tout ce qui est compris dans celui des* 三從 *qui me concerne (*從夫 *tùng phu — l'obéissance au mari),*»

3. Litt. : «*(Quant au fait de) changer l'un pour l'autre — le Nhạn — et le poisson, — il y a eu — presque — (le fait de) remplir — (une) année!*»
Voici encore une métaphore si étrangère au génie de notre langue qu'il est absolument impossible de la conserver dans la traduction française, sans peine de faire de cette dernière un pathos incompréhensible.
Le *Nhạn* passe sa vie dans les nuages; le poisson passe la sienne dans l'eau. Ce sont par conséquent deux êtres qui ne peuvent jamais se trouver associés ensemble; et pourtant, par le mariage insolite qui a eu lieu, une vile courtisane a été unie à un jeune homme de la haute société, ce qui constitue un fait aussi extraordinaire que le serait la réunion du poisson qui séjourne humblement au-dessous de la surface des eaux avec le *Nhạn* qui vole au plus haut des airs.
Le verbe «*đổi thay*» indique qu'il y a échange de rôles. En élevant à lui le poisson *(Túy kiều)*, le *Nhạn (Thúc sanh)* lui a donné son rang, tandis qu'il s'abaissait lui-même jusqu'à l'infime condition de la courtisane qu'il épousait.

4. Litt. : «*Vous êtes salé — (quant à) l'amour — du dolique rampant, — vous êtes fade — (quant à) l'amour — du résidu — et de la balle (des grains)!*»
Le «葛藟 *Cát lũy*» selon les conjectures les plus fondées, est une liane grimpante appartenant au genre *Dolichos* (famille des *Légumineuses*, tribu des *Papilionacées*). Le Livre des Vers en fait mention à plusieurs reprises:

Inquiète pour leur amour, elle dit ce qu'elle craint tant pour elle que pour tous deux [1].

« Depuis que, pauvre créature, je vous consacrai mon existence [2], 1475

« Voilà » dit-elle, « près d'un an que sont réunis deux êtres si peu »faits pour vivre ensemble [3]!

« Chaque jour s'écoule sans apporter de nouvelles de votre famille.

« Vous êtes de flamme pour moi, de glace pour votre épouse [4]!

福 樂 葛 南
履 只 藟 有
綏 君 纍 樛
之。子 之。木

« *Nam hữu cưu mộc;*
« *Cát lũy lụy chi.*
« *Lạc chỉ quân tử*
« *Phước lý tuy chi!* »

« Au midi se trouve un arbre dont les branches se courbent vers le sol.
« Le Dolique grimpant les couvre.
« Nous mettons notre joie en notre auguste maîtresse!
« Que rien ne manque à son bonheur, à sa dignité! »

(Sect. 1, liv. 1. Ode 4 樛木.)

求 豈 施 莫
福 弟 于 莫
不 君 條 葛
回 子 枚。藟

« *Mạc mạc cát lũy,*
« *Thi vu điều mai!*
« *Khỉ đệ quân tử*
« *Cầu phước bất hồi!* »

« Nghĩ ra thiệt cũng nên dường!

1480 « Tăm hơi ai kẻ giữ giàng cho ta?

« Trộm nghe kẻ lớn trong nhà

« Ở vào khuôn phép, nói ra mối giềng.

« E thay những dạ phi thường!

« Dễ dò rún biển; khôn lường đáy sông!

. . . . . . . . . . . . . . . . . . . . . . . .

« Luxuriant est le (feuillage du) Dolique grimpant,
« qui monte aux branches, aux arbustes!
« Le prince, à l'aise et plein de joie
« ne cherche point le bonheur dans (les chemins) tortueux!
(Sect. 3, liv. 1. Ode 5 旱麓.)

綿綿葛藟
在河之滸。
終遠兄弟
謂他人父。
謂他人父。
亦莫我顧

. . . . . . . . . . . . .

« *Miên miên cát lũy*
« *Tại hà chi hử!*
« *Chung viễn huynh đệ,*
« *Vị tha nhơn phụ!*
« *Vị tha nhơn phụ;*
« *Diệc mạc ngã cố!* »

. . . . . . . . . . . . .

« Les Doliques grimpants étendent de tous côtés leur luxuriante végétation
« sur les rives du fleuve Hà!
« Pour moi, de mes frères éloigné pour toujours,
« j'appelle un étranger « mon père »!
« J'appelle un étranger « mon père »;
« Mais lui ne me regarde point! »

. . . . . . . . . . . . .

(Sect. 1, liv. 6. Ode 7 葛藟.)

L'ode d'où est tiré ce dernier passage porte le nom de la plante même qui nous occupe.

« S'il lui venait quelque doute, il serait vraiment fondé ¹!

« Qui pourra nous prémunir (contre l'effet) de ses soupçons ²? 1480

« Je me suis informée sous main, et je sais que la reine de votre logis

« mène une conduite réglée, que sa parole est sage et sévère ³.

« Ces cœurs extraordinaires sont grandement à redouter!

« Sonder le fond de la mer est aisé; (mais) il est difficile de mesurer
» (ce que contient) le lit d'un fleuve!

Quant à ce qui concerne l'expression «糟糠 *Taò khương*», j'en ai donné l'explication dans ma traduction du *Lục Vân Tiên* (voir la note sous le vers 408).

1. Litt. : «. . . . *véritablement — tout aussi bien — cela deviendra — la vraisemblance!*»

La conjonction «*dường — comme*» devient substantif par position.

2. Litt. : «*(Quant aux) bulles d'air — (et aux) émanations, — qui — sera celui qui — préservera — à — nous?*»

Lorsque l'on voit sur l'eau s'élever des bulles d'air, on sait qu'au fond de la rivière se trouve quelque poisson. Lorsqu'on perçoit une odeur, on sait que l'objet qui la répand n'est pas loin; d'où l'expression «*tăm hơi — les bulles d'air et l'exhalaison*», qui se rapproche singulièrement de notre locution familière «*avoir vent de quelque chose.*»

« *Kẻ — celui qui*», devient sous l'influence de «*ai? — qui?*» un véritable verbe : «*être celui qui . . . .*». — La préposition «*cho*», placée entre un verbe ordinairement actif et son régime, indique que l'action, le fait qu'exprime ce verbe a lieu pour le bénéfice, pour l'utilité de quelqu'un. Elle donne au verbe qui en est affecté une grande analogie avec ces verbes actifs de la langue espagnole qui sont suivis de la préposition «*à*» lorsque l'action qu'ils expriment concerne une personne *(matar à un hombre — tuer un homme)*. Il ne faudrait pas cependant pousser l'analogie trop loin; car en espagnol c'est la nature de l'être dont le nom forme le régime direct du verbe qui entraîne l'addition de la proposition «*à*», et non, comme en annamite, l'idée d'un avantage ou d'un service rendu.

3. Litt. : «*en se comportant — entre dans — la règle, — en parlant — sort dans — la loi.*»

Les particules opposées «*vaò*» et «*ra*» ont ici pour rôle essentiel d'accentuer le parallélisme entre les verbes «*ở*» et «*nói*», et d'exprimer la concordance qui existe entre la conduite et les paroles de la personne en question.

1485 «Mà ta trót một năm ròng

«Thế nào cũng chẳng giấu giung được nào!

«Bấy giờ chửa tỏ âm hao;

«Hoặc là trong có làm sao chăng là!

«Xin chàng liệu kíp lại nhà,

1490 «Trước là đẹp ý, sau ta biết tình!

«Đêm ngày giữ mực giấu quanh,

«Rày lần, mai lữa, như hình chửa thông!»

Nghe lời khuyên dỗ thong dong,

Định lòng *Sanh* mới quyết tình hồi trang.

1495 Rạng ra gởi đến thung đàng;

*Thúc ông* cũng vội giục chàng ninh gia.

Tiễn đưa một chén quan hà.

1. Litt. : «*D'une manière — quelle qu'elle soit, — tout aussi bien — ne pas — dissimuler — nous pourrons! — Quel (moyen aurions nous de le faire?)*»
Le mot «*nào — quel?*» joue à la fin du vers un rôle tout à fait semblable à celui que remplit le mot «*đâu — où?*», lorsqu'il est placé de même (voy. ma traduction du *Lục Vân Tiên*, p. 296, *en note*). Pour en bien saisir la valeur, il faut développer le sens de la manière que je fais ici.

2. Litt. : «*Peut-être que — là dedans — il y a — comment que ce soit (une chose quelconque), — ou ne pas — cela est!*»

3. Litt. : «. . . . . *vous gardez — (une) règle, — vous cachez — autour;*»

4. Les deux monosyllabes qui composent régulièrement le verbe «*lần lưa — tergiverser*» sont dissociés, et chacun d'eux est joint à un adverbe spécial.

5. Litt. : «*(En qualité de) présent fait à l'occasion du départ, — il donna — une tasse — de postes de frontière — (et de) fleuves.*»

«Pour nous, tout le long de l'année 1485

«nous ne pourrions, quelques soient nos efforts, dissimuler (notre
» liaison) [1]!
«Elle n'a pas encore donné de ses nouvelles,

«et je crains qu'il n'y ait là dessous quelque chose [2]!

«Pensez, je vous en prie, à vous rendre au plus vite en votre demeure,

«d'abord pour plaire à votre femme, puis pour savoir ce qui en est! 1490

«Car nuit et jour vous suivez une règle tracée, vous me célez mille
» choses [3];
«vous hésitez le matin, vous tergiversez le soir, comme un homme
» qui n'est point fixé [4]!»
En entendant ces avis que (la jeune femme) à cœur ouvert lui donnait,

*Sanh*, se décidant, prit le parti de retourner dans sa maison.

Il alla le lendemain en faire part à son père. 1495

*Thúc ông*, lui aussi, le pressa de rejoindre sa famille,

et fit au voyageur son présent de départ [5].

Le caractère « 關 » *quan* » signifie entre autres choses un poste établi au point où l'on passe la frontière. Comme cette dernière est souvent formée par les crêtes d'une chaîne de *montagnes*, on l'emploie ici dans ce dernier sens.
Lorsqu'une personne fait un long voyage, il lui arrive le plus souvent d'avoir à franchir des montagnes, à traverser des rivières ou à naviguer sur leurs eaux. C'est pour cela que les mots « *montagnes et fleuves* » ont été adoptés pour former une expression métaphorique qui est synonyme de « *voyage* », et qu'une « *tasse de montagnes et de fleuves* » serait la tasse de vin que boit le voyageur au moment de se mettre en route (ce que nous appelons le « *coup de l'étrier* »); mais cette manière de parler exprime en réalité le festin d'adieu qu'en Chine les parents et les amis sont dans la coutume d'offrir aux voyageurs, généralement après les avoir accompagnés jusqu'à une certaine distance.

VIENNE. — TYP. ADOLPHE HOLZHAUSEN,
IMPRIMEUR DE LA COUR I. & R. ET DE L'UNIVERSITÉ.

www.ingramcontent.com/pod-product-compliance
Lightning Source LLC
Chambersburg PA
CBHW071240160426
43196CB00009B/1128